Christof Kessler

GLÜCKSGEFÜHLE

Christof Kessler

GLÜCKSGEFÜHLE

Wie Glück im Gehirn entsteht

und andere
erstaunliche Erkenntnisse
der Hirnforschung

C. Bertelsmann

Verlagsgruppe Random House FSC® N001967

1. Auflage
© 2017 by C. Bertelsmann Verlag, München,
in der Verlagsgruppe Random House GmbH,
Neumarkter Straße 28, 81673 München
Umschlaggestaltung: Büro Jorge Schmidt, München
Illustrationen: © Stefan Dangl, München
Bildredaktion: Bele Engels
Satz: Uhl + Massopust, Aalen
Druck und Bindung: GGP Media GmbH, Pößneck
Printed in Germany
ISBN 978-3-570-10312-8

www.cbertelsmann.de

Dieses Buch ist auch als E-Book erhältlich.

Für Petra

INHALT

I.

GLÜCKSAURA

Katharina war einsam. Ihr Mann war Alkoholiker und vor einem halben Jahr an Leberkrebs gestorben. Das Leben mit ihm war nicht einfach, im wahrsten Sinne des Wortes hatte sie in ihrer Ehe nichts zu lachen gehabt. Doch trotz der Trunksucht und seiner cholerischen Ausbrüche vermisste sie ihren Mann, mit der Einsamkeit kam sie nicht zurecht – weder emotional noch finanziell. Um über die Runden zu kommen, putzte sie in mehreren Rechtsanwaltskanzleien frühmorgens die Büroräume.

Eines Morgens stand sie mit ihrem Fahrrad vor einer Ampel. Sie war auf dem Weg zur Kanzlei und wartete auf Grün. Sie hätte auch einfach losfahren können, denn die Straßen und Radwege waren noch nicht bevölkert. Nur ein großer gelber Wagen der Straßenreinigung überquerte die Kreuzung. Während sie müde an ihr Fahrrad gelehnt stand und wartete und der Wagen an ihr vorbeizog, stieg urplötzlich ein unerklärlich helles Gefühl in ihr auf. Es nahm seinen Ursprung in den tiefsten Regionen des Bauches, dort, wo die Eingeweide sitzen, breitete sich kopfwärts über die Brust aus und war schließlich bis in die Fingerspitzen zu spüren. Katharina fühlte sich mit einem Mal von einem unbeschreiblichen Glücksgefühl durchströmt. Später in der

Klinik rang sie mit den Worten, um dieses Gefühl beschreiben zu können. »Es war ein Glückssturm! Wie wenn alles schön wäre und von innen leuchten würde.« Kurz darauf verlor sie an der Ampel schlagartig das Bewusstsein. Ihr gesamter Körper verkrampfte sich, sie nahm ihre Umgebung nicht mehr wahr; unfähig zu atmen, verfärbte sich ihr Gesicht und nahm einen tiefblauen Farbton an. Schließlich biss sie sich in die Zunge und fiel steif und lang hin wie ein umgeholzter Baum. Kurz darauf war sie in einem Krankenwagen auf dem Weg in die Notaufnahme – der Fahrer des gelben Straßenreinigungswagens hatte Katharinas Krampfanfall bemerkt und war ihr zu Hilfe gekommen.

Was Katharina passiert war, ist weniger außergewöhnlich, als man denken würde. Eine alte Bezeichnung dieses Phänomens ist »Fallsucht«, heute reden wir von Epilepsie. Mithilfe einer Messung ihrer Hirnströme, auch EEG (Elektroenzephalographie) genannt, konnte nachgewiesen werden, dass Katharinas Gehirn nicht mehr in geordneten Bahnen funktionierte, sondern Gewitterstürme elektrischer Entladungen über ihre Gehirnoberfläche hinwegtosten. Bei der Messung wurden Elektroden auf ihrer Kopfhaut platziert, ähnlich den auf die Brustwand aufgeklebten Elektroden beim EKG (Elektrokardiogramm), das für Herzuntersuchungen verwendet wird. Das bei der Patientin Katharina abgeleitete EEG belegte, dass ihre linke Hirnhälfte *überschießend* reagierte und eine hohe »Anfallsbereitschaft« zeigte.

Doch was hatte es mit den intensiven Glücksmomenten vor dem Anfall auf sich? Ganz offensichtlich waren sie nicht durch äußere Begebenheiten hervorgerufen worden. Eine rote Ampel und die Wagen der Straßenreinigung sind nicht gerade dazu angetan, Glücksgefühle zu erzeugen. Dieses intensive Glücksempfinden war das Symptom einer Epilepsie.

Katharina ist kein Einzelfall. Schon der russische Dichter Fjodor Dostojewski beschrieb in seinem Roman *Der Idiot*[1] detailliert die Symptome und Gefühle einer seltsamen Krankheit, die seinen Protagonisten Fürst Myschkin wiederholt heimsucht: »Er dachte daran, dass es kurz vor dem epileptischen Zustand eine Pause gab, wo plötzlich mitten in all seinem Kummer, aller seelischen Finsternis und Niedergeschlagenheit sein Gehirn plötzlich aufloderte und Geist und Herz von einem ungewöhnlichen Licht erhellt wurden, und alle seine Erregungen, alle Zweifel, alle Unruhe wurden mit einem Mal besänftigt, lösten sich in eine heitere, von klarer harmonischer Freude erfüllte Ruhe aus.«

Ist das nicht seltsam? Glück als Fehlfunktion des Gehirns und Symptom eines Krampfleidens?

I. DIE AURA: EIN LUFTHAUCH WEHT DURCHS GEHIRN

Der plötzliche, den Patienten übermannende Affekt, wird als »Aura« bezeichnet. Galenos von Pergamon[2], der berühmte Arzt des antiken Griechenlands, war der Erste, der diese Bezeichnung im Zusammenhang mit der Epilepsie verwendet hat. »Aura« bedeutet Lufthauch und beschreibt das eigentümliche Gefühl, welches sich seiner Patienten bemächtigte, bevor ein epileptischer Anfall kam. Bei dem Glücksgefühl von Katharina handelt es sich um eine Glücksaura, dem Vorboten eines epileptischen Anfalls. Wenn die epileptische Erregung von einem umschriebenen Bereich des Gehirns ausgeht, spricht man von einem fokalen Anfall. Je nachdem, welches Areal des Gehirns betroffen ist und welche Funktionen dort angesiedelt sind, werden ganz unterschiedliche Empfindungen erlebt. Manche Patienten spüren vor dem Anfall ein Entfremdungsgefühl, die ansonsten vertraute Umgebung, zum Beispiel die eigene Wohnung, erscheint fremd, als hätten sie diese noch nie gesehen. Umgekehrt können Déjà-vu-Erlebnisse aufkommen: Zum Beispiel steigt während der Unterhaltung in einem Café das sichere Gefühl auf, dass es sich bei dieser Situation um eine Wiederholung handelt; man ist sich sicher, dieses Gespräch früher schon einmal geführt zu haben.

Das Auftreten von Glücksauren ist ein Beweis dafür, dass das Gehirn ein spezielles Glückszentrum ausgebildet hat, das beim epileptischen Anfall gereizt wird und Glücksgefühle erzeugt.

Der Erlanger Epilepsieforscher Hermann Stefan[3] hat herausgefunden, dass Auren mit Glücksgefühlen von einem kleinen Bereich des Schläfenlappens ausgehen. In diesem Areal befindet sich der Hippocampus, ein Hirnteil, welcher beim Kurzzeitgedächtnis und der Einstellung der Gemütslage eine Rolle spielt. Wenn von hier aus das Gewitter eines epileptischen Anfalls losbricht, kommt es zu einem Glücksgefühl.

Wir wussten also bei unserer Patientin Katharina, wo wir suchen mussten. Und siehe da: mit der Magnetresonanztomographie konnte im linken Schläfenlappen ein noch nicht einmal kirschgroßer Tumor nachgewiesen werden. Der

Tumor wurde operativ entfernt, und die Untersuchung im Mikroskop ergab, dass es sich um eine gutartige Geschwulst handelte. Katharina hatte nach der Operation keine epileptischen Anfälle mehr – allerdings auch keine Glücksauren. Gefragt, ob sie die Glückszustände vermisse, sagte sie: »Ja, schon, es war stets ein ganz wunderbares Gefühl, aber es gab auch eine Schattenseite, die Angst vor den großen Anfällen, zu stürzen und sich zu verletzen. Angst, dass ich dem Geschehen hilflos ausgeliefert bin.«

2. DAS BELOHNUNGSSYSTEM IM GEHIRN: GLÜCK, LOB UND MOTIVATION

Jeden Tag erleben wir unzählige Situationen, die unser Gehirn filtert und nach Wichtigem und Unwichtigem sortiert: Welches Erlebnis ist bedeutend genug, um vom Kurzzeitgedächtnis in den Langzeitspeicher, die Festplatte unseres Gehirns, übernommen zu werden? Welche Eindrücke können gelöscht und vergessen werden? Ein Hauptkriterium für den Prozess des Lernens ist die Intensität der inneren Beteiligung – und ganz besonders: unser Glücksgefühl bei dem Erlebnis.

Es gibt im Gehirn ein spezielles Zentrum, das Belohnungs- und Motivationssystem, auch *mesolimbisches System* genannt[4], welches dafür sorgt, dass wir in bestimmten Situationen Glück empfinden. Wenn wir etwas Schönes erleben oder eine Herausforderung bewältigt haben, signalisiert das mesolimbische System:»Gut gemacht!«, und es wird das

Glückshormon Dopamin aktiviert. Im Ergebnis fühlen wir uns stolz und glücklich und, was besonders wichtig ist: Wir sind motiviert zu neuen Anstrengungen, um diesen Moment des Glücks wiederholen zu können und erneut zu erleben, wie das Gehirn mit den Botenstoffen des Glücks geflutet wird. Ganz wie ein Hund, der zum hundertsten Male das Stöckchen apportiert, um ein Leckerli als Belohnung zu bekommen, laufen wir den unterschiedlichsten »Stöckchen« nach, um immer wieder das »Gut gemacht«-Gefühl zu erleben, um Erfolgserlebnisse zu haben, Prestige zu erlangen und gelobt zu werden.

Einfachste Dinge vermögen das Glücks- und Belohnungssystem zu aktivieren: Im Supermarkt öffnet eine weitere Kasse, und Sie stellen als Erster Ihren Einkauf auf das Band – tolles Gefühl! Ein Stau, der sich plötzlich auflöst, und Sie drücken das Gaspedal durch bis zum Boden. Oder Ihre Lieblingsmannschaft gewinnt unerwartet haushoch, obwohl niemand damit gerechnet hat. Glücksgefühle können aber auch durch bedeutende Ereignisse ausgelöst werden, wenn elementare Dinge geschehen, die von uns als positiv angesehen werden: das Ja-Wort im Standesamt (nicht immer!), die Geburt eines Kindes oder ein erfolgreicher Schulabschluss.

Ein Glücksgefühl ist stets mit einem Motivationsschub verbunden. Die Erfahrung dieses Moments, in dem man glücklich und zufrieden mit sich war, spornt zu neuen Anstrengungen und Leistungen an. Man will diesen Glücksmoment wiederholen, ja vielleicht sogar noch steigern.

Dieses System der Koppelung von Glücksempfinden und Motivation war für die Entwicklung der menschlichen Zivilisation von größter Bedeutung. Darin liegt der Ansporn zu geistigen und körperlichen Höchstleistungen und der Weiterentwicklung von Ideen. Es hat den Menschen weit über die Befriedigung seiner grundlegenden Bedürfnisse – Nahrungsaufnahme, Sicherheit, Fortpflanzung – hinaus immer kreativer werden lassen. Die Beherrschung des Feuers, die Entwicklung von Werkzeugen, die Ausbreitung über die Kontinente sind nur möglich gewesen, weil die Menschen sich davon etwas versprochen haben: das Erleben einer Belohnung, zum Beispiel in Form größerer Nahrungsressourcen oder besserer Lebensbedingungen.

Das Belohnungssystem hat jedoch nicht nur positive Aspekte. Es kann uns einerseits zu Höchstleistungen antreiben. Andererseits lässt es sich relativ leicht austricksen. So lassen sich die Mühen und Anstrengungen, die normalerweise nötig sind, um das Hochgefühl des Glücks zu erleben, mühelos durch Konsum von Alkohol und Drogen umgehen, die uns für kurze Momente einen euphorischen Zustand erreichen lassen. Es kommt zu einer künstlichen Stimulation des Belohnungssystems, und es entsteht die Illusion, eine lobenswerte Leistung vollbracht zu haben und zufrieden mit sich und der Welt sein zu können. Zugleich wird der Körper vergiftet und bei anhaltendem Missbrauch schwer geschädigt. Doch das Gehirn merkt davon nichts. Es signalisiert dem Alkoholiker: Mach weiter, das Zeug ist gut für dich. Viele Menschen sind daran zugrunde gegangen.

Wie aber stellt es unser Gehirn an, dass wir Glück und Zufriedenheit empfinden? Und wie können wir es dabei unterstützen und vielleicht auch bemerken, wann es uns hinters Licht führt? Warum ist das Erleben von Glück auch heute noch so wichtig für unser Leben und Überleben? Woran liegt es, dass die gleichen Mechanismen, die dafür bestimmt sind, uns glücklich zu machen, auch Essstörungen, Süchte und Depressionen hervorrufen können?

Um das zu verstehen, lohnt es, sich mit einigen grundlegenden Dingen über die Funktion des Gehirns zu befassen, damit wir ungefähr verstehen, wie die Schaltzentrale in unserem Kopf funktioniert.

II.

GRUNDLAGEN:
WIE FUNKTIONIERT
DAS GEHIRN?

I. EIN MEGACOMPUTER: VIEL LEISTUNG MIT WENIG ENERGIEVERBRAUCH

Der US-amerikanische Psychiater Allen Frances hat den Satz formuliert:»Das menschliche Gehirn ist das bei Weitem komplizierteste Gebilde im bekannten Universum.« Dieser Aussage kann ich als Neurologe, der es in der Klinik täglich mit Patienten zu tun hat, die an Störungen der Hirnfunktionen leiden, nur zustimmen.

Denn unser Gehirn ist nichts weniger als ein Wunderwerk. Man muss sich klarmachen: Jeder Mensch besitzt unter seiner Schädeldecke ein gigantisches datenverarbeitendes System, das in der Lage ist, hochkomplexe Aufgaben besser, schneller und effizienter auszuführen als jeder Computer – und zwar mehrere differenzierte Tätigkeiten gleichzeitig. Atmen, den Herzschlag regulieren, Temperatur und Luftdruck prüfen, visuelle Reize aufnehmen und mit Erfahrungen abgleichen, den Telefonhörer abnehmen, den Tonfall der Angebeteten am Ohr interpretieren, zum Kühlschrank laufen, sich ein Glas Milch einschütten, dabei halbwegs kluge Sätze in charmantem Tonfall von sich geben – all das tut das Gehirn gleichzeitig, und zwar spielend. Es ist außerdem in der Lage, seine eigene Leistungsfähigkeit ununterbrochen durch Lernen zu verbessern.

Ipke Wachsmuth[1] vom *Center for Cognitive Interaction Technology* der Universität Bielefeld bringt zusätzlich den

Aspekt der Energieeffizienz eines Gehirns ins Spiel: Das Gehirn, schreibt er, käme mit einer Leistung von etwa 20 Watt aus. Der derzeit schnellste Supercomputer hingegen benötigt 18 Millionen Watt. Das bedeutet: Für einen Supercomputer, der in der Lage wäre, die Arbeit eines einzigen menschlichen Gehirns zu simulieren, würde man ein eigenes Kraftwerk bauen müssen. Nur, damit Sie mal ein Gefühl dafür bekommen, was für ein Wunderwerk jeder Mensch in seinem Kopf mit sich herumträgt.

2. DER GRÖSSTE DENKBARE COMPUTER IST IN UNSEREM KOPF

Das menschliche Gehirn wiegt in etwa so viel wie ein herkömmliches MacBook Pro, nämlich im Durchschnitt 1400 Gramm. Bei Männern sind es rund 100 Gramm mehr. Man könnte denken, die Hirngewichtsdifferenz zwischen Mann und Frau ließe sich dadurch erklären, dass Männer im Schnitt größer und schwerer als Frauen sind. Aber dem ist nicht so: Sie bleibt auch nach Einbezug des geschlechtsspezifischen Gesamtgewichtsunterschieds bestehen.[2] Das Gehirn eines Schimpansen hingegen wiegt nur 400 Gramm, wesentlich größer hingegen sind die Gehirne von Elefanten (5000 Gramm) und Pottwalen (8500 Gramm). Entscheidend für die Intelligenz eines Lebewesens allerdings ist nicht das absolute Hirngewicht, sondern das Verhältnis von Gehirn- zu Körpergewicht. Beim Menschen macht es zwei Prozent des Körpergewichts aus, beim Schimpansen allerdings nur schlappe 0,9 Prozent und beim Elefanten gar nur 0,2 Prozent.[3]

Für den proportionalen Gewichtsunterschied zwischen einem menschlichen Gehirn und einem Schimpansengehirn ist vor allem die gigantische Ausbildung des Frontalhirns beim Menschen verantwortlich, jenes Hirnteils, der für das bewusste Denken zuständig ist, unsere Instinkte und Emotionen im Zaum hält und unser Verhalten so reguliert, dass wir im sozialen Zusammenleben nicht ständig Katastrophen erleben.

Interessanterweise lassen auch beim Menschen Gewicht und Größe des Gehirns nicht unbedingt auf die Intelligenz seines Besitzers schließen. Dies lässt sich nicht zuletzt an den Gehirnen genialer Geister veranschaulichen. Die Gehirne von Goethe, Mozart und Kant können leider nicht mehr untersucht werden, dafür jedoch haben wir ziemlich genaue Angaben über Größe, Gewicht und Struktur des Gehirns von Albert Einstein.

3. DER DIEBSTAHL VON EINSTEINS GEHIRN

Eigentlich hat Albert Einstein noch zu Lebzeiten verfügt, dass er nach seinem Tod verbrannt und seine Asche an einem anonymen Ort verstreut werden sollte. Als er im Alter von 76 Jahren an inneren Blutungen in der Stadt Princeton verstarb, wollte es das Schicksal jedoch, dass er von dem Pathologen Thomas Harvey seziert wurde, der die Todesursache festzustellen hatte. Harvey arbeitete zwar am pathologischen

Institut, war im Grunde genommen jedoch auch Neurologe. Getrieben vom krankhaften Ehrgeiz, der Welt mitteilen zu müssen, über welch außergewöhnliche Hirnstrukturen der Begründer der Relativitätstheorie verfügt hatte, entnahm er ohne jede Erlaubnis Einsteins Denkapparat. Er sägte den Schädel des Verstorbenen auf und raubte das Gehirn.[4] Als er es wog, war er überrascht: Es wog weniger, als er es vom Gehirn eines durchschnittlichen Mannes erwartet hätte, nämlich nur 1320 Gramm. Dann fixierte er es mit Formalin und zerteilte es, nachdem er eine Serie von Fotografien von der Hirnoberfläche angefertigt hatte, in 240 kleine Blöcke. Anschließend legte er die Hirnwürfel in ein mit Formalin gefülltes Glas, einem Einmachglas nicht unähnlich. In ein zweites Einmachglas gab er die ebenfalls illegal entnommenen Augen Einsteins. Um strafrechtlicher Verfolgung zu entgehen, kontaktierte er Einsteins Sohn, Hans Albert Einstein, und erwirkte die Erlaubnis, das illegal erworbene Gehirn seines Vaters wissenschaftlich untersuchen zu dürfen. Bei seinem eigenen Arbeitgeber nutzte ihm dieser Persilschein allerdings wenig. Er wurde nicht nur gefeuert, sondern verlor auch seine Zulassung als Arzt, sodass er fortan als Fabrikarbeiter seinen Lebensunterhalt verdienen musste.

Die zwei Einweckgläser mit Einsteins Hirn und Augen jedoch lagerte er im Keller seines Hauses. Da er öfters umzog, nahm er sie immer wieder mit. Erst im hohen Alter von über 80 Jahren unternahm er einen Versuch, das gestohlene Gehirn doch noch der Öffentlichkeit zugänglich zu machen. Zusammen mit dem Reporter Michael Paterniti bereiste er in einem alten Buick die USA, um einen interessierten Neurowissenschaftler zu finden, dem er das Gehirn des Genies überlassen konnte. Zuallererst fuhren die beiden zu Einsteins Enkelin, mit der Absicht, ihr die Überreste des genialen Großvaters, geruchlos verpackt in einer Tupperdose, zu schenken. Diese lehnte jedoch dankend ab, denn das eingelegte Gehirn erinnerte sie an eine zu lang gekochte Hühnersuppe. Michael Paterniti hat diese skurrile Reise in dem Buch *Unterwegs mit Mr. Einstein* festgehalten.[5] Thomas Harvey starb zehn Jahre nach dieser Reise, und seine Erben übergaben die übrig gebliebenen Reste von Einsteins Gehirn dem National Museum of Health and Medicine in Chicago.[6] Im Nachlass fanden sich auch die 14 Fotos des frisch entnommenen Gehirns.

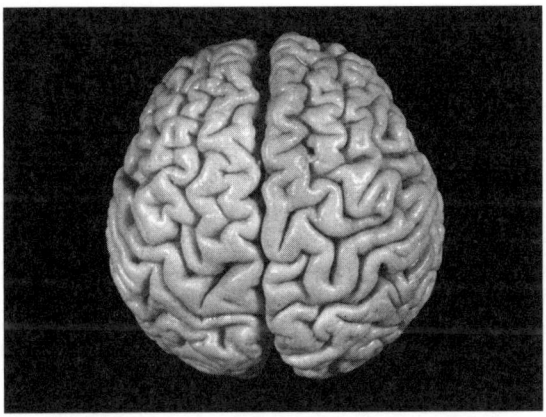

Abb. 2.1: Aufsicht auf Einsteins Hirn mit der gefalteten Hirnoberfläche beider Hirnhälften, wie sie von Thomas Harvey direkt nach der Entnahme fotografiert worden ist.

Die Anthropologin Dean Falk veröffentliche 2012 in der Zeitschrift *Brain*[7] die Ergebnisse einer genauen Analyse der Fotografien. Es ergaben sich einige Besonderheiten: Das Vorderhirn war im Vergleich zu Normalgehirnen besonders markant ausgeprägt (hierbei handelt es sich um den Anteil des menschlichen Gehirns, der im Vergleich zum Schimpansen weitaus stärker entwickelt ist). Aber auch die Schläfenlappen, die für das Abstraktions- und das visuell-räumliche Vorstellungsvermögen zuständig sind, waren bei Einstein auffallend prominent ausgebildet.

Spannend sind die Ergebnisse des chinesischen Physikers Weiwei Men[8], der die Verbindungsbahnen zwischen Einsteins beiden Hirnhälften, die sogenannten Balken, vermessen hat und feststellte, dass diese Datenautobahn unseres Gehirns, welche blitzschnell die Informationen zwischen den beiden Hirnhälften hin und her transferiert, bei Einstein im Vergleich zu vielen anderen Gehirnen besonders breit und ausgeprägt war, die beiden Hirnhälften also extrem gut miteinander verknüpft waren.

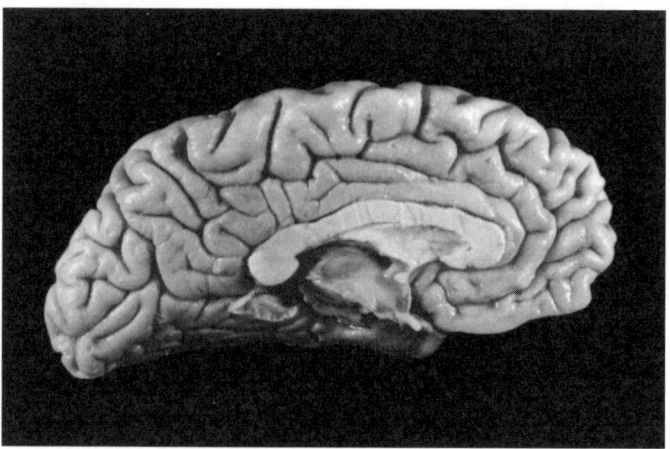

Abb. 2.2: Die beiden Hirnhälften von Einsteins Gehirn sind getrennt worden, wir schauen auf eine der Innenseiten. Etwas heller hebt sich die Verbindung zwischen den beiden Hemisphären, der Balken, ab.

Hoch spezialisierte Zentren, die mit einem großen Aufgebot an Nervenzellen besetzt und gut miteinander vernetzt waren – das also machte aus neurologischer Sicht das Genie Albert Einsteins aus, nicht das Gewicht und Gesamtvolumen seines Gehirns. Klasse statt Masse, könnte man sagen.

4. DAS MENSCHLICHE GEHIRN: WEICH UND FETTIG

Normalerweise bekommt man eher selten Gelegenheit, ein menschliches Gehirn in Händen zu halten. Als Medizinstudent jedoch bot sie sich mir schon in den ersten Wochen meines Studiums während des Anatomiekurses. Ich weiß es noch wie heute: Das Exemplar, das ich in die Hände nahm, war eineinhalb Kilogramm schwer, erstaunlich weich und etwas glitschig. Wenn man es aufschnitt und von innen betrachtete und berührte, fühlte es sich fettig an. Ich bekam ein Gefühl dafür, dass die Nervenstränge von einer stark fetthaltigen Isolierschicht umgeben sind, auf die ich später nach näher eingehen werde. Ich wurde in diesem Moment von einem starken Gefühl der Ehrfurcht ergriffen: Dieses kugelförmige Gebilde war das Organ eines konkreten Menschen gewesen, mit dem er nachgedacht, sich gefreut und Trauer empfunden hatte. Es war der Sitz seiner Persönlichkeit gewesen, es hatte den Charakter, die Wesensart und das Verhalten dieses Menschen ausgemacht, der sich entschieden hatte, seinen Körper der Anatomie zu hinterlassen, um die Ausbildung künftiger Ärzte zu fördern. Die Ehrfurcht und Faszination meiner ersten Begegnung mit dem Gehirn waren sicherlich ausschlaggebend dafür, dass ich später die Ausbildung zum Neurologen aufnahm.

5. DIE VIER PROVINZEN DES GEHIRNS

Doch das Gehirn lässt sich in weit mehr als nur zwei Hälften unterteilen. Die Neurologie unterscheidet in den beiden Hemisphären jeweils vier Hirnlappen, die es folgerichtig doppelt gibt, einmal in der rechten und einmal in der linken Hemisphäre. Es sind dies der Frontallappen (*Lobus frontalis*), der Scheitellappen (*Lobus parietalis*), der Schläfenlappen (*Lobus temporalis*) und der Hinterhauptlappen (*Lobus occipitalis*). »Lappen« klingt etwas respektlos und weckt Assoziationen an ein Putzutensil. Doch die lateinische Bezeichnung »Lobus« bedeutet eben Lappen oder lappenförmiges Teil. »Lobus« klingt natürlich viel besser als »Lappen«.

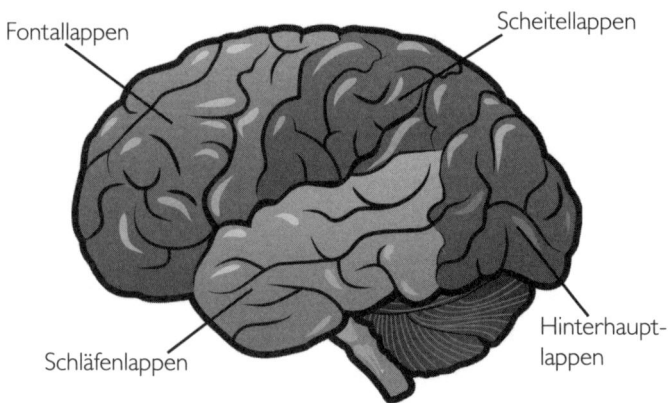

Abb. 2.3: Die Hirnlappen des Gehirns: Frontallappen, Schläfenlappen, Scheitellappen und Hinterhauptlappen.

Diese Unterteilung in vier Bereiche ist nicht rein willkürlich, sondern hängt mit der Aufgabenteilung innerhalb der Hirnhemisphäre zusammen. Es ist wie in einer großen Stadt: In einem Viertel steht das große Einkaufszentrum, im anderen die Kläranlage, im nächsten konzentrieren sich die Wohnblocks, und in einem weiteren finden sich die Partymeile und das Fußballstadion. Sie alle tragen auf ihre Weise zum Leben in der Stadt bei. So ist im Hinterhauptslappen das Sehzentrum lokalisiert, im Schläfenlappen unter anderem das Sprachzentrum. Der Scheitellappen beherbergt die Zentren für Motorik und Sensorik, der Frontallappen die Regionen für die Kontrolle von Antrieb und Sozialverhalten. Woher aber weiß man, in welchem Teil des Gehirns welche Funktion beherbergt ist? Genauso wie wir über eine Kartendarstellung der Weltkugel verfügen, die von allen Menschen und in allen Ländern als Abbild der Meere und Kontinentalplatten akzeptiert wird, gibt es eine unter Neurologen international anerkannte Karte der Hirnoberfläche, auf der sich wunderbar navigieren lässt: die Brodmann-Areale.

6. BRODMANN-AREALE: DIE NAVIGATION AUF DER HIRNOBERFLÄCHE

Der Erfinder dieser Karte ist Korbinian Brodmann. Seine Lebensgeschichte ist erstaunlich, da er sich mit einfachsten Mitteln in die Annalen der Geschichte der Neurologie einschrieb.

Man kann nicht gerade sagen, dass Korbinian Brodmann mit einem goldenen Löffel im Mund geboren wurde, geschweige denn, dass es ihm in die Wiege gelegt war, noch hundert Jahre später als Kartograph des Gehirns anerkannt und geehrt zu werden. Brodmann wurde 1868 in Liggersdorf (heute Teil der Gemeinde Hohenfels) unweit des Bodensees als Sohn eines Landwirts und einer Hofmagd geboren. In seiner Geburtsgemeinde gibt es heute ein kleines Museum, auf dessen Website sich eine Abbildung des ärmlichen Geburtshauses findet. Das Haus macht einen kaum bewohnbaren Eindruck und ist mittlerweile abgerissen. Brodmann besuchte zunächst die Volksschule in Liggersdorf, wo er durch gute Leistungen auffiel. Mit zwölf Jahren wechselte er zunächst auf die Bürgerschule in Sigmaringen, schließlich auf das Gymnasium in Konstanz. Er studierte Medizin in München, Würzburg, Berlin und Freiburg und erhielt 1895 seine Zulassung als Arzt. Um die Folgen einer Diphterieerkrankung auszuheilen, ging er zur Kur ins Fichtelgebirge. Dort lernte er den renommierten Hirnforscher Oskar Vogt kennen, in dessen Institut für Hirnforschung er eintrat. Hier erarbeitete er die nach ihm benannte Einteilung der Großhirnrinde, die er in seinem Hauptwerk 1909 veröffentlichte. 1918 wurde er Leiter der topographisch-histologischen Abteilung der Deutschen Forschungsanstalt für Psychiatrie in München, aus dem später das Max-Planck-Institut für Psychiatrie hervorging. Dort zog er sich während einer Sektion einen Schnitt zu. Damals war das Tragen von Handschuhen bei der Leichenöffnung noch unüblich, und Brodmann verstarb mit nur 49 Jahren an den Folgen einer Blutvergiftung.[9]

Wenn eine Autopsie damals schon derart schiefgehen konnte, wie hat Brodmann es dann geschafft, mithilfe der damaligen, im Vergleich zu heute bescheidenen Mittel solch eine genaue, heute noch gültige Topographie des Gehirns zu entwerfen? Ohne die bildgebenden Verfahren, über die wir heute verfügen? Gut, er war nicht allein. An dem von Oskar Vogt geleiteten Institut war eine ganze Reihe von fähigen Hirnforschern beschäftigt, und die kritische Diskussion des Untersuchungsobjekts stand auf der Tagesordnung. Außerdem war Brodmann ungewöhnlich fleißig und hatte offensichtlich schon sehr früh eine genaue Vorstellung von seinen ehrgeizigen Zielen. Trotzdem: Brodmanns einziges Werkzeug war das Mikroskop. Damals gab es noch keine Computer, keine Scans, keine Lasermikroskope.

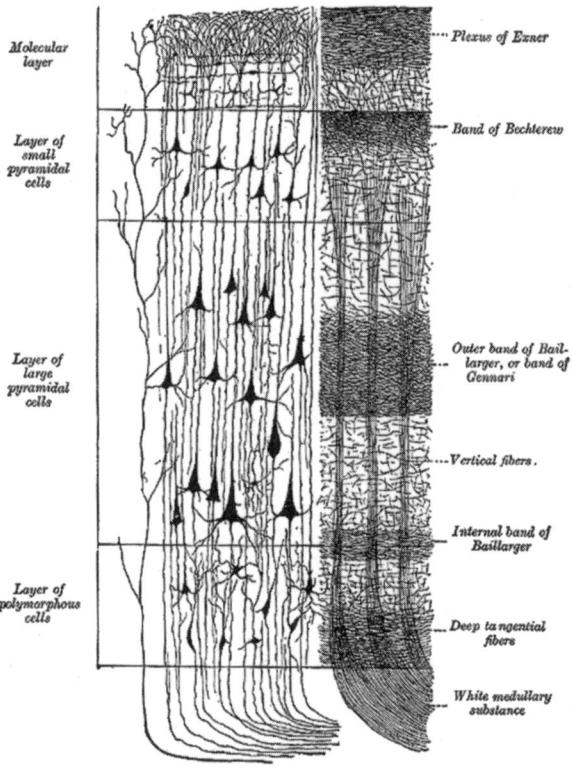

Molecular layer

Layer of small pyramidal cells

Layer of large pyramidal cells

Layer of polymorphous cells

Plexus of Exner

Band of Bechterew

Outer band of Baillarger, or band of Gennari

Vertical fibers.

Internal band of Baillarger

Deep tangential fibers

White medullary substance

Abb. 2.5: Mikroskopische Darstellung der Hirnrinde aus dem Klassiker der Anatomielehrbücher: Henry Gray, *Anatomy of the Human Body* (1918), bekannter als *Gray's Anatomy*. Die Illustrationen stammen von Henry Vandyke Carter.

Was erblickte Brodmann, wenn er durch das Mikroskop die Rinde des menschlichen Gehirns betrachtete? Nun, er sah Nervenzellen, jede Menge Zellen. Und die waren sowohl in der Form als auch in der Anordnung sehr unterschiedlich.[10]

Abbildung 2.5 ist dem Klassiker der Anatomiebücher, *Gray's Anatomy* von 1918[11], entnommen. Sie zeigt, dass die Hirnrinde aus mehreren Schichten von Nervenzellen besteht: pyramidenartige Zellen, Sternzellen, Körnerzellen und viele andere mehr. Abhängig von der Funktion der Hirnrinde – je nachdem, ob der entsprechende Teil für die Motorik, die Sprache, das Gedächtnis, die Aufnahme visueller oder auditiver Eindrücke oder anderes zuständig ist – variiert der Zellaufbau der Hirnrinde. Das erscheint logisch, denn natürlich ist die Hirnrinde spezialisiert: Wenn ich einen Schlager höre, erfordert dies andere Fähigkeiten, als wenn ich mich am Kopf kratzen will. Diese Unterschiede in den Zellformationen hat Brodmann im Mikroskop erkannt und in seinen Skizzen festgehalten. Brodmanns Großtat war es, dass er mit seinem Mikroskop die gesamte Hirnrinde durchforstet hat und die Gebiete mit gleicher Struktur als Brodmann-Areale durchnummerierte, um danach eine Karte der Hirnoberfläche zu erstellen. So ist es ihm gelungen, die vielen Mosaiksteine wie bei einem Puzzle zu einem Ganzen zusammenzusetzen.

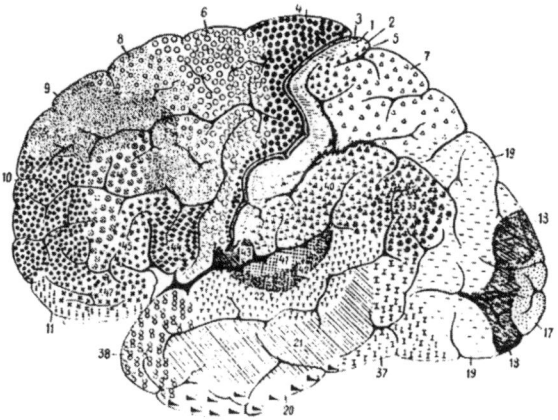

Abb. 2.6. Von Korbinian Brodmann gezeichnete topographische Karte der Großhirnrinde. Aus seinem Buch *Vergleichende Lokalisationslehre der Grosshirnrinde: in ihren Principien dargestellt auf Grund des Zellenbaues* (1909).

Es ergaben sich schließlich 52 verschiedene Areale. Die unterschiedlichen Funktionen dieser Areale waren Brodmann zum größten Teil noch nicht bekannt. Dennoch ist seine Einteilung erstaunlich exakt, denn tatsächlich lassen sich jedem Areal bestimmte Funktionen zuordnen. Die Verwendung der Brodmann-Areale zur Einteilung der Hirnrinde ist bis heute internationaler Standard. So entspricht zum Beispiel die Sehrinde dem Brodmann-Areal 17 und das Zentrum für Sprachverständnis dem Brodmann-Areal 22.

7. DIE MILCHSTRASSE IN UNSEREM KOPF

Die Hirnrinde ist ein gigantisches Wunderwerk der Natur. In ihren Windungen und Furchen sind 80 Milliarden Nervenzellen, auch Neuronen genannt, dicht aneinandergepackt. Man stelle sich vor: Jeder Mensch besitzt fast ebenso viele Nervenzellen, wie unsere Milchstraße Sterne hat. In ihr tummeln sich zwischen 100 und 300 Milliarden Sterne. Allerdings hat sie einen Durchmesser von 100 000 Lichtjahren (1 Lichtjahr sind rund 9 500 000 000 000 Kilometer). Da ist unser Gehirn doch deutlich kleiner. Aber Zellen sind ja auch millionenfach kleiner als Sterne.

Trotzdem berührt es mich, wenn ich mir das Gehirn als Galaxie vorstelle. Denn wenn ich nachts in den Sternenhimmel schaue, empfinde ich das gleiche Gefühl von Ehrfurcht wie damals, als ich zum ersten Mal ein Gehirn in Händen hielt. Jeder von uns trägt eine solche Galaxie in sich, Milliarden von miteinander verknüpften Nervenzellen, die allerdings auf allerengstem Raum zusammengepackt sind und sich nicht in die Unendlichkeit ausdehnen können. Und es herrscht Ordnung. Die etwa 80 Milliarden Nervenzellen eines Gehirns sind nicht etwa wie ein dicker Brei auf die Hirnoberfläche gekleistert wie der Zuckerguss auf eine Torte, sondern sie sind nach festen Regeln angeordnet.

8. DIE HIRNRINDE: SITZ UNSERER PERSÖNLICHKEIT

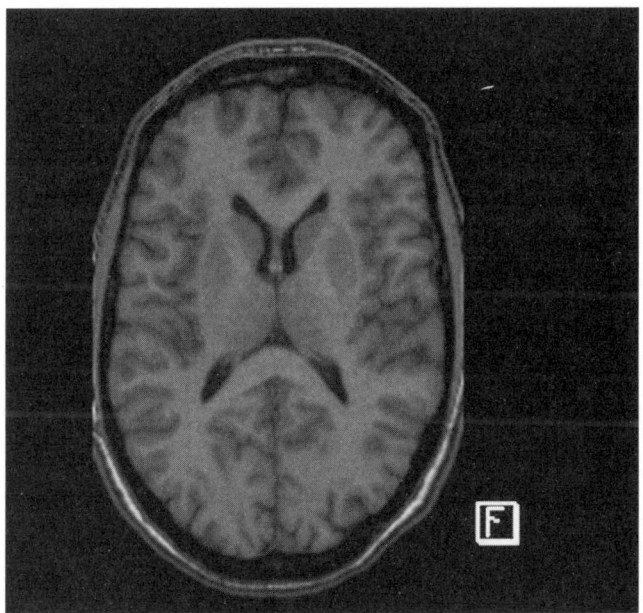

Abb. 2.7: Normale Magnetresonanztomographie eines 31-jährigen Patienten mit Kopfschmerzen. Die Hirnrinde zeichnet sich dunkel ab, zu erkennen sind die Hirnfurchen und im Inneren des Gehirns die »weiße Substanz«, die aus den Verbindungsbahnen zwischen den Hirnzentren besteht. Bei jüngeren Menschen sind die Hirnfurchen noch eng im Vergleich zu älteren (siehe Abb. 2.8).

In Abbildung 2.7 sehen wir das Magnetresonanztomogramm (MRT) eines 31-jährigen Patienten, der wegen starker Kopfschmerzen bei uns in der Klinik und Poliklinik für Neurologie der Universität Greifswald untersucht wurde. Zum Glück konnten wir keine auffälligen Befunde erheben. Eine Hirnhautentzündung, ein Schlaganfall oder eine Hirnblutung konnten ausgeschlossen werden. Um letzte Gewissheit zu erlangen, wurde ein MRT gemacht, mit dem sich auch feinere Veränderungen in der Hirnstruktur, zum Beispiel Tumore, nachweisen lassen.

Laut der International Headache Society leiden mehr als 50 Prozent aller Kopfschmerzpatienten nicht an organisch fassbaren Beschwerden, sondern an sogenanntem »Spannungskopfschmerz«. Dessen Ursache sind Stress und Überforderung. So war es auch bei dem 31-jährigen Patienten: Er war soeben als Teilhaber in eine Computerfirma eingestiegen und arbeitete 14 Stunden am Tag. Nebenher betreute er seine allein lebende kranke Mutter. Seine Freundin hatte sich auch schon beschwert und fühlte sich vernachlässigt. Es war einfach zu viel, der Körper reagierte. Um Spannungskopfschmerzen loszuwerden, sind regelmäßiger Ausdauersport und genügend Erholungsphasen nötig. Das gibt es natürlich nicht auf Rezept, aber diese Umstellung der Lebensweise wurde dem jungen Mann dringend empfohlen.

Zurück zum unauffälligen MRT unseres gestressten Patienten: Wir sehen, dass die Hirnoberfläche einen dunklen Rand aufweist, der auch in die Hirnfurchen hineinreicht. Dabei handelt es sich um den zwei bis fünf Millimeter dicken *Cortex cerebri*, auch Großhirnrinde genannt. Die Hirnrinde wird auch als »graue Substanz« bezeichnet, weil die Nervenzellen dort in gigantischer Zahl so dicht gepackt sind, dass sie im Hirnschnitt grau erscheinen. Außerdem ist die Hirnrinde gefurcht wie eine Walnuss. Die Fältelung ist notwendig, um die Oberfläche des Gehirns zu vergrößern, damit alles in die enge Schale des Schädelknochens hineinpasst.

Wir sehen auf der MRT-Aufnahme ferner, dass im Inneren des Gehirns weitere Abschnitte dunkel gefärbter Zellstrukturen verborgen liegen. Hierbei handelt es sich um die *Basalganglien*, die unter anderem für die Motorik zuständig sind. Die unfassbar vielen Nervenzellen der dunklen Substanz sind durch Nervenfasern miteinander verbunden und funktionieren als Netzwerk, in dem eine sehr lebhafte Kommunikation zwischen ihnen stattfindet. Wie in einer großen Stadt, deren Häuser und Betriebe durch ein gigantisches Netz aus Freileitungen, Erdkabeln sowie Umspannwerken und Relaisstationen elektrisch miteinander verbunden sind, leiten auch die Nervenzellen Impulse einander weiter. Diese Nervenkabel verlaufen als Nervenfasern unterhalb der Hirnrinde und bilden die auf dem Scan gut erkennbare »weiße Substanz«. Gemeinsam mit den 80 Milliarden Nervenzellen bilden sie das Kernstück des komplexen Netzwerkes unseres Gehirns.

Die Großhirnrinde funktioniert dabei im Wesentlichen als Aufnahmestation für die auf uns einstürmenden Sinneseindrücke. Hier kommt alles an, was wir sehen, fühlen, hören oder schmecken. Wichtige Eindrücke werden dort abgespeichert oder als Information an das motorische System weitergeleitet: *Achtung! Balken liegt auf dem Joggingpfad, also rüberspringen! Was ist das da im Busch für ein verdächtiges*

Geräusch gewesen? Sofort Kopf wenden und nachsehen! Aber die äußeren Reize müssen auch verstandesmäßig, also intellektuell verarbeitet werden: *Warum liegt da der Baumstamm, es hat doch gar keinen Sturm gegeben? Hat ihn jemand gefällt? Ist das da im Busch wieder die Katze vom Nachbarn, die herumstreunt? Der gibt ihr wohl nicht genug zu fressen.* Diese Vorgänge werden als kognitive Funktionen bezeichnet und beinhalten alles, was wir unter intellektueller Leistung des Menschen verstehen: Gedächtnis, Lernen, Abstraktionsvermögen, Erkennen von Zusammenhängen, Planen, Entscheidungen treffen – und vieles mehr. Auch sie spielen sich in der Hirnrinde ab.

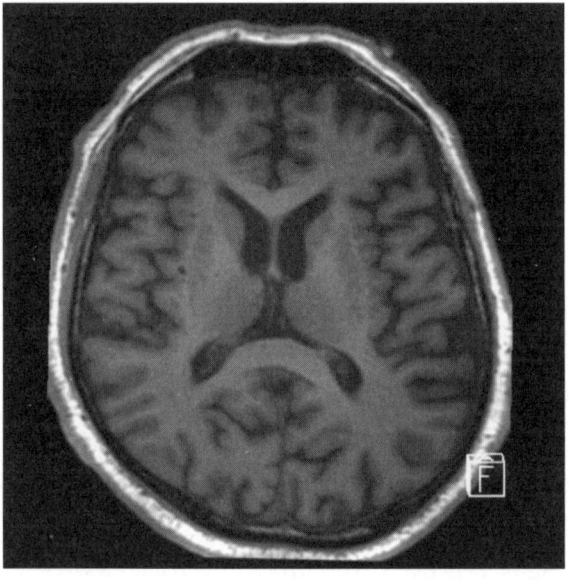

Abb. 2.8: Magnetresonanztomographische Aufnahme eines gesunden 70-Jährigen mit Schwindel. Die Hirnfurchen sind im Vergleich zu jüngeren Menschen wesentlich breiter, das Gehirn ist »geschrumpft«.

Abbildung 2.8 zeigt uns die Magnetresonanztomographie eines gesunden 70-Jährigen, der sich bei mir wegen immer wieder auftretender Schwindelgefühle vorstellte, die vor allem beim Zurückbeugen des Kopfes auftraten. Er sei Segler und müsse oft zur Mastspitze hochschauen, um die Stellung des Verklickers, eines kleinen Fähnchens, das die Windrichtung anzeigt, zu beobachten. Dieses Hochschauen falle ihm immer schwerer, da er dabei starke Schwindelgefühle verspüre. Ansonsten sei alles bestens, er genieße sein Leben als Rechtsanwalt im Ruhestand und habe nur die üblichen altersbedingten Wehwehchen. Namen könne er sich schlechter merken als früher, und zum Einkaufen brauche er jetzt schon mal einen Zettel, weil es ihm sonst passieren könne, dass er nur mit der Hälfte der benötigten Einkäufe nach Hause kommt.

9. ALLES WIRD WENIGER: WENN DAS GEHIRN ALTERT

Wir fertigten das abgebildete MRT an. Es war normal, allerdings erkennt man bereits als Laie einige Unterschiede im Vergleich zu den Hirnaufnahmen des 31-Jährigen: Die Hirnfurchen sind schmaler, und die Zwischenräume sind wesentlich breiter. Das Gehirn sieht tatsächlich einer geknackten Walnuss ähnlich.

Der Baseler Biostatistiker Peter Hartmann hat gemeinsam mit einem Team von Pathologen die Gehirne Tausender Verstorbener untersucht, vermessen und gewogen.[12] Er hat herausgefunden, dass ein gesundes Gehirn von Jahr zu Jahr auch bei völlig gesunden Menschen kontinuierlich an Gewicht verliert. Übrigens geschieht dies bei Männern schneller als bei Frauen, die also in puncto Hirngewicht aufholen. Mit MRT-Untersuchungen konnte nachgewiesen werden, dass der Verlust an Hirnmasse im Laufe des Lebens nicht alle Hirnteile gleichmäßig betrifft, sondern dass der Untergang von Hirnzellen schwerpunktmäßig jene Hirnareale betrifft, die für das Gedächtnis und die Verarbeitung von Gefühlen und Emotionen benötigt werden. Dies ist einer der Gründe, warum bei vielen älteren Menschen im Laufe der Jahre nicht nur das Gedächtnis nachlässt, sondern auch warum sie starken emotionalen Schwankungen unterworfen sind. »Altersstarrsinn«, »altersmilde«, »nah am Wasser gebaut« sind Ausdrücke, die dann häufig verwendet werden.

Das Dünnerwerden der Hirnrinde im Alter aufgrund des Untergangs von Nervenzellen ist allerdings ein schleichender und sehr langsam fortschreitender Prozess, sodass es viele ältere Menschen gibt, die geistig noch fit sind. Man denke nur an den ehemaligen Bundeskanzler Helmut Schmidt, der noch mit über 90 Jahren beachtliche Analysen zur politischen Lage anstellen konnte.

Es gibt allerdings auch einen krankhaften Untergang von Nervenzellen in der Hirnrinde. Dies ist bei der Alzheimer-Krankheit der Fall. Sie führt zu einer Zerstörung der in der Hirnrinde lokalisierten Nervenzellen und damit zu einem Verlust der höheren kognitiven Fähigkeiten. Das Gedächtnis, die Orientierung und die sozialen Bezüge werden nach und nach ausgelöscht. Aber wir wollen in diesem Buch nicht die Demenz besprechen, sondern dem Glück auf die Schliche kommen – gleichwohl wir uns immer vor Augen halten müssen, dass Gesundheit und Krankheit, genauso wie Glück und Unglück, Geschwister sind.

10. WEISSE SUBSTANZ: DAS »SOCIAL NETWORK« DES GEHIRNS

Kehren wir zurück zum Bild der Stromversorgung einer Stadt. In jedem Winkel der Stadt, in jedem Badezimmer, im verlassensten Keller, sogar auf jeder Turmspitze gibt es in der Regel einen Schalter, den man nur umlegen muss, und schon geht das Licht an. Oder der Computer fährt hoch. Oder der Föhn trocknet die Haare. All das wäre nicht möglich ohne die Vielzahl unterschiedlicher Stromkabel, welche die gesamte Stadt kreuz und quer durchziehen. Genauso müssen wir uns auch die Funktionsweise des Gehirns vorstellen: Die Hirnzellen der Hirnrinde (die Glühbirnen, Computer, Föhne, Küchengeräte und so weiter) sind durch ein gigantisches Netzwerk miteinander verbunden, das unter der Hirnrinde verläuft (die Kabel).

Und das ist auch gut so, denn die Neuronen der Hirnoberfläche kommunizieren heftig miteinander. Sie palavern und schnattern ununterbrochen – wie an einem Stammtisch. Jede dieser Nervenzellen besteht aus einem Zellkörper, einem Hauptfortsatz, *Axon* genannt, und vielen kleinen Fortsätzen, den *Dendriten*.

45

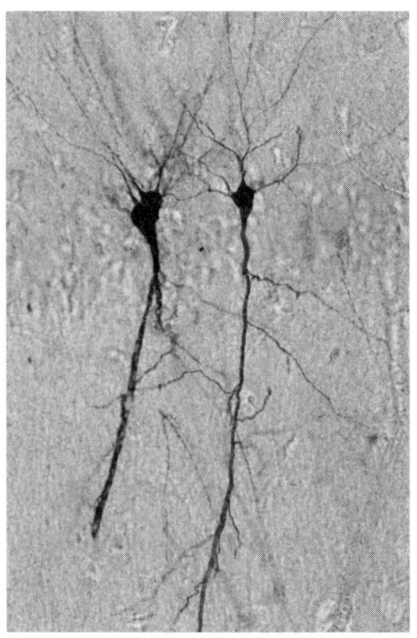

Abb. 2.9: Zwei Nervenzellen der motorischen Hirnrinde (Pyramidenzellen). Gut zu erkennen ist der Zellkörper mit mehreren dünnen Fortsätzen, den Dendriten, und einem schlauchartigen Nervenfortsatz, dem Axon.

Die Zellkörper der Nervenzellen können je nach ihrer Funktion ganz unterschiedlich aussehen und auch unterschiedlich groß sein (zwischen 0,001 und 0,1 Millimeter). Besonders groß sind die Pyramidenzellen der motorischen Hirnrinde, also des Teils des Gehirns, von dem die Bewegungen ausgehen. Bei dieser Art Zellen sind auch die Axone außerordentlich lang. Ich stelle mir vor, was passiert, wenn ich anfange, mit meinem rechten großen Zeh zu wackeln: Die zuständigen Pyramidenzellen im Bereich meiner linken motorischen Hirnrinde tun sich als Verbund zusammen und beginnen gemeinsam zu feuern. Die elektrische Erregung wird vom Zellkörper an die Axone weitergegeben, die sehr dünn und sehr lang sein können, manchmal länger als ein Meter. Die Axone der Pyramidenbahnzelle stellen die Verbindung zwischen der Hirnrinde und der Muskulatur her. Sie sind sozusagen die Stromkabel, die den Lichtschalter mit der Glühbirne verbinden. Der elektrische Impuls pflanzt sich über die Leitungsbahnen der Axone durch das Gehirn zum Rückenmark fort. Am Übergang des Gehirns zum Rückenmark kreuzen die Axone zur anderen Seite und verlaufen bis zur Höhe der Lendenwirbelsäule. Erst jetzt docken sie an die nächste motorische Zelle an, deren Axone nun ihrerseits das Rückenmark verlassen. Viele Axone vereinen sich außerhalb der Wirbelsäule zu den peripheren Nerven. In unserem Beispiel wird der Befehl »Mit den Zehen wackeln!« über den Ischiasnerv zum Fuß weitergeleitet, der an der Hinterseite des Beines die Muskulatur erreicht, mit der die große Zehe bewegt wird. Ich bin 186 Zentimeter groß. Ich stelle mich an eine Wand und markiere die Entfernung zwischen meinem Scheitel und der vermuteten Höhe im Bereich der Lendenwirbelsäule, wo das Axon der motorischen Hirnzelle auf ein zweites Neuron umgeschaltet wird. Es sind 110 Zentimeter. Ist es nicht unglaublich? Eine einzige, gerade einmal 0,1 Millimeter große Nervenzelle in unserem Gehirn besitzt einen Fortsatz, der über einen Meter lang ist!

Die weiße Substanz besteht nicht nur aus diesen verblüffend konstruierten motorischen Stromkabeln, die in das Rückenmark hinabführen. Auch umgekehrt erreichen das Gehirn Kabelstränge, die sensible Empfindungen aus der Peripherie unseres Körpers zum Gehirn leiten. Dazu gibt es noch jede Menge an kurzen Assoziationsbahnen: Das sind quasi die Leitungen von Haus zu Haus. Sie verbinden die verschiedenen Zentralen der Hirnrinde miteinander, damit diese kommunizieren können.

Nervenzellen agieren nicht einzeln, sondern bilden stets ein Netzwerk von Verbindungen und Kombinationen, welches die Leistungsfähigkeit jedes nur denkbaren Computers weit übertrifft. Jedes Gehirn besitzt rund 10 Billionen Axone und Dendriten. Dies ist eine gigantische, kaum vorstellbare Zahl (eine Eins mit 13 Nullen). Sämtliche Dendriten eines menschlichen Gehirns aneinandergereiht würden eine Strecke ergeben, die dem Umfang der Erdkugel entspricht.[13]

11. VORSICHT, SPANNUNG: DIE KOMMUNIKATION DER HIRNZELLEN

Das gewählte Bild des Stromnetzes in einer Stadt ist auch in anderer Hinsicht passend: Tatsächlich benutzen die Nervenzellen zur Kommunikation elektrische Stromimpulse, die über die Dendriten von Zellkörper zu Zellkörper geleitet werden. Jede Nervenzelle ist ganz leicht elektrisch aufgeladen. Diese Spannung entsteht durch den Eintritt von Natrium- und Kalium-Ionen, also elektrisch geladenen Atomen oder Molekülen, durch winzige Kanäle in der Zellwand. Wenn ein elektrischer Reiz von einer Zelle zur nächsten übertragen wird, verändert sich die Konzentration der Ionen. Die Nervenzelle entlädt sich schlagartig und gibt den Impuls an die nächsten Zellen weiter, mit denen sie durch die Dendriten verbunden ist. Das klingt kompliziert, aber im Grunde genommen funktioniert eine Taschenlampenbatterie nach dem gleichen Prinzip. Plus und Minus, der Spannungsunterschied, erzeugt den elektrischen Strom.

Die Gesamtheit aller Leitungsbahnen zwischen den Nervenzellen bildet die weiße Substanz. Beim Menschen ist sie besonders stark ausgeprägt und nimmt im Vergleich zur grauen Substanz, in der die Nervenzellen untergebracht sind, mehr als die Hälfte des Hirnvolumens ein. Umgeben sind die Nervenfasern von einer fetthaltigen Isolierschicht – daher fühlt sich das Gehirn, wie bereits geschildert, so fettig an. Sie sind mit Myelin umwickelt, so wie jedes Stromkabel eine Plastikhülle besitzt. Myelin besteht zu 70 Prozent aus Fett und zu 30 Prozent aus Protein.

12. MYELIN: HIGHSPEED IM GEHIRN

Das Myelin isoliert nicht nur die Nervenfasern, sondern erhöht auch die Geschwindigkeit, mit der elektrische Impulse weitergeleitet werden. Je dicker die Myelinummantelung um den Nervenfortsatz ist, desto schneller verläuft auch die Kommunikation zwischen den Nervenzellen. Dicke Fasern sind schneller als dünne: Sie erreichen bei der Weiterleitung Spitzengeschwindigkeiten von bis zu 120 Metern pro Sekunde. Das ist enorm schnell, wenn Sie bedenken, dass ein Pkw, der 100 km/h fährt, gerade mal 30 Meter pro Sekunde zurücklegt. Die Myelinschicht um die Nervenfasern entwickelt sich erst nach und nach im Laufe des Lebens. Beim Neugeborenen und in den ersten Lebensjahren haben nur sehr wenige Leitungsbahnen der weißen Substanz eine nennenswerte Myelinummantelung[14]. Zuerst werden die Leitungen in den Hirnteilen fertiggestellt, die für die Aufnahme von Sinneseindrücken zuständig sind, also diejenigen für das optische und das Gehörsystem. Dann werden das motorische und das sensible System beschleunigt, und schließlich kommen die Verbindungen zum Frontal- und zum Scheitelhirn an die Reihe, zu jenen Hirnregionen, die für die Steuerung der Emotionen und des planerischen Denkens zuständig sind.

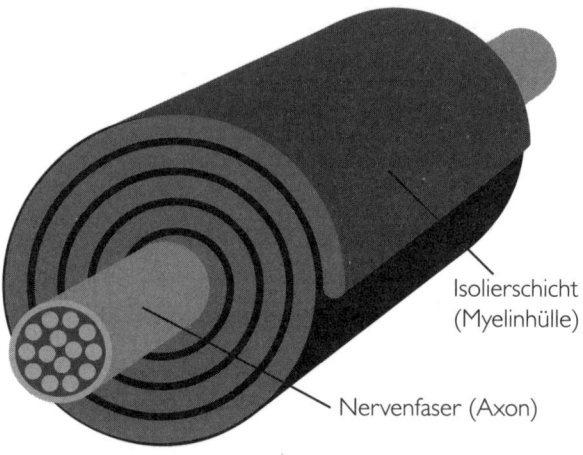

Isolierschicht
(Myelinhülle)

Nervenfaser (Axon)

Abb. 2.10: Die Myelinscheide isoliert die Nervenfortsätze und besteht zu 70 Prozent aus Fett.

Mit diesem Wissen lässt sich auch leichter erahnen, wie die emotionalen Schwankungen und sprunghaften Denkabläufe bei Pubertierenden zustande kommen. In dieser Altersklasse ist die Verbindung zwischen Stamm- und Frontalhirn, welches zuletzt in Betrieb genommen wird, noch unzureichend. Eltern von heranreifenden Jugendlichen können davon ein Lied singen, denn der Prozess der Hirnreifung ist erst nach dem 18. Lebensjahr endgültig abgeschlossen. Bis dahin sind alle Verhaltensweisen Jugendlicher unter dem Vorbehalt zu sehen, dass sie nicht oder unzureichend vom frontalen Gehirn gegengecheckt werden.

Es konnte gezeigt werden, dass bei überdurchschnittlich intelligenten Mitbürgern die Anzahl dicker myelinummantelter Leitungsfasern besonders groß ist.[15] Bei ihnen ist die Geschwindigkeit des Netzwerks, das ihre Hirnzentren miteinander verbindet, besonders hoch. Erneut ist es wie in der Welt der Computer: Die schnellsten Rechner erbringen die besten Lösungen.

Jedermann kann allerdings durch Training und lebenslanges Lernen seine geistige Leistungsfähigkeit steigern. Die schwedische Hirnforscherin Sara Bengtsson[16] konnte bei Klavierspielern in unterschiedlichen Altersklassen – auch bei alten Menschen – nachweisen, dass tägliches Üben das Volumen der weißen Substanz vergrößert, und zwar lebenslang. Nie aufhören, neue Dinge zu lernen, und immer neugierig bleiben – das sind die Voraussetzungen für den Erhalt und die Erweiterung der weißen Substanz als Hort intakter geistiger Funktionen. Außerdem, so konnte eine Forschergruppe aus New York herausfinden, ist für das Leitungssystem des Gehirns eine gesunde Ernährung notwendig. Sie fanden heraus: Wer viel Fisch und weniger Fleisch isst, bei dem fällt im Alter der Rückgang sowohl der weißen als auch der grauen Substanz wesentlich geringer aus.[17]

Mit Grausen erinnere ich mich an den täglichen Löffel Lebertran, den ich als Kind aufgezwungen bekam. Noch heute erregt der Geruch dieser öligen Flüssigkeit einen tiefen Widerwillen in mir. Dafür freue ich mich jetzt im Restaurant auf ein wunderbares Stück Zander oder eine deftige Scholle.

Denn die Omega-3-Fettsäuren, die wir während einer Fischmahlzeit zu uns nehmen, sind für den Erhalt einer gesunden Hirnstruktur wesentlich.[18] Die Berliner Wissenschaftlerin Agnes Flöel[19] hat gesunde ältere Menschen untersucht, die entweder Fischölkapseln mit Omega-3-Fettsäure oder ein Scheinmedikament (Placebo) erhalten haben. Und siehe da, die Versuchspersonen, die das Fischöl eingenommen haben, waren bei psychologischen Tests nach einiger Zeit besser und schneller im Hinblick auf ihre Gedächtnisleistung. Ferner zeigte sich in ihrem MRT ein besserer Zustand der weißen Substanz als bei der Kontrollgruppe. Durch geistiges Training und eine mediterrane Diät kann also geistige Fitness erhalten und ein intellektueller Abbau verhindert werden.

Doch leider gibt es Erkrankungen der weißen Substanz, die oft mit einem intellektuellen Abbau verbunden sind. Im schlimmsten Fall werden die Patienten dement. Unter Demenz versteht man den erworbenen Verlust der Denkfähigkeit, verbunden mit Einschränkungen des Gedächtnisses, Orientierungsstörungen und Störungen der Fähigkeit zu sozialen Kontakten. Häufig handelt es sich um eine schicksalhafte Erkrankung. Die Ärzte sprechen dann von einer Demenz vom Alzheimer-Typ. Aber es gibt aber auch Unterformen der Demenz, die behandelt oder durch eine aktive Therapie sogar verhindert werden können.

Ein Fallbeispiel aus meiner Sprechstunde: Ein 58-jähriger Patient, Geschäftsmann, hat nach der Wende mehrere marode Villen auf Usedom gekauft, mit befreundeten Handwerkern saniert und betreibt nun in bester Lage mehrere Hotels und Pensionen. Die Sorgen sind seit der Wende nicht kleiner geworden. Zwar strömen die Gäste aus ganz Deutschland in seine Hotels. Allerdings hat er ständig Mangel an gutem Personal. Nun saß er vor mir, leicht übergewichtig, in einem offenen weißen Hemd und einer schicken gelben Leinenhose.

»Ich vergesse in letzter Zeit immer mehr«, sagte er, »früher habe ich den Namen eines jeden Gastes gewusst, guten Tag, Herr Folkerts, Frau Meinberg, ich kannte sie alle! Jetzt sage ich nur noch Dings und Bums oder gar nichts mehr. Wissen Sie, es macht mir keine Freude mehr, ich bin irgendwie fertig, obwohl ich gerade drei Wochen Urlaub auf Fuerteventura gemacht habe.«

Ich untersuchte ihn körperlich und habe dann seinen Blutdruck gemessen: 170/100 mmHg. Viel zu hoch! Der erste Wert sollte nicht über 140 sein und der zweite auf jeden Fall unter 90. »Ihr Blutdruck ist viel zu hoch«, sagte ich. »Weiß ich, das ist schon lange bekannt, aber da kann man nichts machen, ich war schon bei vielen Ärzten, der ist nun mal hoch.« Diese Aussage ist eindeutig falsch. Bei jedem Patienten muss der Blutdruck mit entsprechenden Medikamenten normalisiert werden. Das wissen auch alle Ärzte. Aber viele Patienten fühlen sich mit einem zu hohen Blutdruck relativ wohl. Es ist wie ein Schwips, wenn das Blut mit hohem Druck in den Kopf rauscht, eine Senkung führt in der Umstellungsphase zu Müdigkeit und Schlappheit. Und das ist gerade bei Machern wie meinem Patienten nicht erwünscht.

Um den Gedächtnisstörungen meines Patienten auf die Spur zu kommen, fertigte ich ein MRT seines Kopfes an. Und tatsächlich, es fand sich eine Erklärung: Über die gesamte weiße Substanz verteilt waren helle Flecken zu sehen, stets unterhalb der Hirnrinde, im Leitungssystem. Dieser

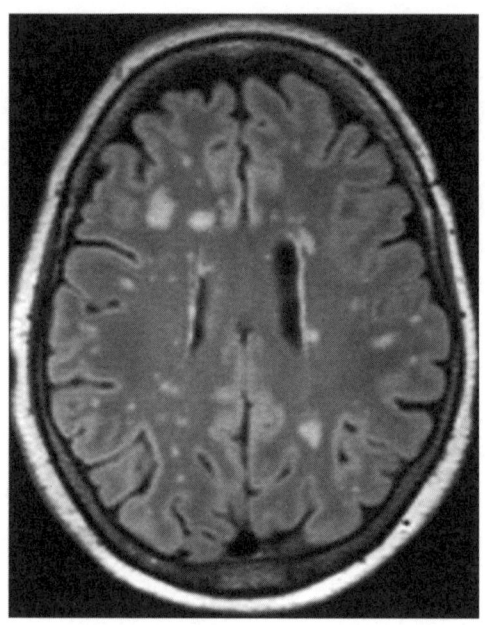

Abb. 2.11: MRT eines 58-jährigen Patienten mit unkontrolliertem arteriellem Bluthochdruck. Die weißen Flecke sind multiple kleine Hirninfarkte als Folge des Hypertonus. Der Patient ging erst zum Arzt, als er unter Gedächtnisstörungen litt.

Zustand wird als »subkortikale arteriosklerotische Enzephalopathie«, abgekürzt SAE, bezeichnet. Übersetzt heißt dies, dass es sich um eine Hirnerkrankung handelt, die sich unterhalb der Hirnrinde (subkortikal) abspielt und durch Gefäßverkalkung verursacht wird. Die häufigste Ursache der SAE ist der in der Bevölkerung weit verbreitete Bluthochdruck, der zu einer Schädigung der Arterienwände führt, in deren Folge die nähfadendicken kleinen Arterien zukleben, welche die weiße Substanz mit Sauerstoff und Nährstoffen versorgen. In der Folge entstehen unzählige kleine Hirninfarkte, welche die Leitungsbahnen kappen, sodass wichtige Hirnzentren nicht mehr miteinander kommunizieren können. Dann beginnt einem das Denken schwerzufallen, man wird vergesslich, grübelt nach Worten und Begriffen, die geistige Flexibilität geht verloren. Man steht im Zimmer und kann sich partout nicht erinnern, was man gerade dort wollte, das Einkaufen wird ohne Notizen zum Fiasko. Das Interesse an Neuem schwindet, die Freude an kleinen Dingen ist nicht mehr vorhanden. Dies sind einige Symptome der »vaskulären Demenz«, wie die SAE auch genannt wird, die im Endstadium der Demenz vom Alzheimer-Typ sehr ähnlich ist. Im Gegensatz zu der schicksalhaft sich verschlimmernden Alzheimer-Erkrankung lässt sich die vaskuläre Demenz jedoch durch Kontrolle des Blutdruckes und anderer Risikofaktoren wie Rauchen, Diabetes oder einer Fettstoffwechselstörung in den Griff bekommen. Der Hotelbesitzer wurde daraufhin noch einmal von seinem Internisten durchgecheckt, und mithilfe eines Blutdruckkalenders, in den er täglich seine Werte eintrug, konnte seine Medikation so eingestellt werden, das er überwiegend normale Blutdruckwerte hatte. Außerdem überzeugte ich ihn, mindestens zweimal in der Woche Sport zu treiben. Bei einer MRT-Kontrolluntersuchung nach einem Jahr ergab sich kein Fortschreiten der bluthochdruckbedingten Schäden an der weißen Substanz seines Gehirns. Er war zwar immer noch vergesslich, aber es war nach seiner Ansicht nicht schlimmer geworden.

13. IN DEN TIEFEN DES GEHIRNS

Jetzt steigen wir in einen Fahrstuhl und fahren von der Hirnrinde durch das Kabelgewirr der weißen Substanz hinab in die Tiefe. Wir verlassen die Bereiche, in denen überwiegend bewusste Vorgänge stattfinden – Sprechen, Sehen, Fühlen, Denken, Planen und Erinnern – und dringen in jene Areale des Gehirns vor, in denen unbewusste Prozesse stattfinden. Wenn wir noch einmal das MRT-Bild des jungen Kopfschmerzpatienten betrachten, fällt uns nicht nur der dunkle Saum der Hirnrinde im Bereich der Hirnoberfläche auf, sondern wir sehen auch dunkle Zellansammlungen in den zentralen Anteilen des Gehirns. Sie werden als Kerne, auch *Nuclei*, bezeichnet. Diese Kerngebiete, ganz umschlossen von weißer Substanz, werden *Basalganglien* genannt und sind entwicklungsgeschichtlich älter als die Strukturen der Großhirnhemisphären. Sie finden sich in ähnlicher Form auch beim Schaf oder der Katze.

In erster Linie regulieren die Basalganglien unsere Motorik. Sie empfangen bewusste Befehle, die von der Hirnrinde ausgehen – zum Beispiel: »Ich möchte ein Glas Wasser in die Hand nehmen und daraus trinken« –, verfeinern sie durch raffinierte Regelkreise und stimmen sie so aufeinander ab, dass unsere Bewegungen beim Trinken in Hand, Arm, Kehle und Mund glatt und geschmeidig sind. Außerdem sind die Basalganglien für das motorische Gedächtnis zuständig. Damit ist das unbewusste »Erinnern« an motorische Abläufe gemeint: Sie wollen Ski fahren, haben jedoch jahrelang nicht mehr auf den Brettern gestanden? Als Jugendlicher dafür jeden Winter? Kein Problem: Ihr Gehirn wird sich an die damalige Zeit erinnern. Nach zwei Tagen werden Sie wieder fahren wie ein junger Gott. Dank der Basalganglien.

Neulich erzählte mir ein Bekannter, welch fantastische Sportlerin seine 14-jährige Tochter sei. Ob Leichtathletik oder Tennis: Immer sei sie unter den Besten. Ihr Lieblingssport allerdings sei Volleyball. Durch ihre perfekten Aufschläge sei sie eine Verstärkung für jede Mannschaft. Dennoch gebe es ein Problem: Als sie neulich im Sportunterricht einen Aufsatz schreiben und den von ihr perfekt beherrschten idealen Aufschlag beim Volleyball schildern musste, konnte sie nicht in Worte fassen, wie sie ihn ausführt. Mein Bekannter war völlig verdutzt und zweifelte an den intellektuellen Fähigkeiten seiner Tochter.

Ich konnte ihn beruhigen: Diese Diskrepanz zwischen der Qualität der körperlichen Ausführung und der sprachlichen Darstellung ist ganz und gar nicht verwunderlich. Denn Bewegungsabläufe werden im motorischen Gedächtnis im Bereich der Basalganglien abgespeichert, die mit unserer bewussten Gedächtnisleistung nichts zu tun haben. Unserem motorischen Gedächtnis haben wir es zu verdanken, dass wir das Autofahren nicht jedes Mal aufs Neue lernen müssen, wenn wir losfahren. Ohne darüber groß nachdenken zu müssen, betätigen wir das Gaspedal, blinken und halten das Fahrzeug auf Kurs. Ähnlich beim Radfahren: Wir haben es als Kinder gelernt und machen es lebenslang, ohne über die notwendigen motorischen Aktionen nachdenken zu müssen. Versuchen Sie doch einmal, jemandem zu beschreiben, wie Sie beim Radfahren einen Sturz vermeiden, wenn das Hinterrad auf einer glatten Fahrbahn plötzlich nach links wegrutscht, in einer Kurve beispielsweise. Obwohl fast jeder von uns so etwas schon einmal erlebt hat, können nur die wenigsten erklären, was genau sie in einer solchen Situation tun. Gott sei Dank wissen unsere Stammganglien Bescheid und haben ein motorisches Programm gespeichert, welches uns davor bewahrt, ständig hinzufliegen. Unbewusst machen wir alles richtig: Wir lenken kurz ebenfalls nach links, in Rutschrichtung, und halten hierdurch die Balance.

Das motorische Gedächtnis wird auch beim Erlernen eines Musikinstrumentes oder einer Sportart benötigt. Jeder, der zum Beispiel erst als Erwachsener Tennis zu spielen begonnen hat, kann ein Lied davon singen, wie mühsam es ist, Vor- und Rückhand automatisch zu beherrschen, und wie lange es dauert, bis bewusste Denk- und Lernvorgänge keine Rolle mehr spielen.

Wie wichtig die Basalganglien für die Motorik sind, zeigt sich an der Parkinson-Erkrankung. Viele haben noch den Moment vor Augen, als der große Boxer Muhammad Ali 1996 bei den Olympischen Spielen in Atlanta das Olympische Feuer entzündete. (Ansonsten können Sie diesen bewegenden Moment auch auf Youtube betrachten und den Mut dieses großen Mannes bewundern.) Zu sehen ist die starre Körperhaltung dieses einst so kunstvoll tänzelnden Kämpfers, auch die ehemals lebhafte Mimik Alis ist erloschen. *Amimie* wird dieser Zustand von Gesichtsstarre genannt. Sein linker Arm zittert heftig, aber nur im Ruhezustand. Sobald Ali die Fackel mit dem olympischen Feuer in beiden Händen hielt, verschwand das Zittern. Für den Parkinson-Tremor ist das typisch: Bei einem gezielten Zugreifen der Hand verschwindet das Zittern.

Die Parkinson-Erkrankung ist relativ häufig, etwa 0,5 Prozent der Bevölkerung in Deutschland sind davon betroffen. Der Grund ist eine unzureichende Produktion von Dopamin, einem Botenstoff, der für die Funktion der Basalganglien notwendig ist. Dopamin spielt auch als Überträgersubstanz im Belohnungssystem eine wichtige Rolle, nicht nur bei der Entstehung von Freude und Glück. Doch dazu später mehr.

III.

DAS LIMBISCHE SYSTEM: GRUNDLAGE VON GLÜCK UND MOTIVATION

I. DIE ARCHAISCHE URGEWALT IN UNS

Manchmal hat man als Neurologe das Gefühl, tief in die Entwicklung der Menschheit zurückzublicken. So erging es mir bei der Betrachtung und Analyse einer 24-Stunden-Videoaufnahme einer jungen Patientin in unserem Epilepsiezentrum. Die junge Frau hatte eine Haube auf dem Kopf, an der die Elektroden für die Hirnstromaufzeichnung befestigt waren. Während sie schlief, wurde die elektrische Aktivität auf der Gehirnoberfläche aufgezeichnet. Simultan dazu filmte eine Infrarotkamera ihr Verhalten. Die Nachtschwester hatte zuvor berichtet, dass sie an der Patientin eigenartige Zustände beobachtet hatte, wahrscheinlich Anfälle.

Die Patientin war eine 22-jährige Jurastudentin, die zweimal kurz hintereinander während einer Vorlesung umgekippt war. Die näheren Umstände dieser Ohnmachtsanfälle waren unbekannt. Infrage kamen Kreislaufsynkopen, die bei jungen Menschen typischerweise in engen Räumen und Stresssituationen auftreten, aber auch ein epileptischer Anfall. Nachdem ihr Freund, ebenfalls Jurastudent, von nächtlichen »Aussetzern« und Geräuschen berichtet hatte, die ihn geweckt hätten, wurde Henriette zum sicheren Ausschluss einer Epilepsie in unsere Epilepsieabteilung aufgenommen.

Position 5528, das Video der nächtlichen Aufzeichnung läuft, Henriette schläft ruhig. Zu sehen ist neben dem Videobild der Schlafenden die Aufzeichnung der Hirnstromkurve.

Noch während die Patientin ruhig schläft, tauchen über der linken Hirnhälfte Krampfpotenziale auf. Sie sehen aus wie gemalte Spitzen oder die Nägel unter einem Laufschuh, weswegen diese Hirnstrombilder auch *Spikes* genannt werden, steile Potenziale, die typisch für eine epileptische Störung des Gehirns sind.

Ihre Entstehung muss man sich so vorstellen, dass die Nervenzellen in unserer Hirnoberfläche unaufhörlich Informationen in Form kleiner elektrischer Ströme hin und her schicken. Jede einzelne unserer 80 Milliarden Nervenzellen ist dabei der selbstständige Teil eines großen Verbundes. Unser Netzwerk ist ständig aktiv, auch nachts, die Elektrizität fließt je nach Bedarf durch das Gehirn, stets tut sich dort etwas: Wir denken, fühlen, träumen, atmen, bewegen uns – und so vieles mehr.

Tritt an einer beliebigen Stelle dieses Verbundes eine Unterbrechung auf, weil dort zum Beispiel ein kleiner Tumor wächst oder weil der Patient einen schweren Unfall gehabt hat und das Gehirn dort infolge einer Einblutung vernarbt ist, kommt es dort zu einer Störung des elektrischen Netzwerkes, und die Neuronen kommunizieren nicht mehr frei, sondern entladen sich – durch das Störfeld gereizt – gemeinsam und synchron wie eine militärische Kommandoeinheit, deren Mitglieder gleichzeitig die Gewehre erheben und feuern.

Diese synchrone Entladung kann auf eine Stelle beschränkt bleiben. Dann verursacht sie spezifische Symptome, die von der betroffenen Hirnregion abhängen. Oder die Synchronisierung breitet sich über das gesamte Gehirn aus, dann hebt nicht nur die Schützeneinheit das Gewehr, sondern das gesamte Volk. Die Folge ist ein generalisierter epileptischer Anfall mit Ohnmacht, Sturz und Verkrampfung der Extremitäten.

Henriette schläft immer noch ruhig. Die Gewitterentladungen in ihrem Hirn betreffen vorwiegend die linke Hirnhälfte, aber es sind noch keine sichtbaren Veränderungen in Henriettes Verhalten zu beobachten. Sie atmet ruhig und tief. Dann jedoch beginnen sich ihre Lippen zu bewegen, sie schmatzt, so als saugte sie genüsslich an einer leckeren Frucht. Plötzlich stößt sie ein lautes Grunzen aus, wie ein Wildschwein, das im Waldboden nach Wurzelwerk wühlt. Es ist ein wildes und zugleich wohliges Geräusch, das deutlich sexuell gefärbt ist. Ihre Hände werden unruhig, sie fummeln auf der Bettdecke herum, befühlen und fingern, zupfen und greifen. Die Schwester kommt in den Aufnahmebereich der Kamera. »Henriette, hören Sie mich?« Aber das Grunzen, Schmatzen und Fummeln wird nur noch intensiver. Mittlerweile breiten sich die steilen, epileptischen Potenziale über das gesamte Gehirn aus: »Die Patientin ist nicht ansprechbar, es besteht eine Bewusstseinstrübung«, sagt der Oberarzt. Erst als die Pflegerin Henriette ein beruhigendes Medikament in die liegende Kanüle injiziert, fällt sie in sich zusammen, rollt sich ein und schläft ruhig.

Es bestand kein Zweifel: Die Videoaufzeichnung dokumentierte einen epileptischen Anfall. Dieser betraf allerdings nicht das gesamte Gehirn, sondern nur einen bestimmten Hirnteil, die Schläfenlappen nämlich. Bei Henriette wurde als Ausgangspunkt der epileptischen Aktivität eine kleine Geschwulst im Schläfenlappen nachgewiesen. In solch einem Fall ist die Epilepsie heilbar, der Tumor wird durch einen neurochirurgischen Eingriff entfernt. Doch was ist das für ein Hirnareal, von dem solch eine bizarre Anfallsform mit Grunzen, Schmatzen und obszönen Gesten ausgeht?

Im Schläfenlappen ist das limbische System lokalisiert, welches zum entwicklungsgeschichtlich ältesten Teil des Gehirns gehört und für elementare Funktionen wie Gedächtnis, Emotionen, Nahrungsaufnahme und Fortpflanzung verantwortlich ist. Sind Sie Katzenfreund? Dann wissen Sie um die ausgeprägte Fähigkeit der Stubentiger, sich zu entspannen und das Leben zu genießen. Der Grund dafür liegt in ihrem Gehirn: Bei Katzen ist das limbische System eines der am weitesten entwickelten Hirnareale. Eigentlich sind sie ausschließlich mit Fressen, Schlafen und Sex beschäftigt. Tolles Leben, könnten wir auch haben, wenn bei uns das limbische System die Oberhoheit über unser Denken und Fühlen behalten hätte. Aber leider, beziehungsweise Gott sei Dank, haben sich beim Menschen übergeordnete Zentren herausgebildet, zum Beispiel das Vorderhirn, welches die Kontrolle über das limbische System innehat, um die ungesteuerten triebhaften Impulse zu regulieren und in sozialverträgliche Bahnen zu lenken. Immer wenn uns das limbische System signalisiert, unmäßig viel zu essen und zu trinken oder sich auf den nächstbesten Sexualpartner zu stürzen, wird dieser Impuls vom Frontalhirn gehemmt. Es sagt: »Lass das, Finger weg, wenn du jetzt tust, was deine Triebe dir befehlen, bekommst du nur Ärger.«

Henriettes Anfall gibt uns in seiner Heftigkeit tatsächlich einen lebhaften Eindruck von historischen Entwicklungsstufen des Menschen, in der noch die ungehemmte Entfaltung des Triebes das Leben dominierte.

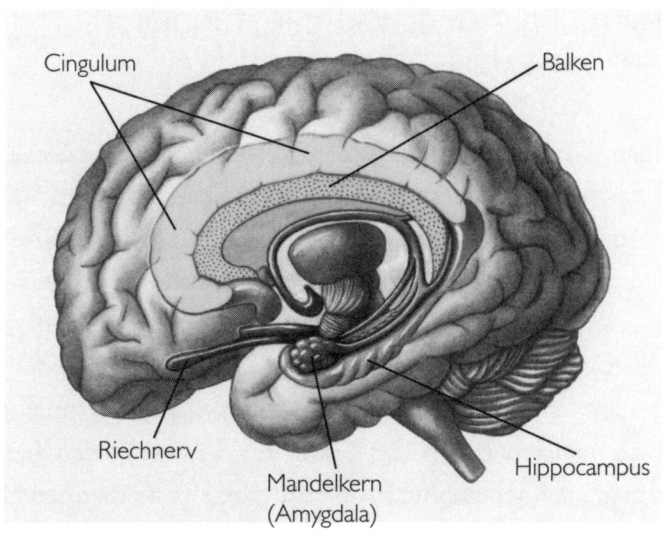

Cingulum

Balken

Riechnerv

Mandelkern
(Amygdala)

Hippocampus

Abb. 3.1: Schema des limbischen Systems, des Sitzes unserer Triebe
und Emotionen. Zu sehen sind Riechnerv, Corpora amygdala,
Hippocampus, Fornix und Cingulum.

Das limbische System besteht aus einer Kette von Hirnzentren, von denen jedes für sich eine spezifische Funktion erfüllt. Die Einzelkomponenten heißen *Hippocampus, Fornix,
Corpus mamillare, Gyrus cinguli* sowie die *Amygdala.* Reichlich seltsame Namen, die sich kein Mensch, der nicht gerade
Neurologe oder Psychiater ist, merken muss. Aber es lohnt
sich, diese in den Tiefen des Gehirns verborgen liegenden
Strukturen näher zu betrachten, denn natürlich haben körperliche Liebe, Verlangen, Emotionen und Triebe viel mit
dem Thema Glück zu tun.

Also steigen wir wieder in den Fahrstuhl und rauschen
noch ein Stockwerk tiefer, zu den Abgründen der Triebe und
der Liebe.

2. ERINNERUNG AN GLÜCKLICHE STUNDEN: HIPPOCAMPUS

Steigen wir aus dem Fahrstuhl aus, stehen wir augenscheinlich einem Seepferdchen gegenüber: dem Hippocampus. Dessen Hauptfunktion ist die Überführung neuer Eindrücke aus dem Kurz- in das Langzeitgedächtnis. Alles, was wir neu erleben, wird zunächst im Hippocampus und damit im limbischen System abgespeichert. Allerdings handelt es sich – ähnlich wie bei einem Computer – lediglich um einen Zwischenspeicher. Ob die neuen Eindrücke in den Langzeitspeicher übernommen werden, hängt von einer genialen Einrichtung unseres Gehirns ab: dem Papez-Kreis.

Der Amerikaner James W. Papez wurde Ende des 19. Jahrhunderts als Sohn tschechischer Einwanderer geboren. Er

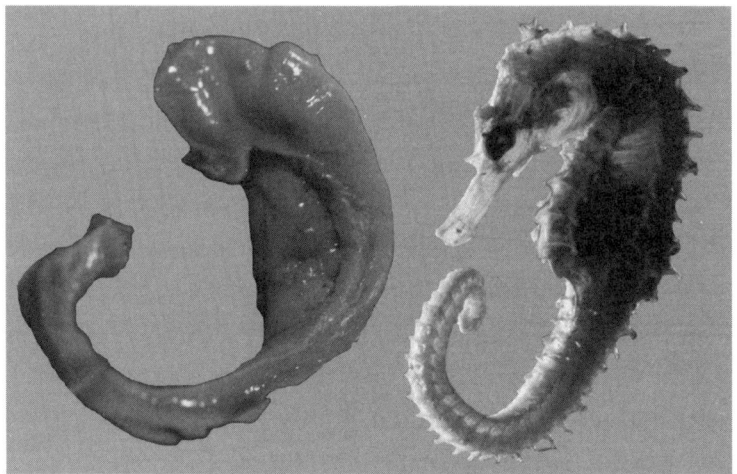

Abb. 3.2: Der Hippocampus ist als Teil des limbischen Systems für das Kurzzeit- und emotionale Gedächtnis verantwortlich. Seinen Namen verdankt er seiner äußeren Ähnlichkeit mit einem Seepferdchen. Links das anatomische Präparat des Hippocampus, rechts ein Seepferdchen.[1]

studierte Medizin an der University of Minnesota und wurde Professor für Neuroanatomie in Atlanta. Dort verfasste er ein Lehrbuch über Neuroanatomie und schrieb 1937 einen berühmten Artikel, in dem er die damals bahnbrechende Idee einer ringförmigen Vernetzung des limbischen Systems zur Erzeugung von Emotionen und zur Konsolidierung von Gedächtnisinhalten präsentierte.

Er stellte fest, dass Sinneseindrücke, welche auf direktem Weg zum Großhirn gelangen, um bewusst verarbeitet zu werden, auch in die Sphären des Unbewussten und Emotionalen des limbischen Systems gelangen. Papez hat ursprünglich vermutet, dass dies zum Zweck der emotionalen Aufladung der empfangenen Sinneseindrücke geschieht, aber da lag er nicht ganz richtig: Es hat sich gezeigt, dass die wichtigste Aufgabe des Papez-Kreises die Speicherung aktueller Gedächtnisinhalte ist. Oder anders gesagt: die Überführung von Erlebtem aus dem Kurz- in das Langzeitgedächtnis.

Wie funktioniert das genau? Der aus einer Neuronenkette bestehende Ring oder Papez-Kreis verbindet die Bestandteile des limbischen Systems. Er startet im Hippocampus und zieht sich zu den Mamillarkörpern. Diesen beiden kleinen brustwarzenförmigen Erhebungen habe ich im Folgenden ein eigenes Kapitel gewidmet (»Die Corpora mamillaria: Verteilerkasten der Gedächtnisstrombahnen«). So viel sei schon jetzt verraten: Die Überschrift stimmt, es handelt sich um eine Umschaltstation für alles, was wir uns merken wollen. Wie in einem Karussell landet die Erregung des Reizes über eine schleifenförmige Hirnwindung, den *Gyrus cinguli*, wieder im Hippocampus.

Die Papez-Schleife wird zusätzlich von der Hirnrinde, von

wo aus alte Erfahrungen und Gedächtnisinhalte abgerufen werden, gesteuert. Auf diese Weise wird alles, was wir sehen und erleben, mit bereits existierenden Gedächtnisinhalten gegengecheckt. Ein ganz banales Beispiel: Wir gehen vom Parkplatz zum Eingang unseres Hauses. Den Weg finden wir mit traumwandlerischer Sicherheit – allerdings nur deswegen, weil wir ununterbrochen das gerade Gesehene mit unserer Erinnerung abgleichen. *Hier ist der Tabakladen, davor der Zigarettenautomat, da ist ein neues Graffito drauf, war gestern noch nicht da. Komisch, bei Meyers brennt Licht, die sind doch in Urlaub, aber die Cousine wollte ein paar Tage in der Wohnung sein, das könnte die Erklärung sein. Den Schlüssel habe ich in der rechten Hosentasche, gestern hat er geklemmt, und ich wollte dem Hausmeister Bescheid sagen. Das Licht ging gestern auch schon nicht.*

Und immer so weiter. Alles, was wir an Information aufnehmen, wird mit unserem Reservoir an Erinnerungen und Wissen verglichen. Das ist auch der Grund, warum ein Dasein ohne Erinnerung, wie es zum Beispiel bei schwer dementen Patienten der Fall ist, eine so kolossale Einschränkung der individuellen Handlungsfähigkeit darstellt.

Ausfälle an einer Stelle dieses Papez-Kreises führen zu Störungen des Kurzzeitgedächtnisses und werden als Amnesie bezeichnet. Ein klassisches Beispiel ist die Gehirnerschütterung – ausgelöst durch einen Schlag auf den Kopf, einen Fahrradunfall oder vielleicht ja auch eine Wirtshausschlägerei. Wenn der Schlag heftig genug ist, erlischt die Erinnerung an den Unfall und die unmittelbare Zeit davor. Alles zuletzt Erlebte ist weggewischt, als hätte jemand die *Delete*-Taste betätigt. Diesen Zustand nennt man »retrograde Amnesie«. Er ist häufig der Grund dafür, dass viele Unfallopfer oder Opfer von Gewalttaten nicht in der Lage sind, den Unfallhergang zu beschreiben.

Die Dauer der Amnesie hängt davon ab, wie heftig die Gewalteinwirkung war. Sie kann einige Sekunden oder auch längere Zeiträume betreffen. Zusätzlich kann es zu einer anterograden Amnesie kommen, bei der alle neuen Erlebnisse binnen weniger Minuten wieder vergessen werden. Meist wird dann auch vergessen, dass alles vergessen wird, sodass der Patienten wenig Einsicht in seinen Krankheitszustand zeigt – kurz gesagt nicht versteht, wo das Problem ist – und darauf drängt, sein normales Leben wiederaufzunehmen. Die Ursache dieser häufigen Komplikation nach Schädel-Hirn-Trauma ist immer noch nicht ganz geklärt. Man vermutet, dass sich im Bereich des Papez-Kreises vorübergehende Schwellungen und Zerrungen der Nervenverbindungen entwickeln, die mit den herkömmlichen Bildgebungstechniken nicht sichtbar gemacht werden können.

3. DIE KASSE IST GESCHLOSSEN, NICHTS GEHT MEHR: DEMENZ FÜR EIN PAAR STUNDEN

Manchmal kommt es auch zu einer *transienten globalen Amnesie* – einer rätselhaften Erkrankung, bei der aus heiterem Himmel ohne äußere Einwirkung, also ohne Schlag auf den Kopf, ein kompletter Verlust des Gedächtnisses eintritt. Es bleiben Gedächtnislücken unterschiedlicher Länge, die sich über Stunden, manchmal aber auch über Tage erstrecken können. Eine vorweggenommene Demenz, nur eben auf Zeit. Allerdings ist dieser besorgniserregende Zustand reversibel, das heißt, das Gedächtnis bildet sich vollständig und ohne Folge wieder zurück. Das macht diesen Ausfall nicht weniger bedrohlich: Plötzlich, von einen Moment auf den anderen, ist man nicht mehr in der Lage, Gedächtnisinhalte zu fixieren, ganz so, als würde der Kiosk plötzlich schließen, wir nehmen keine Bestellungen auf, nichts geht mehr. Nichts neu Gesehenes oder Gehörtes kommt mehr an, alles wird sofort vergessen.

Ich erinnere mich an einen Patienten, einen Landwirt, der samt Traktor und Anhänger von seinem Hof bis zum Marktplatz gefahren war, was er zur Spargelzeit regelmäßig tat, um seinen Spargel zu verkaufen. Einziges Problem: Die Spargelzeit war längst vorbei. Und er konnte sich an nichts erinnern.

Patienten bezeichnen diesen Zustand als quälend und verunsichernd. Typisch sind die verwunderten Fragen der Patienten, Schlafwandlern gleich, was hier los sei, wie sie in diese schreckliche Situation geraten seien. Die Ursache ist allerdings bis heute nicht aufgedeckt. Unbestritten ist, dass eine beidseitige Störung des Hippocampus vorliegen muss – wahrscheinlich in Form einer Durchblutungsstörung.

4. DER KOMPASS IM GEHIRN

Außer als Kurzzeitspeicher des Gedächtnisses spielt der Hippocampus eine wichtige Rolle bei der Orientierung im Raum. Er liefert ein inneres Kartensystem, damit wir in der

Wohnung auch noch schlaftrunken stets ins Badezimmer finden und nicht jedes Mal den Weg zum nächsten Supermarkt oder zur Apotheke im Stadtplan nachschauen müssen. Auf diese Weise verfügen wir über eine Sammlung unbewusst gespeicherter »innerer Karten«, sodass man ohne nachzudenken bekannte Ziele erreichen kann.

Bei der Alzheimer-Erkrankung kommt es zu einer Schrumpfung der Strukturen im Schläfenlappen, vor allem wird die Nervenzellschicht des Hippocampus geschädigt. Folgerichtig zählen Störungen sowohl des Kurzzeitgedächtnisses als auch der Orientierung zu den Hauptsymptomen bei Demenzkranken, und es müssen Vorsichtsmaßnahmen ergriffen werden, um zu verhindern, dass die Patienten sich verlaufen.

5. DIE CORPORA MAMILLARIA: VERTEILERKASTEN DER GEDÄCHTNISSTROMBAHNEN

Wie gelingt es dem Gehirn, neue Informationen so zu verarbeiten, dass sie einerseits zum Großhirn geleitet werden, um bewusst wahrgenommen zu werden, andererseits im Papez-Ring landen, um im Gedächtnis abgespeichert zu werden? Also ankommende Informationen und Sinneseindrücke an verschiedene Stellen im Gehirn zu leiten? Dazu verfügt jede Hirnhemisphäre über einen Verteilerkasten: die *Corpora mamillaria*. Das sind paarige kleine Buckel an der Unterseite des Gehirns, welche die damaligen Neuroanatomen wohl an weibliche Brustwarzen erinnerten (*Mamilla* – Brustwarze).

Sie funktionieren wie Relaisstationen beim Satellitenempfang: Sie verändern die Signale nicht, speichern auch nichts ab, sorgen jedoch dafür, dass der Informationsfluss gut verteilt wird und rasch in die richtige Hirnregion gelangt.

Dazu besitzen die Mamillarkörper eine besonders empfindliche Zellansammlung, die sehr viel Vitamin B1 zum Überleben braucht. Diese Tatsache wird leider vielen Alkoholkranken im Endstadium zum Verhängnis, wenn sie nur sehr wenige Vitamine zu sich nehmen und ihren Kalorienbedarf häufig nur durch alkoholische Getränke decken und monatelang keine feste Mahlzeit zu sich nehmen. Ihnen fehlt vor allem das Thiamin, das auch als Vitamin B1 bezeichnet wird. Es kann vom menschlichen Körper nicht produziert werden und ist für die Funktion der Nervenzellen unerlässlich.

Thiamin ist in Fleisch, Obst und Gemüse enthalten. Bei Thiaminmangel gehen insbesondere die Umschaltzellen der Mamillarkörper zugrunde, sodass die Funktion des Papez-Ringes zusammenbricht und das Kurzzeitgedächtnis versagt. Die daraus resultierende Erkrankung wird *Korsakow-Syndrom* genannt, erstmals beschrieben vom russischen Nervenarzt Sergej Korsakow, der im Übrigen den Begriff *Paranoia* (Verfolgungswahn) in die Psychiatrie einführte und sich für eine humane Behandlung der Psychiatriepatienten einsetzte.[2]

Bei Patienten mit Korsakow-Syndrom besteht ein irreversibler Gedächtnisverlust, sie können weder neue Erfahrungen abspeichern, noch können sie auf alte Gedächtnisinhalte zurückzugreifen. Die gravierenden Gedächtnislücken werden durch ein wildes Konfabulieren ausgefüllt, für das eine Aneinanderreihung von Floskeln und fantasierten Ereignissen typisch ist (bitte auf gar keinen Fall verwechseln mit Talkshow-Beiträgen einiger Politiker).

Eine weitere Alkoholfolgeerkrankung, die nach dem deutschen Hirnforscher Carl Wernicke benannte Wernicke-Enzephalopathie, hat die gleiche Ursache, nämlich Thiaminmangel. Die Patienten werden nach jahrzehntelangem exzessiven Alkoholmissbrauch durch neurologische Symptome auffällig: Sie sehen Doppelbilder, leiden unter Spastik oder Gang- und Standstörungen. Die Ursache sind kleine flohstichartige Einblutungen nicht nur im Bereich der Mamillarkörper, sondern darüber hinaus auch im tiefer gelegenen Hirnstamm. Da beide Krankheiten zumeist gleichzeitig auftreten, ist üblicherweise vom Wernicke-Korsakow-Syndrom die Rede, welches mit Thiamin-Infusionen behandelt wird.

Auch Nichtalkoholiker können an einem Wernicke-Korsakow-Syndrom erkranken. Zum Beispiel kann bei Menschen mit einer Essstörung wie Bulimie nach strenger Diät über eine lange Zeit und Erbrechen nach jeder Mahlzeit ein gravierender Vitaminmangel entstehen, ebenso bei Menschen mit bösartigen Veränderungen im Bereich der Nieren oder des Magen-Darm-Traktes. Im günstigsten Fall können die fehlenden B-Vitamine durch Infusionen ersetzt und die Symptome rückläufig gemacht werden.

6. DIE AMYGDALA: ANGST UND FREUDE LIEGEN ENG BEIEINANDER

In jeder besseren Diskothek oder Bar gibt es einen Türsteher, der kontrolliert, dass kein unerwünschter Gast das Etablissement betritt, ein Betrunkener etwa oder jemand, der nicht dem jeweiligen Kleiderkodex entspricht oder auf Krawall aus ist. Genau solch eine Funktion als Türsteher übt der Teil unseres Gehirns aus, welcher den schönen Namen »Mandelkern« – fachsprachlich auch Amygdala, Plural Amygdalae – trägt und auch als das »Angstzentrum« bezeichnet wird. Genauso wie die Corpora mamillaria sind die Mandelkerne als Paar vorhanden, eines in der rechten und eines in der linken Hemisphäre. Ihre Neuronen bewerten beständig die Umwelt danach, ob das, was wir wahrnehmen, gut oder potenziell gefährlich für uns ist. Es raschelt im Unterholz, da ist ein Tier, ist es gefährlich? Ein tollwütiger Fuchs oder eine harmlose Amsel, die dort nach Würmern scharrt? Unsere Vorfahren waren als Steppen- oder Urwaldbewohner darauf angewiesen, solche Situationen in Sekundenbruchteilen möglichst korrekt zu bewerten – sie konnten einerseits nicht vor jedem Rascheln und Knacken wegrennen, dann wären sie zu nichts mehr gekommen. Andererseits mussten sie angesichts wilder Tiere, giftiger Schlangen oder feindlich gesinnter Artgenossen immer auf der Hut sein.

Die wenigsten von uns laufen oft durch das Unterholz, meistens haben wir es in urbaner Umgebung mit Tiefgaragen, Unterführungen oder dunklen Parks als potenziell gefährlichen Orten zu tun. Aber auch hier muss unserer persönlicher Türsteher in Millisekunden entscheiden: Ist der

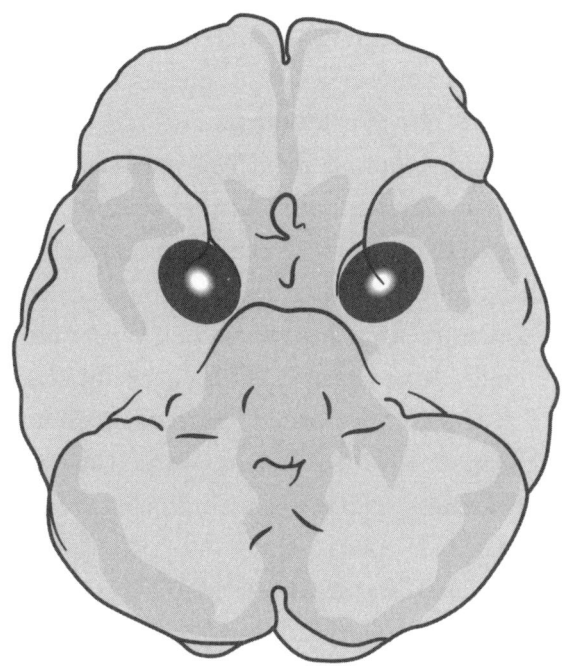

Abb. 3.3: Die Amygdalae sind paarig angelegte Kerngebiete im Schläfen-lappen. Sie spielen eine wichtige Rolle bei der emotionalen Bewertung und Wiedererkennung von Situationen.

Typ mit dem Bart dort gefährlich und aggressiv oder nur betrunken? Muss ich mich entfernen, oder kann ich ihn einfach ignorieren? Wie zu Vorzeiten kann – in extremen Fällen – unser Leben von einer richtigen Einschätzung der Lage abhängen.

Die Mandelkerne sind nicht nur unser »Angstzentrum«. Sie sind ebenfalls Ursprungsort des Ekels, der uns ergreift, wenn wir faules Fleisch oder an unerwarteter Stelle Kot riechen. Doch die Mandelkerne sind genauso stark an unserem Empfinden für Freude und Glück beteiligt. »Das ist schön, genieß es« lautet ihre Ansage, wenn wir in einen heimeligen Raum treten oder einem sympathischen Menschen begegnen. Außerdem sind die Mandelkerne wichtig für unsere Fähigkeit, Lust zu empfinden, weil sie am Sexualtrieb beteiligt sind. So hat eine australische Arbeitsgruppe festgestellt, dass Patienten, bei denen wegen einer Epilepsie ein Mandelkern operativ entfernt wurde, einen geringeren Sexualtrieb hatten als Patienten nach einer ähnlichen Operation, jedoch bei Erhalt beider Mandelkerne.[3] Der amerikanische Wissenschaftler Y. Salu stellte ergänzend fest, dass die Mandelkerne auch im Hinblick auf die Auswahl des Sexualpartners, das heißt die Bewertung seiner Attraktivität, eine entscheidende Rolle spielen.[4]

Wenn bei einem Menschen die Mandelkerne nicht richtig funktionieren, müsste er oder sie komplett angstfrei und ohne Ekelempfinden sein. Ist das realistisch? In gewisser Weise ja. Es gibt eine sehr seltene vererbbare Krankheit, das Urbach-Wiethe-Syndrom[5], bei der es zu einer Verkalkung der Amygdala und dem Ausfall ihrer Funktion kommt. Menschen mit dieser Krankheit verspüren keine Angst und können auch die Emotionen anderer Menschen nicht deuten. Wenn sie Fotografien von Menschen betrachten, können sie nicht beurteilen, ob der abgebildete Mensch traurig, fröhlich oder böse schaut.

Man muss allerdings zugeben, dass die Mandelkerne gern auch einmal übertreiben. Oftmals senden sie heftige Warnsignale aus, wo es gar nicht notwendig erscheint. Stichwort Phobien und Angstneurosen. Wer den Begriff »Phobie« googelt, wird sich wundern, wovor man alles panische Angst haben kann. Hier eine Kostprobe von der Website http://

phobien.ndesign.de/#note1 allein vom Buchstaben A (unter dem nicht weniger als 79 Phobien aufgelistet sind):

- *Ablutophobie – Angst vor dem Waschen/Baden*
- *Acarophobie – Furcht vor Insektenstichen/stechenden Insekten oder Infektion durch Milben und Zecken oder vor Kleinstlebewesen*
- *Acerophobie – Angst vor Säuerlichkeit*
- *Achluophobie – Angst vor Dunkelheit*
- *Acidophobie – Angst vor Säure*
- *Acousticophobie/Akousticophobie – Angst vor Lärm und Geräuschen*
- *Acrophobie – Angst vor Höhe*
- *Aelurophobie/Ailurophobie – Angst vor Katzen*
- ...

Abb. 3.4: Spinne.

Zum größten Teil ist eine Überaktivierung der Amygdala schuld an einem Leben voller Angst. Die Greifswalder Arbeitsgruppe um den Neuropsychologen Alfons Hamm hat mithilfe des Magnetresonanztomographen festgestellt, dass bei Menschen mit Arachnophobie (wie die Angst vor Spinnen genannt wird) beim Betrachten von Fotografien dieser Tiere eine rasante Aktivierung der Amygdala erfolgt. Die Amygdala-Neuronen senden bis zur Erschöpfung Warnimpulse aus: »Achtung, Achtung, größte Gefahr für Leib und Leben, ein kleiner Weberknecht zittert an der Zimmerecke dem Licht entgegen.« Die Aktivierung der Amygdala ist bei Menschen mit einer Spinnenphobie um ein Vielfaches stärker als bei Personen, die zwar Spinnen nicht mögen, jedoch beim Anblick solcher Tiere nicht in Panik verfallen. Ich werde darüber im Kapitel über die funktionelle Magnetresonanztomographie noch eingehender berichten.

7. CINGULUM: ZENTRALE FÜR INTERESSE UND MOTIVATION

Es gibt kurzentschlossene Menschen, die ein Geschäft betreten, sich umschauen, ein, zwei Dinge anprobieren und kaufen. Andere brauchen länger, sie zögern und probieren, gehen weg, kommen wieder und sind unentschlossen. Wo im Gehirn spielt sich dieser Entscheidungsprozess ab? Überwiegend im *Gyrus cinguli (Cingulum)*, der »gürtelförmigen Hirnwindung«, die wir als Teil des Papez-Kreises bereits bei der Konsolidierung von Gedächtnisprozessen kennengelernt haben und die auch bei der Entstehung von Emotionen beteiligt ist. Wie ein Gürtel verbindet er die innen gelegenen Hirnteile des limbischen Systems miteinander. Das ist tatsächlich der Hauptplayer bei der Entscheidungsfindung. Gehe ich ins Kino oder mit dem neuen Bekannten essen? Um das zu entscheiden, muss man in der Lage sein, sich die möglichen zukünftigen Szenarien vorstellen zu können: Der Film könnte schlecht sein. Oder das Kino überfüllt und laut, weil Freitag ist. Und das Essen – ich bin mir gar nicht sicher, was der Bekannte von mir will, das könnte zu unangenehmen Situationen führen. Diese mentale Vorwegnahme oder Erwartung eines zukünftigen Erlebens in einer zukünftigen Situation nennen die Psychologen Antizipation. Der Läufer trainiert hart in der Erwartung, eines Tages einen Marathon zu meistern. Ein anderer verzichtet wochenlang auf Schokolade und Pommes zum Steak, weil das Klassentreffen bevorsteht und er sportlich und gut in Schuss rüberkommen möchte. Der Verzicht in Erwartung einer Belohnung, die Vorfreude auf ein zukünftiges Ereignis, die Motivation, sich anzustrengen, damit sich ein Erfolgserlebnis einstellen kann – all dies sind Aufgaben und Funktionen des vorderen Anteils des Cingulums.[6]

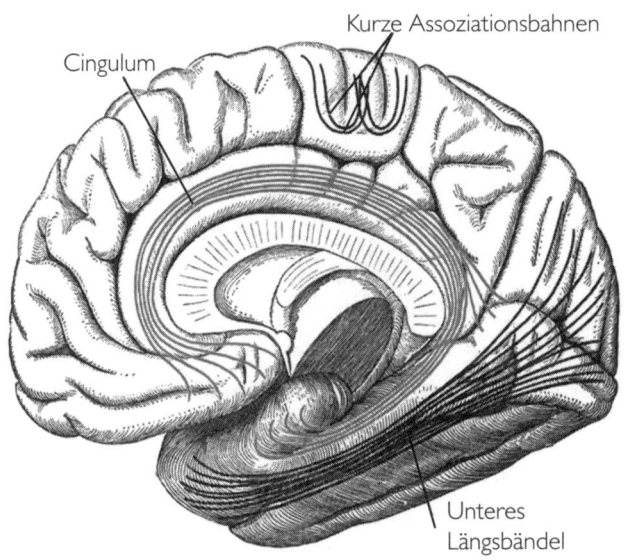

Kurze Assoziationsbahnen

Cingulum

Unteres Längsbändel

Abb. 3.5: Das Cingulum (Gyrus cinguli, umgürtende Hirnwindung). Man kann sich gut vorstellen, wie in diesem Karussell die Informationen hin und her flitzen.

Ein Ausfall des vorderen Cingulums, zum Beispiel nach einem Schlaganfall, hat entsprechende Antriebs- und Interesselosigkeit zur Folge: Der Patient reagiert nur schwach auf Umweltreize, wird wortkarg und bewegungsfaul. Affen, denen das vordere Cingulum operativ entfernt wurde, werden zahmer, verlieren aber gleichzeitig jegliches Interesse an anderen Mitgliedern ihrer Gruppe.

Eine Störung der Funktion des vorderen Cingulums spielt auch bei der bipolaren Störung eine Rolle, einer psychiatrischen Erkrankung, die früher auch als »manisch-depressives Irresein« bezeichnet wurde. Es gibt wissenschaftliche Erkenntnisse, dass es speziell das Gebiet des vorderen Cingulums ist, welches bei diesen Patienten im MRT verändert ist. Dabei kommt es zu willentlich nicht kontrollierbaren extremen Stimmungsschwankungen – erst himmelhoch jauchzend, dann zu Tode betrübt. In der manischen Phase wird eine neue Küche gekauft, ein Kredit aufgenommen, pausenlos geredet, man agiert sozial auffällig. Dann folgt die Depression: Nichts geht mehr, der Patient bleibt tagelang im Bett und macht dem Lieferanten, der die im Überschwang bestellte Küche bringen will, die Tür nicht auf.[7]

Als ich während meiner Ausbildung als Assistenzarzt in einer psychiatrischen Klinik arbeitete, war ich tief beeindruckt, wie abrupt die Stimmung bei bipolaren Patienten zwischen der manischen Phase und Gefühlen tiefster Depression wechseln konnte. Eine Episode aus der damaligen Zeit lässt mich – trotz aller Tragik – bis heute schmunzeln: Ein etwa 40-jähriger Mann wurde eingeliefert, sein Verhalten schwankte bereits länger zwischen depressiven und manischen Phasen. Er sollte neu auf Lithium eingestellt werden, ein Medikament, das die Stimmungslage stabilisiert. Der Patient war Handelsreisender für Türbeschläge bei einer mittelständischen Firma. Die Behandlung lief gut an. Eines Tages jedoch war er nicht mehr in seinem Zimmer und auch ansonsten in keinem der Gemeinschaftsräume der Klinik zu finden. Ein Patient, der die Klinik verlässt, ohne den Stationsarzt zu informieren, stellt wegen potenzieller Selbstmordgefährdung stets ein ernsthaftes Problem dar. Wir verständigten die Polizei, gaben eine Personenbeschreibung durch und baten um Hilfe. In dieser Nacht hatte ich Dienst und bekam um 23 Uhr einen Anruf von der Pforte: »Da sind zwei Polizeibeamte mit einem unserer Patienten.« Mit klopfendem Herzen ging ich hinunter, und tatsächlich, in der Aufnahme kamen mir die Beamten schon mit dem Patienten entgegen. Er schaute mich mit weit aufgerissenen Augen begeistert an und begann ununterbrochen zu reden. Einer der Polizisten teilte mir mit, dass sie den Patienten auf dem Mannheimer Bahnhof gefunden hätten, er sei gerade dabei gewesen, einer Reisegruppe aus Ägypten 200 Türbeschläge zu verkaufen. »Stellen Sie sich das vor – 200 Stück komplett mit Schutzbeschlag, moderner Winkelform und Scharnieren habe ich heute Abend an den Mann gebracht. Ist das nicht wunderbar?« Dabei wirkte er so enthusiastisch, dass auch ich ihm am liebsten ein paar Türbeschläge abgekauft hätte. Aber täuschen wir uns nicht, auf ein solches Hoch folgt regelhaft ein tiefes Tal mit schwersten Depressionen.

8. LIEBE GEHT DURCH DIE NASE: DER GERUCHSSINN

Wer den Weltbestseller *Das Parfum* von Patrick Süskind gelesen hat, weiß, dass Gerüche in der Lage sind, das Tier in uns zu wecken. In unserem Alltag dominieren Vernunft und

Disziplin, aber wir alle tragen einen animalischen Anteil in uns, das grunzende Schwein, das laut quiekend losrennt, wenn ihm danach ist.

Wie wichtig unsere Geruchsempfindung nicht zuletzt für unser Liebesleben ist, wurde mir in meiner Sprechstunde klar, als ein fast 70-jähriger Patient und seine Frau vor mir saßen. Der Patient hatte ein halbes Jahr zuvor einen leichten Schlaganfall gehabt und kam jetzt zu einer routinemäßigen Kontrolluntersuchung. Der Blutdruck und die Laborwerte waren stabil, und er betonte, wie gesund er jetzt nach dem Warnschuss lebte, welcher der Schlaganfall für ihn war.

»Das habe ich meiner Frau zu verdanken«, sagte er mit einem verliebten Blick auf seine Frau, die verlegen lächelte. »Ich will Ihnen einmal etwas erzählen«, fuhr er fort. »Meine erste Ehe war eine Katastrophe. Wir haben uns den ganzen Tag nur gestritten und uns beschimpft. Und wissen Sie, was der Grund war? Wir konnten uns nicht riechen! Immer wenn ich mit meiner Nase in ihre Nähe kam, war es mir unangenehm.« Jetzt hingegen lebe er in einer vollkommenen Harmonie: »Ich rieche sie so gerne, oft lege ich mich neben sie und bin von ihrem Duft begeistert.«

Im Grunde genommen ist der Mensch ein Augenwesen – in seiner Umgebung orientiert er sich vorwiegend über den Sehsinn, weniger intensiv auch über sein Gehör. Das ist bei vielen Wirbeltieren anders: Für sie besteht die Welt aus einem Universum von Düften und Geruchsmarkierungen. Man beobachte bloß den treusten Freund des Menschen, den Hund, wie er überall da, wo er sich bewegt, kleine Spritzer absondert. Andererseits schnüffeln Hunde auch an jeder Hausecke und an jeder Treppenstufe. Man weiß, dass der

Hund aus den erschnüffelten Duftmarken Rückschlüsse auf Geschlecht, Größe und körperliche Verfassung seiner Artgenossen ziehen kann.

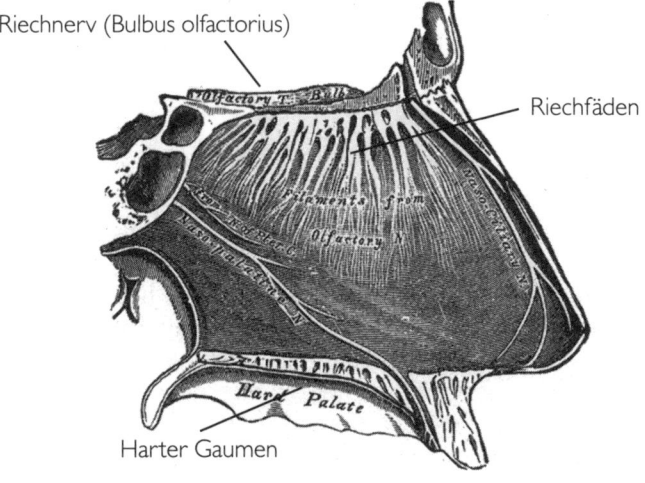

Riechnerv (Bulbus olfactorius)

Riechfäden

Harter Gaumen

Abb. 3.6: Der Riechnerv *(Bulbus olfactorius)* steht unmittelbar mit dem limbischen System und den emotionalen Reaktionen in Verbindung.

Im Hinblick auf die Entwicklung des Gehirns in der Evolution ist das Riechhirn uralt. Während der Input für andere Sinne wie Tasten, Sehen oder Hören im Thalamus zwischengelagert wird und damit eine Kontrolle möglich ist, was im Bewusstsein landet und was nicht, rutschen die Geruchseindrücke ungefiltert in das limbische System und lösen dort Emotionen aus und wecken Erinnerungen.

Diese 1:1-Weiterleitung geschieht über den im Gewölbe des Nasenraumes lokalisierten Geruchsnerv, den *Bulbus olfactorius.* Dieser ist eigentlich gar kein Nerv, sondern ein nach außen gestülpter Teil unseres Gehirns. Auf der kleinen

Fläche der Nasenschleimhaut sind mehr als 20 Millionen Riechzellen untergebracht. Jede dieser hoch spezialisierten Neuronen ist für einen bestimmten Dufteindruck zuständig. Für jeden Geruch – Fisch, Lavendel, Schuhleder, Rose oder Teer – gibt es Spezialisten in Form von mehr als 400 unterschiedlichen Rezeptorentypen. Die in der Luft schwebenden Moleküle und Teilchen, die auf die Nasenschleimhaut treffen, passen wie ein Schlüssel in ein Schloss und reizen einen bestimmten Typ von Nervenzelle, sodass ein ganz spezielles Duftmuster ausgelöst wird. Der Mensch ist in der Lage, geringste Konzentrationen von Duftstoffen wahrzunehmen, die Wahrnehmungsschwelle für einen Duftstoff in der Luft liegt bei 108 Molekülen.[8] Zu berücksichtigen ist allerdings eine Gewöhnung an Gerüche, auch Adaptation genannt: Wenn die Riechnerven ein und demselben Duftstoff längere Zeit ausgesetzt sind, wird die Nase unempfindlich gegenüber dieser spezifischen Duftnote. Seinen eigenen Mief riecht man nicht, auch der Schlachter nimmt die speziellen Gerüche seines Arbeitsplatzes nicht wahr. Viele Asiaten sind der Meinung, dass wir Europäer einen unangenehmen Butter- und Käsegeruch ausdünsten, den wir selber gar nicht wahrnehmen. Und ich kenne Menschen, die tatsächlich behaupten, dass Knoblauch geruchlos sei.

Gerüche sind für unsere Orientierung natürlich nicht mehr so wichtig, wie sie es noch für unsere Vorfahren waren oder für wilde Tiere auch heute sind. Jedoch sind sie zur Identifizierung vertrauter Personen nach wie vor von größter Bedeutung. Neugeborene erkennen die mütterliche Brust am Geruch und können sie von beliebig vielen fremden Brustwarzen unterscheiden.[9] Es gibt einen typischen

Familiengeruch, der mit dem Immunsystem des Menschen zusammenhängt. Eineiige Zwillinge können auch von speziell geschulten Spürhunden nicht am Geruch unterschieden werden.

Die Geruchserkennung zwischen Mutter und Kind funktioniert auch andersherum: Allein durch den Geruch kann eine Mutter das verschwitzte T-Shirt ihres Kindes unter Hunderten anderen identischen Sporthemden herausfinden. Der Familiengeruch spielt auch bei der Partnerwahl eine wichtige Rolle: Wer sich »gut riechen kann«, findet eher zueinander. Der Geruchssinn spielt somit eine wesentliche Rolle bei der Partnerbindung – und übrigens auch als Warnsignal vor Inzest.[10]

Warum sind Gerüche so wichtig für unser emotionales Erleben? Der Grund ist die direkte Verbindung vom Riechnerven zum limbischen System, den Mandelkernen und dem Hypothalamus mit seinen Verschaltungen zum vegetativen Nervensystem. Dieser Schaltkreis ist dafür zuständig, dass Gerüche in uns Emotionen und Erinnerungen wachrufen.

Wie Gerüche Erinnerungen auslösen können, wird fabelhaft in Marcel Prousts Roman *Auf der Suche nach der verlorenen Zeit* erzählt. Der Geschmack einer Madeleine, eines kleinen französischen Kuchenstückchens, ruft beim Ich-Erzähler lebhafte Kindheitserinnerungen hervor, begleitet von den zugehörigen Emotionen.

Gerüche sind also in der Lage, emotionsgeladene Erinnerungen in uns wachzurufen. Natürlich ist unsere Sexualität stark mit Emotionen verbunden, die eng mit dem limbischen System verknüpft sind und bei denen der Geruchssinn eine entscheidende Bedeutung hat. Wir alle produzieren sexuelle Lockstoffe, die Pheromone, die für unser Sexualverhalten und bei der Entwicklung von Sympathie und Antipathie entscheidend sind. Sie werden von Schweißdrüsen produziert, insbesondere im Achsel- und Schambereich und kommen auch im Sperma und im Vaginalsekret vor. Beim Mann handelt es sich um *Androstadienon*, bei der Frau um *Estratetraenol*. Diese Sexuallockstoffe umgeben uns zwar wie eine Wolke, werden von uns jedoch nur unbewusst wahrgenommen; sie sind zunächst geruchlos und entfalten ihre spezifische Duftnote erst gemeinsam mit der Wirkung von Hautbakterien. Pheromone sind bei Männern stärker konzentriert als bei Frauen, dagegen sind Frauen empfänglicher für deren Wirkung.[11] Der belgische Sexualwissenschaftler Johan Verhaeghe berichtet von Untersuchungen, bei denen verdünnter männlicher Achselschweiß mit einem Wattebausch unterhalb der Nase von Frauen aufgetragen wurde. Davor und danach wurden psychologische Tests durchgeführt. Bei den meisten weiblichen Versuchspersonen ergab sich eine Verbesserung ihrer Stimmung und der Konzentrationsfähigkeit, wenn sie den männlichen Achselschweiß schnüffeln durften.[12] Was natürlich für die Männer nicht bedeuten sollte, auf Duschen gänzlich zu verzichten.

IV.

ZWISCHENHIRN UND HIRNSTAMM: SCHALTZENTRALEN FÜR HERZ UND NIEREN

Im Großhirn mit den mächtigen Hemisphären spielen sich, wie wir gesehen haben, die »höheren« kognitiven Leistungen ab: Klavier spielen, ein Ikea-Regal aufbauen, Sudoku-Kästchen ausfüllen. Aber jemand muss auch die tägliche Arbeit verrichten, wie meine Frau immer sagt, wenn sie mich motivieren will, den Abwasch zu machen, Rasen zu mähen oder den Haushaltsmüll zu entsorgen. Und sie hat völlig recht! Wenn die niederen Tätigkeiten nicht erfüllt werden, bricht alles zusammen – im Hirn wie im Haushalt.

Doch wer kümmert sich eigentlich in unserem Hirn darum, dass der Laden läuft? Dass wir das Atmen nicht vergessen? Wie wird dafür gesorgt, dass das Herz regelmäßig schlägt und das Blut im Körper sich so verteilt, dass jedes Organsystem seinen gerechten Anteil abbekommt? Dass unsere Verdauung funktioniert und der Körper mit den Nährstoffen versorgt wird, die er benötigt? Kurz: dass wir am Leben bleiben?

Dafür sind uralte Teile des Nervensystems verantwortlich, die so oder ähnlich auch schon beim Lurch oder der Ringeltaube vorhanden sind. Diese wichtigen Zentren sind im Zwischenhirn, der Verbindung zwischen Großhirn und Rückenmark, lokalisiert. Der größte Teil des Zwischenhirns besteht aus dem Thalamus, einer eiförmigen Ansammlung von Nervenzellen, in der alle Informationen, die von unseren Sinnen aus der Außenwelt aufgenommen werden, als Input einlaufen und gegengecheckt werden, ob sie wichtig genug sind, in unser Bewusstsein zu gelangen. Alle Eindrücke – sei es die Temperaturempfindung, der Druck auf unsere Gelenke oder die aktuelle Geräuschkulisse – fluten von den Sinnesorganen über das Nervensystem zunächst in diesen Teil des Gehirns hinein.

Der leichte Druck des T-Shirts auf unsere Haut: unwichtig, nehmen wir gar nicht wahr. Das leise Rauschen der Heizung in unseren Ohren: wird herausgefiltert, wollen wir gar nicht registrieren. Tankstellen, Menschengruppen an der Kreuzung, wartende Autos, die auf dem Weg zur Arbeit an uns vorbeirauschen: weg damit, who cares. All das wird vom Thalamus weggefiltert.

Und das ist auch gut so. Wenn wir all unseren Sinneseindrücken gestatten würden, die Pforte in unser Bewusstsein zu passieren, könnten wir gar nicht mehr klar denken, uns auf nichts konzentrieren und wären erbarmungslos reizüberflutet. Das heißt: noch mehr, als wir es ohnehin schon sind in der modernen urbanen Welt. Umso wichtiger ist es, dass das Tor zu unserem Bewusstsein gut bewacht wird.

1. THALAMUS: DAS TOR ZUM BEWUSSTSEIN

Der Wächter des Tores zum Bewusstsein ist der Thalamus. Er filtert und selektiert die Sinnesreize, die wichtig genug sind, um von uns bewusst wahrgenommen zu werden. Jetzt fragen Sie natürlich, wer entscheidet eigentlich, was wichtig und was unwichtig ist? Die Antwort lautet: Es ist die Aufmerksamkeit, die das entscheidet.

Ich möchte mit einem gedanklichen Experiment demonstrieren, welchen Einfluss die Aufmerksamkeit hat, welche Eindrücke der Thalamus durch das Tor zum Bewusstsein hindurchlässt: Sie sitzen bequem im Sessel oder auf der Couch und lesen in diesem Glücksbuch. Obwohl es – hoffentlich! – sehr kurzweilig ist, erfordert es Ihre Konzentration und eine gezielte Fokussierung der Aufmerksamkeit auf den Inhalt des Gelesenen. Alle anderen, ständig von den Sinnesorganen ausgesendeten Informationen, die unentwegt auf Sie einströmen, werden in diesem Moment durch den Thalamus weggefiltert: der Reiz der Finger beim Halten des Buches, das Licht der Leselampe, die etwas zu enge Bluse oder der drückende Hemdkragen. Ihre Aufmerksamkeit richtet sich gezielt auf die Lektüre des Buches. Wenn ich Sie hingegen jetzt auffordere, sich nicht auf den Text zu konzentrieren, sondern ganz bewusst den Druck Ihres Hinterteils auf die Sitzunterlage wahrzunehmen, schaltet der Thalamus sofort um. Plötzlich spüren Sie Ihren Allerwertesten ganz deutlich auf der Sitzfläche. Dies ist die Hauptaufgabe des Thalamus: gerichtete Aufmerksamkeit zu erzeugen und die Flut der unendlich vielen sensiblen Reize zu filtern.

Sämtliche sensiblen Reize, die von den Nervenzellen unserer Sinnesorgane kommen, werden mit deren Axonen in Richtung Gehirn geleitet. Diese Nervenfortsätze sind ebenso lang wie die Axone, die in Gegenrichtung die motorischen Impulse führen – sie haben somit über einen Meter Länge. Im Thalamus angekommen, docken sie an die dortigen Zel-

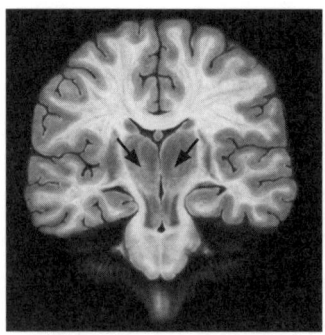

Abb. 4.1: Dieser Querschnitt durch das Gehirn zeigt die dunkel gefärbte Hirnrinde sowie im Inneren des Gehirns, zwei Taubeneiern ähnlich, den paarig angelegten Thalamus (siehe Pfeile), in dem die sensiblen Eindrücke gefiltert und umgeschaltet werden.

len an, von denen die Informationen gefiltert und weitergeleitet werden, zum Beispiel zur Hirnrinde, wo eine bewusste Wahrnehmung und Abspeicherung stattfindet, aber auch zum limbischen System und zum Belohnungssystem, damit Freude und Glück entstehen können.

2. HYPOTHALAMUS: ÜBERLEBENS-KIT AUF ENGSTEM RAUM

Ebenfalls im Zwischenhirn, unterhalb des Thalamus, befindet sich der Hypothalamus. *Hypo* ist griechisch und bedeutet »unter«. Lateinisch, griechisch – Sie merken schon, Neurologen lieben die alten Sprachen. Wie Abbildung 4.3 auf Seite 100 zeigt, handelt es sich beim Hypothalamus um einen kleinen zipfelförmigen Ausläufer von Nervengewebe zwischen den beiden eiförmigen Gebilden des Thalamus. Aber dieser Zipfel hat es in sich: Wenn es Sie juckt und Sie sich kratzen, passiert das durch einen bewussten Vorgang. Sie nehmen das Jucken wahr und führen Ihre Hand an die besagte Stelle. Wenn jedoch Ihr Herz schneller schlägt, weil der Film, den Sie betrachten, gerade so aufregend ist oder der Magen nach einem üppigen Mahl mehr Säure produziert als gewöhnlich oder Sie in der Sauna beginnen zu schwitzen, dann sind dies keine bewussten Vorgänge, sondern Funktionen des vegetativen Nervensystems, welche unbewusst ablaufen und ohne unser Dazutun dafür sorgen, dass mit den Körperfunktionen alles in Ordnung geht.

Bei diesen Vorgängen unterstützt den Körper der Hypothalamus. Seine zentrale Aufgabe ist es, die »Homöostase« aufrechtzuerhalten: die Regulation von Körpertemperatur, Blutdruck und Blutzusammensetzung ebenso wie Nahrungs- und Flüssigkeitsaufnahme. Außerdem werden hier Hormone gebildet, die den Schlaf-Wach-Rhythmus regulieren. Ist es nicht beeindruckend, was alles von diesem winzigen Teil des Gehirns geregelt und entschieden wird? Ob Sie einen normalen Blutdruck haben, ob Sie ein Frühaufsteher oder Morgenmuffel sind, ob Sie spätabends noch fit und voller Tatendrang sind, wie viel Lust auf Sex Sie haben und wie gut Sie mit Stress umgehen können – all das hängt vom Hypothalamus ab!

3. YIN UND YANG: STRESS, BURN-OUT UND ANDERE ZUSTÄNDE

Die Begriffe »Yin« und »Yang« stammen aus der chinesischen Philosophie und symbolisieren das Prinzip der Gegensätze: zwei polar entgegengesetzte Kräfte, die einander freilich bedingen und ergänzen: gut und böse, warm und kalt, männlich und weiblich. Als Küstenbewohner fällt mir das Gegensatzpaar Ebbe und Flut ein, wenn das Meer geht, wird der Strand breiter, und umgekehrt: Das Meer kommt und raubt den Strand.

Mit Interesse stelle ich oft fest, dass in der anatomischen Struktur unseres Nervensystems Yin und Yang ebenfalls fest verankert sind, und zwar in Form des Sympathikus und des Parasympathikus. Als Student konnte ich mir nie die Funktion dieser mysteriösen Nervengeflechte vorstellen. Bis einer meiner Mitstudenten sagte, dass es ganz einfach sei. Man müsse lediglich an eine Katze denken:

Abb. 4.2: Yin und Yang.

Die Katze hat eine Maus verspeist und als Nachtisch noch einige Happen vom Trockenfutter gegessen. Jetzt liegt sie zufrieden und satt in der Sonne, ihr Darm hat viel zu tun, Magensäfte werden produziert, die Pupillen sind klein, das Herz schlägt langsam, die Hauttemperatur ist niedrig. Ruhe, Abschalten, Runterkommen: Genau das ist die Funktion des Parasympathikus: langsamer Herzschlag, schwere Lider, Entspannung.

Plötzlich kommt der böse Hund vom Nachbarn und kläfft in rasender Wut. Die Katze schreckt hoch. Schlagartig wird vom Ruhe- in den Kampfmodus umgestellt: Die Pupillen werden weit, der Blutdruck steigt, ebenso werden Herzschlag und Atmung schneller, und der Darm beendet seinen Verdauungsvorgang – er macht gar nichts mehr. Kampf, Attacke und Stress stehen auf dem Programm.

Verantwortlich dafür ist der Gegenspieler des Parasympathikus: der Sympathikus nämlich. Er nimmt im Zwischenhirn seinen Ausgang und ist als Nervengeflecht sowohl im Rückenmark als auch in der Peripherie zu finden. Bei seiner Aktivierung werden jede Menge Stresshormone, wie zum Beispiel Noradrenalin, ausgeschüttet.

Leider sorgt die Welt, in der wir leben, scheinbar wesentlich öfter für eine Aktivierung des Sympathikus, als uns guttut. Dies lässt die endemische Verbreitung von hohem Blutdruck und den vielen Stresskrankheiten jedenfalls vermuten. Während die Umschaltung in den Kampfmodus ganz früher nur absoluten Ausnahmesituationen vorbehalten war (Säbelzahntiger dringt in Wohnhöhle ein!), ist der Kampfmodus heute fast schon normal: Der Wecker klingelt, man muss sich beeilen, eines der Kinder hat Zahnschmerzen, der Bus zur Arbeit hat Verspätung, »Sie haben acht neue Nachrichten«. Wir haben viel zu viel Hetze und Stress. Da muss man sich nicht wundern, wenn einige der vegetativen Funktionen des Hypothalamus bei vielen Menschen inzwischen falsch programmiert sind.

4. LOCUS COERULEUS: BEI STRESS AKTIV

Das Stresshormon Noradrenalin wird allerdings nicht nur in den Endungen der sympathischen Nervensystems freigesetzt, sondern es gibt auch direkt am unteren Ende des Zwischenhirns eine exklusive Noradrenalin-Produktionsstätte: den *Locus coeruleus*. Eine Fabrik, die nichts anderes tut, als

Stresshormone herzustellen. Das ist spannend. Zwar ist unser Körper genauso für harmonische Kuschelsituationen wie für den Kampf konstruiert. Was den Kampf betrifft, ist er allerdings zweifach abgesichert: durch den Sympathikus und durch die separate Produktion von Noradrenalin im Locus coeruleus. Doppelt genäht hält eben besser.

Wenn etwas Bedrohliches geschieht, zum Beispiel sich jemand an der Haustür zu schaffen macht, wird das Stresshormon Noradrenalin in die Blutbahn gepumpt. Das gesamte Gehirn geht in den Alarmmodus. Gleichzeitig wird der Sympathikus alarmiert: enge Pupillen, schneller Herzschlag, Abstellen der Verdauung. Kampfmodus.

Bei Stress und Alarm werden durch den direkten Einfluss des Noradrenalins außerdem die Arterienwände enger gestellt, sodass der Blutdruck steigt. Menschen, die unter hohem Blutdruck leiden, können sich oftmals nicht entspannen. Ihr Locus coeroleus arbeitet permanent auf Hochtouren, sogar im Schlaf.

Leider ist hoher Blutdruck mit einem stark erhöhten Herzinfarkt- und Schlaganfallrisiko verbunden und muss unbedingt behandelt werden. Tranquilizer, Beruhigungsmittel zum Beispiel, Valium oder Tavor dämpfen gezielt die Aktivität des Locus coeruleus und die Wirkung des Noradrenalins, sodass der Stress nachlässt und der Locus coeruleus heruntergedreht wird. Durch Sport, Entspannungsübungen oder eine friedvolle Atmosphäre mit Musik, Kuscheln sowie einem guten Buch kann es allerdings auch gelingen, die Noradrenalinproduktion zu drosseln.

5. DER HIRNSTAMM: DIE FABRIK DES GLÜCKS

Wir setzen unserer Fahrstuhlfahrt in die Tiefe fort und erreichen langsam, aber sicher das Erdgeschoss: den Hirnstamm nämlich. Wie in einem guten Hotel herrscht hier emsiger Publikumsverkehr. Es flitzen Signale hoch zum Thalamus und zur Hirnrinde, um zu melden, dass schon wieder ein Stein im Schuh ist. Andererseits rauschen auch die Signale von oben nach unten zu den Nerven in Beinen und Armen, damit der blöde Schuh endlich ausgezogen und das Steinchen entfernt werden kann. Es ist ein ständiges Kommen und Gehen.

Im Hirnstamm befinden sich Kerngebiete, die zwar sehr klein, jedoch für unser seelisches Gleichgewicht von außerordentlicher Wichtigkeit sind. Sie werden als *Raphe-Kerne* bezeichnet. In ihnen wird ein für unser Glücksempfinden extrem wichtiger Stoff hergestellt und über das gesamte Gehirn verteilt: Serotonin. Dabei handelt es sich um eine spezielle Substanz, die für die Weiterleitung von elektrischen Impulsen zwischen Nervenzellen zuständig ist – auch *Neurotransmitter* genannt – und eine ausgeglichene Gemütslage schafft sowie Angstzustände, Kummer und Sorgen dämpft.

Anders gesagt: Das Gehirn sorgt dafür, dass wir angesichts der Weltlage oder ob unserer Sorgen und Wehwehchen nicht in negativen Gefühlen untergehen, und es liefert uns dafür ein körpereigenes Wohlfühlmedikament. Toll, oder? Dazu später mehr.

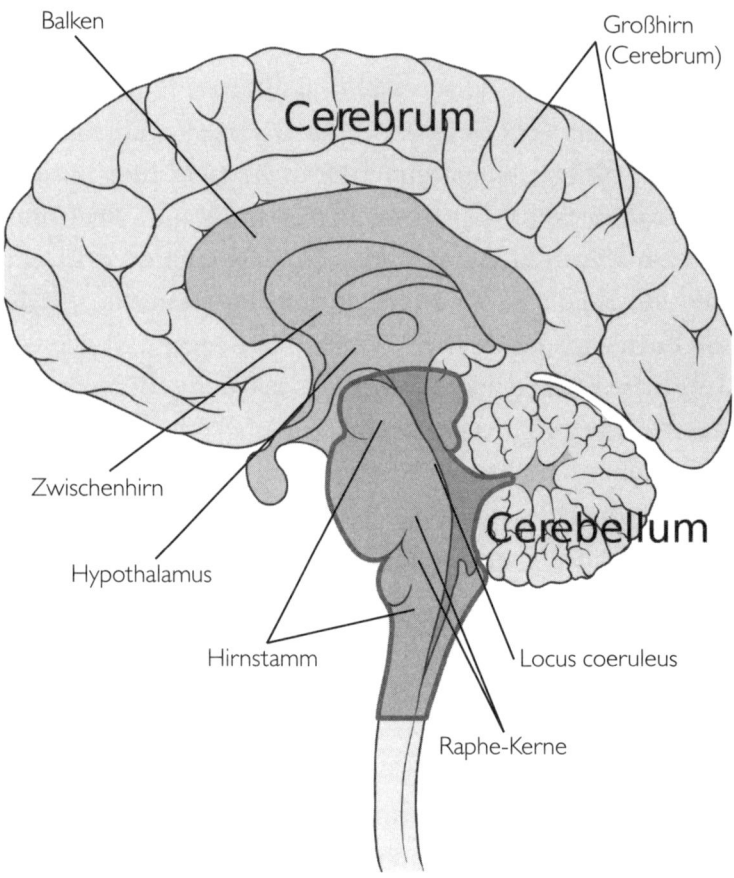

Balken

Großhirn
(Cerebrum)

Cerebrum

Zwischenhirn

Hypothalamus

Cerebellum

Hirnstamm

Locus coeruleus

Raphe-Kerne

Abb. 4.3: Hirnstamm, das Verbindungsstück zwischen dem Gehirn und dem Rückenmark, mit lebenswichtigen Zentren zur Bildung der Glückshormone. Hier sind der Hypothalamus, die serotoninproduzierenden Raphe-Kerne und der Locus coeruleus lokalisiert.

6. DOPAMIN: BEWEGUNG UND DIE LUST AM LEBEN

Doch Serotonin ist nicht der einzige Botenstoff, der Glücksgefühle erzeugt. Im oberen Teil des Hirnstamms sind schon
mit dem bloßen Auge, ohne Mikroskop, zwei linienförmige
dunkle Strukturen zu erkennen. Hierbei handelt es sich um
die schwarze Substanz, die *Substantia nigra*[1], die für unsere
Beweglichkeit und unsere Lebensfreude so wichtig ist. Um
verstehen zu können, wie im Gehirn Gefühle wie Glück und
Unglück entstehen, muss man sich näher mit diesen kleinen, dunkel gefärbten Zellhaufen im oberen Teil des Hirnstamms beschäftigen. Denn es handelt sich um die Haupt-
produktionsstätte von Dopamin, eines weiteren wichtigen
Überträgerstoffes zwischen den Hirnzellen. Dopamin wird
ausschließlich in der Substantia nigra gebildet. Deren Zellen haben über ihre Axone und Dendriten Kontakt mit sehr
vielen anderen Hirnteilen, sodass das von ihnen produzierte
Dopamin praktisch im ganzen Gehirn verteilt wird. In bestimmten Teilen unseres Gehirns, die sowohl für die Feinab-
stimmung von Bewegungen als auch für die Wahrnehmung
von Emotionen zuständig sind, findet die Kommunikation
zwischen den Nervenzellen durch den Überträgerstoff Dopamin statt. Sie sehen eine Pfütze auf dem Wanderweg und
geben den Beinen den Befehl: »Spring«, damit die hellen
Sommerschuhe nicht nass werden. Die Ausführung dieses
Sprunges ist unter anderem eine Funktion des dopaminabhängigen Übertragungsweges (dopaminergen Systems). Dopamin bewirkt auch, dass wir feine und differenzierte Finger-
bewegungen machen können, etwa wenn wir eine Möhre fein
schälen und schneiden oder eine kleine Schraube festziehen.

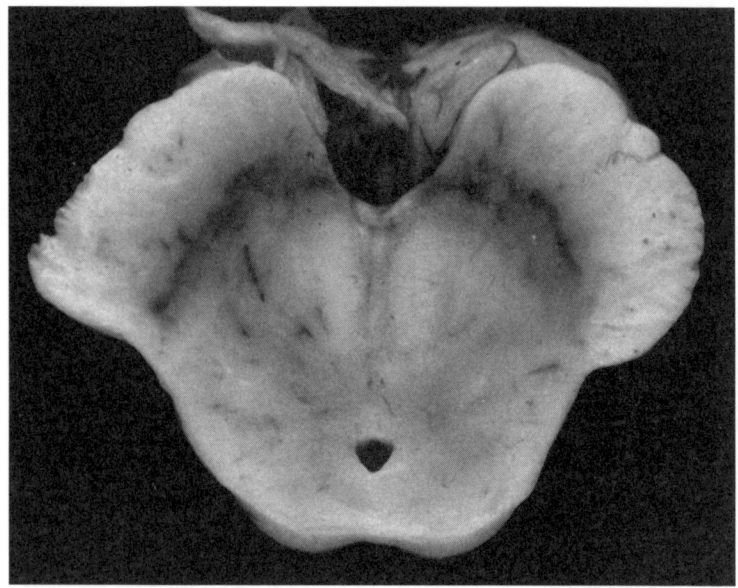

Abb. 4.4: Schnitt durch den oberen Hirnstamm: Beidseits ist als breiter schwarzer Streifen die Substantia nigra (schwarze Substanz) zu sehen. Die Schwarzfärbung erklärt sich dadurch, dass die Nervenzellen mit schwarzem Melanin vollgepackt sind. Hier ist die Produktionsstätte des Glückshormons Dopamin. Die Ursache der Parkinson-Erkrankung ist ein Nachlassen der Dopaminproduktion.

Aber durch Dopamin wird nicht nur die körperliche Beweglichkeit verbessert. Es hat noch eine zweite, mindestens ebenso wichtige Funktion: Dopamin hält als Überträgersubstanz zwischen den Nervenzellen das Glücks- und Belohnungssystem unseres Gehirns in Schwung. Es ist schlichtweg die Sprache des Glücks.

7. DIE SPRACHE DES GLÜCKS

Die Sonne scheint, das Meer brandet regelmäßig gegen den Strand, dazu eine angenehme Unterhaltung bei gutem Essen und Wein – solche Momente müssen ausgekostet und genossen werden. Der griechische Philosoph Epikur hat den Genuss und die Lebensfreude zum Mittelpunkt seiner Weltanschauung gemacht und dies mit dem Begriff »Hedonismus« bezeichnet.

Was Epikur nicht wusste: Die Fähigkeit zu genießen ist abhängig von Dopamin. Dass wir uns freuen können, wenn im Garten die ersten Frühblüher zu sehen sind oder das Kleinkind sich zum ersten Mal am Couchrand hochzieht oder der Arbeitskollege uns eine Tasse Kaffee auf den Schreibtisch stellt, die Freude auch über kleine Dinge: All das ist eine Funktion des Dopamins. Wie stark das Dopamin uns in Schwung bringt und uns bei guter Laune hält, spüren Patienten mit nachlassender Dopaminproduktion in der *Substantia nigra*. Lassen die dortigen Nervenzellen davon ab, auf Höchstleistung zu produzieren, steht weniger Dopamin im Gehirn zur Verfügung, und es stellen sich schleichend die Symptome der chronischen Parkinson-Krankheit ein. Nicht nur das Gangbild und die Körperbewegungen werden steifer, auch die Emotionen werden schwächer, Freude und Antrieb geringer. Diese spezifischen Symptome der Parkinson-Erkrankung werden – in Anlehnung an Epikur – »Anhedonie« genannt.[2]

V.

SYNAPSEN UND TRANSMITTER

Den wenigsten von uns ist bewusst, dass sich in unserem Gehirn ein unfassbar komplexes Leitungssystem aus unzähligen Steckdosen und Steckern, Verbindungen, Überbrückungen und Leitungen befinden. Die Nervenenden einer Nervenzelle sind im stetigen Kontakt mit ihren Nachbarn oder auch mit Zellen in weit entfernten Hirnregionen. Wenn Sie jetzt in diesem Buch lesen und der Inhalt Sie interessiert, dann speichern Sie das neu erworbene Wissen nicht nur wie auf einer Festplatte ab, sondern in Ihrem Gehirn findet auch Wachstum statt: Die feinen Nervenendigungen sprießen aus, bekommen feine neue Ästchen, kontaktieren benachbarte Zellen und knüpfen neue Verbindungen. Sodass die Dinge, die neu für Sie sind, auch in Ihrem Gehirn neu verknüpft werden.

Ich habe einmal ein Video mit einer Zeitrafferaufnahme von künstlich gezüchteten Nervenzellen gesehen. Die Dendriten waren andauernd in Bewegung und suchten neue Anknüpfungspunkte, als wären sie kleine Kraken oder Amöben, winzige Tierchen, die sich irgendwo festhalten wollen. Damals bekam ich eine Ahnung, was es heißt, Erfahrungen und Erlerntes in unserem Gehirn zu verankern: Lernen bedeutet nichts anderes als das fortwährende Knüpfen von neuen Synapsen, Verbindungen und Kombinationen.

1. SYNAPSEN: TALK IM HIRN

Jeder der unzähligen Nervenfortsätze (Sie erinnern sich: Alle Dendriten im Gehirn zusammenaddiert würden einmal um den Globus reichen) hat an seinem Ende eine kleine kolbenartige Verdickung, die mit anderen Zellen kommuniziert. Diese Verbindungsstelle wird *Synapse* genannt. Sie besteht aus der Nervenendigung, welche die Erregung auslöst (sogenannter präsynaptischer Teil), einer Art Kluft, über welche die Neurotransmitter gelangen müssen (synaptischer Spalt), und dem Teil der benachbarten Zellwand, an den die Erregung auf der anderen Seite der Kluft weitergeleitet wird (Postsynapse).

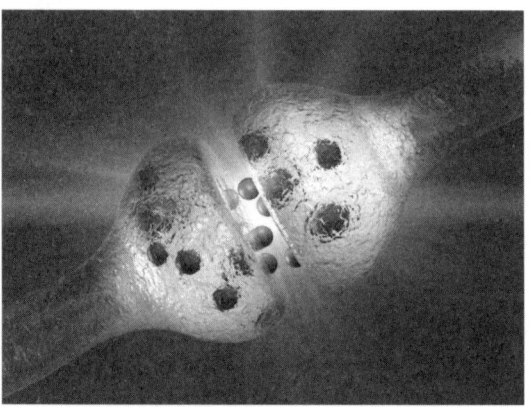

Abb. 5.1: Synapse, die Verbindung zwischen zwei Nervenzellen. Die Botenstoffe werden in den synaptischen Spalt freigegeben.

Am häufigsten halten die Nervenzellen untereinander Kontakt. Es gibt aber auch Synapsen zwischen Nerven- und Muskelzellen: Das Gehirn befiehlt dem Bein, sich zu bewegen, und der Muskel zieht sich prompt zusammen – beispielsweise auf der Tanzfläche. Auch zwischen Nerven- und Drüsenzellen gibt es Synapsen. Zum Beispiel, wenn mein Schwarm den Raum betritt. Dann sendet das Gehirn ein Signal aus: *Achtung, die Angebetete betritt den Raum.* Prompt werden die Schweißdrüsen in den Achselhöhlen aktiv, die Handflächen feucht, und das Hemd wird nass. Und man fühlt sich so richtig mies.

Die Übertragung der Impulse durch die Synapsen erfolgt auf chemischem Wege mithilfe von Neurotransmittern. Das Ganze funktioniert so: Die erregte Nervenzelle gibt einen elektrischen Impuls in Richtung auf die Synapse ab. Dort werden in kleinen Bläschen gelagerte Überträgerstoffe – die Neurotransmitter – in den synaptischen Spalt freigesetzt und lösen in der nächstliegenden Nervenzelle wiederum einen elektrischen Impuls aus. Es entsteht eine Übertragungskette, ein Dominoeffekt, ähnlich der Verschaltung eines Computers. Nach der Signalübertragung werden die Moleküle des Neurotransmitters aus dem synaptischen Spalt rasch entfernt, damit ein erneutes Signal einlaufen kann. Es handelt sich also um ein extrem ausgeklügeltes System der Signalübertragung, das allerdings von vielen Giften und Medikamenten beeinflusst werden kann.

Im Gehirn sind Dutzende unterschiedliche Neurotransmitter wirksam. Viele von ihnen beeinflussen unser Glückserleben. Nichtsdestotrotz gibt es auf dem Parkett der Glücksgala regelrechte Stars, allen voran die bereits bekannten »Glückshormone« Serotonin und Dopamin.

2. DER STAR UNTER DEN GLÜCKSHORMONEN: DOPAMIN

Durch die körperlichen und psychischen Symptome, die bei einem Dopaminmangel entstehen, wissen wir ziemlich genau, wie das Dopamin im Gehirn wirkt: Es beschleunigt die Gedankengänge, es erhöht den Antrieb und die Lust, sich zu bewegen, es hat etwas mit Lebensfreude im weitesten Sinne zu tun. Kurz: Diese kostbare Substanz ist extrem wichtig für unser Wohlbefinden.

Symptome, die beim Dopaminmangel schon sehr früh auftreten, sind Schlaf- und Riechstörungen.[1] Die Patienten verlieren schon Jahre vor den typischen Parkinson-Symptomen ihr Geruchsvermögen und werden gleichzeitig, oft unbemerkt von ihrer Umgebung, depressiv und lustlos. Dabei können sie durchaus noch basteln und schrauben, Sport treiben oder in gestochener Schrift lange Briefe schreiben. Aber sie schlafen schlecht, der Duft des Morgenkaffees, der durchs ganze Haus strömt, wird von ihnen nicht wahrgenommen, sie werden mürrisch und haben an nichts mehr so richtig Freude.

Heinz K., ein 55-jähriger Kfz-Meister, wurde stationär zur Abklärung einer unklaren Armlähmung aufgenommen. Er berichtete, seit Jahren nicht mehr riechen und nicht mehr schmecken zu können. Einmal habe er nach Feierabend auf der Couch im Wohnzimmer die Zeitung gelesen, während in der Küche ein Topf übergelaufen und der Inhalt völlig verkrustet und verbrannt sei. Er jedoch sei nicht auf den Brandgeruch aufmerksam geworden. Er habe ihn schlicht nicht wahrgenommen. Was das Schlimmste sei: Er nehme auch den Geschmack des Sonntagsbratens oder von frisch gebackenem Brot nicht mehr wahr.

Geruch und Geschmack hängen eng miteinander zusammen. Die Aromen von feinen Speisen oder das Bouquet eines guten Weines werden von uns im Grunde nicht geschmeckt, sondern gelangen als feiner Nebel gelöster Moleküle aus der Mundhöhle ins Nasengewölbe, um von dort über den Geruchsnerv zum Gehirn geleitet zu werden. Im Bereich des Geruchsnervs und seiner Bahnen ist wiederum Dopamin der dominierende Neurotransmitter, welcher für die Weiterleitung der Signale sorgt. Eine Geruchs- und Geschmacksstörung ist daher oft die Folge eines Dopaminmangels und nicht selten das erste Symptom der Parkinson-Erkrankung.

Heinz K. berichtete ferner, dass er auch schlecht schlafe, depressiv und ohne Schwung sei. Noch vor einem Jahr habe er wöchentlich mit seiner Frau einen Tanzkurs für Fortgeschrittene besucht, daran sei heute gar nicht mehr zu denken, ihm fehlten sowohl der Antrieb als auch die Lust – ein weiterer Hinweis auf einen Mangel an Dopamin. Darüber hinaus klagte Heinz K. über das Nachlassen der Feinmotorik vor allem in der linken Hand. Bei der Parkinson'schen Erkrankung beginnt die Steifigkeit der Extremitäten oft asymmetrisch. Bei Heinz K. war zunächst die linke Hand in ihrer Geschicklichkeit eingeschränkt, zum Beispiel bereitete es ihm Schwierigkeiten, mit links einen Knopf zu schließen.

Wir führten bei Heinz K. unter der Annahme, dass die Dopaminproduktion eingeschränkt ist, einen L-Dopa-Test durch. L-Dopa ist ein künstlich hergestelltes Medikament, ein Stoff, der eine Vorstufe des Dopamins darstellt. Als Tablette eingenommen, wird es im Gehirn aufgenommen und zu echtem Dopamin umgewandelt. Nachdem Heinz K. eine Tablette L-Dopa geschluckt hatte, trat eine prompte Besserung der Symptomatik ein: Die Beweglichkeit war wie durch Zauberhand links und rechts wieder gleich gut, auch seine Stimmung besserte sich prompt.

Die häufigste Form der Parkinson-Erkrankung wird als *idiopathisch* bezeichnet.[2] *Idiopathisch* bedeutet in der Medizinersprache, dass »es sich um einen selbstständigen Krankheitszustand ohne äußere Ursache handelt«. Wenn sich zum Beispiel Ihr Bankkonto immer mehr leert, ohne dass Sie die Ursache kennen, handelt es sich um einen idiopathischen Geldmangel. Wenn Sie sich hingegen ein Auto gekauft und gerade einen schicken Urlaub auf Mallorca hinter sich gebracht haben und feststellen, dass Ihr Konto leer ist, so bezeichnet man dies als symptomatischen Geldmangel. Genauso gibt es auch symptomatische Formen der Parkinson-Erkrankung. Zum Beispiel kann eine Parkinson-Symptomatik als Folge der Behandlung mit Neuroleptika entstehen. Dies sind Medikamente, die gegen Psychosen eingesetzt werden, wie sie zum Beispiel bei der Schizophrenie entstehen. Durch diese Medikamente wird die Wirkung des Dopamins abgeschwächt, damit der Patient ruhiger wird und von eventuell auftretenden Halluzinationen befreit wird. Die Folge ist ein medikamentös erzeugter Dopaminmangel mit entsprechender Parkinson-Symptomatik. Ferner kann es bei Patienten mit Durchblutungsstörungen des Gehirns zu einer parkinsonähnlichen Erkrankung kommen, zum Beispiel bei einem lang andauernden unbehandelten Bluthochdruck. Parkinson-Symptome können auch durch eine ganze Reihe von Giften verursacht werden, zum Beispiel bei Kohlenmonoxid-Vergiftungen, die in der Nähe schlecht ziehender Öfen auftreten können. Es ist ebenfalls bekannt, dass langjähriger Umgang mit Lösungsmitteln das Risiko für eine Parkinson-Erkrankung erhöht.

3. GELASSENHEIT UND AUSGEGLICHENHEIT DURCH SEROTONIN

Wie ist Ihre Stimmung im Moment? Sind Sie gut drauf? Strotzen Sie vor Energie und Unternehmungslust? Oder sind Ihre Gedanken verhangen, Sie wollen heute Morgen am liebsten im Bett bleiben, die Aufgaben des Tages türmen sich wie ein riesiges Gebirge vor Ihnen auf? Sicher ist Ihnen schon aufgefallen, dass es Menschen in Ihrer Umgebung gibt, die stets gut gelaunt, ausgeglichen und fröhlich sind, andere hingegen schlecht gelaunt und miesepetrig – ohne dass dafür ein besonderer Grund zu erkennen wäre.

Für unsere Launen ist der Neurotransmitter Serotonin verantwortlich. Bei der Modulation der psychischen Grundstimmung spielt er die entscheidende Rolle. Serotonin ist ein simpel gebautes Molekül und kommt in fast allen Lebewesen vor. Sogar kleinste Einzeller, Pantoffeltierchen oder Amöben, stellen es her, um es zur Signalübertragung zu benutzen. Größere Mengen von Serotonin findet man in vielen Früchten, zum Beispiel sind Walnüsse, Bananen, Ananas oder Kiwis voll davon. Besonders viel Serotonin enthält auch Schokolade. Jetzt könnte man denken, man müsse nur jeden

Tag genügend Walnüsse, Bananen und Schokolade schnabulieren, und schon wird man ein fröhlicher und ausgeglichener Mitbürger. Dem ist leider nicht so: Das Gehirn ist ein besonderes Organ, das durchaus nicht alle Stoffe und Substanzen, die im Blut herumschwirren, ohne Weiteres an sich ranlässt. Dafür sorgt die Blut-Hirn-Schranke, eine Barriere zwischen der Blutbahn und dem umgebenden Milieu von Gehirn und Rückenmark.

Sie kommt dadurch zustande, dass die feinen Gefäße des Hirnkreislaufs, die mit dem Blutsystem des übrigen Körpers in Verbindung stehen, eine zusätzliche Zellwand besitzen, die aus hirneigenen Zellen besteht (Astrozyten). Die lassen nichts durch, was nicht ins Gehirn hineingehört, ganz so, wie es die Sicherheitskontrollen am Flughafen auch tun. Bestimmte Substanzen werden durch kleine Einlasspforten durchgeschleust. Andere nicht. Diese clevere Konstruktion schützt das Gehirn vor Schadstoffen, erschwert aber zugleich eine medikamentöse Behandlung von Hirnerkrankungen, da die Medikamente erst einmal zum Gehirn transportiert werden müssen. Übrigens passieren fettlösliche Substanzen problemlos die Blut-Hirn-Schranke, sie haben eine Greencard. Dazu gehören Narkosemittel, auch Alkohol und Nikotin. Ansonsten könnten diese sogenannten Genussgifte auch keine Glücksgefühle hervorrufen.

Leider kann auch das Serotonin, welches wir mit der Nahrung aufnehmen oder im Darm produzieren, die Blut-Hirn-Schranke nicht passieren. Es wird schlichtweg herausgefiltert. Das Gehirn bevorzugt es, Serotonin in Eigenproduktion in den Raphe-Kernen herzustellen. Von dort aus verteilen sich serotonerge Nervenfasern über das gesamte Gehirn. Dies hat den großen Vorteil, dass die Serotoninkonzentration im Gehirn stets gleichbleibend ist – egal, ob wir viele Früchte essen oder uns von Hotdogs ernähren.

4. DURCH ERNÄHRUNG DAS HIRN-SEROTONIN ERHÖHEN

Es gibt allerdings einen Trick, die Blut-Hirn-Schranke zu überlisten und durch Ernährung die Serotoninproduktion des Gehirns anzukurbeln. Eine chemische Vorstufe des Serotonins, das *Tryptophan*, kommt nämlich ohne Probleme durch die Blut-Hirn-Schranke und wird im Gehirn in Serotonin umgebaut. Tryptophan ist eine Aminosäure und kommt in eiweißhaltigen Nahrungsmitteln vor. Besonders viel Tryptophan enthalten Sojabohnen, Cashewnüsse, Kakaopulver und Hühnereier sowie rotes und weißen Fleisch. Es ist erwiesen, dass die Einnahme einer proteinreichen Mahlzeit einen direkten Einfluss auf die Serotoninkonzentration im Gehirn hat. In einer Untersuchung des National Institute of Health[3] aus dem Jahre 1999 wurden sechs gesunde Probanden über einen längeren Zeitraum mit einer tryptophanarmen Diät ernährt, dabei wurde durch Analysen des Nervenwassers der Serotoninspiegel bestimmt. Es zeigte sich, dass parallel zur stark reduzierten Tryptophaneinnahme die Serotoninproduktion im Gehirn abnahm. In psychologischen Tests waren die Probanden mit niedrigen Serotoninspiegeln wesentlich aggressiver als Kontrollpersonen mit einer normalen Diät.[4]

Was genau aber tut das Serotonin? Wissenschaftlich gesprochen: Die serotonergen Impulse stimulieren jene Regionen in der Großhirnrinde, die für die emotionale Regulation verantwortlich sind, und hemmen impulsives und aggressives Verhalten. Das Serotonin hat also eine regulierende und ausgleichende Funktion. Es ist wie der Schiedsrichter bei einem aufgeheizten Fußballspiel, der für einen geordneten Ablauf des Spiels ohne überschießende Emotionen sorgt. Serotonin ist für eine ausgeglichene Stimmungslage verantwortlich und dämpft übermäßige emotionale Schwankungen ab.

Wenn wir beispielsweise Angst haben, tritt in der Regel sofort eine rationale Eingrenzung der Angst in Kraft: Hast du überhaupt Grund, Angst zu haben? Du warst doch schon tausendmal im Keller, um eine Flasche Wein zu holen. Was da knistert, ist kein Einbrecher, sondern die Tiefkühltruhe. Dafür ist in erheblichem Maße Serotonin verantwortlich. Auch wenn uns etwas ärgert, ist es die Wirkung des Serotonins, welches aggressive Ausbrüche verhindert: »Verdammt noch mal, wie oft muss ich dem bescheuerten Bahnschaffner noch sagen, dass ich meine Bahncard gerade nachbestellt und schon bezahlt habe!« Die Serotoninrezeptoren sagen: »Sei nicht böse, er macht ja auch nur seinen Job.« Serotonin ist also ein wunderbares Antiaggressionsmittel.

Konsequenterweise haben besonders aggressive und gewalttätige Menschen oftmals eine sehr niedrige Serotoninproduktion. Bei ihnen fehlt die serotonerge Regulation, die sagt: »Du darfst dem Kerl, der dich gerade schräg angesehen hat, nicht ins Gesicht schlagen. Auch wenn er diesen schrecklichen rosa Pullover anhat.« Folglich wird viel eher zugeschlagen. Dies lässt sich auch wissenschaftlich belegen:

Der amerikanische Sucht- und Gewaltexperte Joseph R. Hibbeln hat bei Männern mit großer Gewaltbereitschaft den Serotoningehalt im Nervenwasser untersucht und mit demjenigen von friedfertigen Vergleichspersonen verglichen. Ergebnis: Bei den gewalttätigen Männern war er signifikant niedriger als in der Kontrollgruppe.[5]

Niedrige Serotoninspiegel machen allerdings nicht nur aggressiv, sondern, ähnlich wie Dopaminmangel, auch depressiv.[6] Die meisten Medikamente gegen Depression setzen hier an, indem sie den Serotoningehalt im Gehirn steigern. Häufig werden Serotonin-Wiederaufnahmehemmer als Antidepressiva verwendet. Normalerweise wird das Serotonin, das in den synaptischen Spalt ausgeschüttet wird und die nächste Nervenzelle stimuliert, vom Gehirn nicht abgebaut, sondern recycelt. Wir legen ja auch unser Altglas nicht in den Müll, sondern in den Pfandautomaten. Genauso ist es mit dem Serotonin. Nach getaner Arbeit wird es von speziellen Enzymen aufgesammelt und zur Wiederverwendung in die präsynaptische Nervenendigung zurücktransportiert, wo es hergekommen ist. Serotonin-Wiederaufnahmehemmer verhindern nun diese Wiederaufnahme des Serotonins. Dadurch ist permanent mehr Serotonin im synaptischen Spalt, sodass die nächste Zelle leichter stimuliert wird, was wiederum zu einem Nachlassen der Depressionen führt.

Zu wenig Serotonin macht depressiv, böse und gereizt. Wie sieht es mit zu viel Serotonin aus? Zum Beispiel aufgrund einer Überdosierung von Antidepressiva, oder wenn man Drogen nimmt, die den Serotoninspiegel im Gehirn hochtreiben? Dieser Zustand wird mit dem Begriff *Serotoninsyndrom* bezeichnet. Die Symptome sind innere Unruhe, Angst, Halluzinationen sowie unwillkürliche Muskelzuckungen, Herzrasen, Schweißausbrüche, Schüttelfrost.[7]

Viele Antidepressiva können Ursache dieses lebensbedrohlichen Zustandes sein, wenn sie überdosiert sind. Auch das Johanniskraut, welches gar nicht so harmlos ist, wie der Pflanzenname vermuten lässt, kann einen solchen Zustand auslösen. Es wird häufig als pflanzliches Medikament gegen Depressionen eingesetzt und ist ebenso wie die synthetischen Antidepressiva ein Serotonin-Wiederaufnahmehemmer. Der Name rührt daher, dass die Pflanze um den 24. Juni, den Johannistag, herum blüht. Im Volksmund wird die Blume auch *Herrgottsblut* genannt, weil sich die Finger beim Verreiben der Blütenknospen durch Hypericin rot färben. Das ist ebenjene Substanz, die im Gehirn die Wiederaufnahme von Serotonin hemmt.

Abb. 5.2: Johanniskraut

Überdosierung des Serotoninsystems kann auch durch die stark wirksamen Schmerzmittel Fentanyl und Tramadol, die in der Krebstherapie angewendet werden, ausgelöst werden. Viele Aufputsch- und Suchtmittel wie Kokain oder Ecstasy wirken sich ebenfalls auf den Serotoninstoffwechsel aus. Auch LSD kann zu einem Serotoninsyndrom führen, allerdings steht beim LSD die halluzinogene Wirkung ganz im Vordergrund. Schließlich handelt es sich um eine »serotonin-ähnliche Substanz«, welche genau jene Rezeptoren im Gehirn besetzt, an denen normalerweise das Serotonin andockt.

5. ANTONIUSFEUER UND LSD: ÜBERREAKTION DER SEROTONINREZEPTOREN

Das LSD wurde entdeckt, als Albert Hofmann 1943 im Schweizer Labor des Pharmakonzerns Sandoz daran experimentierte, chemische Varianten des Mutterkorns herzustellen und zu testen, ob sie das Potenzial für neue Medikamente hatten.

Das Mutterkorn wird von einem Pilz erzeugt, der als Schmarotzer auf Getreide wächst. Es ist giftig und verursacht Ergotismus, einen Zustand, bei dem sich die Arterien der Extremitäten so sehr zusammenziehen, dass Durchblutungsstörungen entstehen und Gliedmaßen sogar amputiert werden müssen. Außerdem bewirkt es Durchblutungsstörungen innerer Organe und auch des Gehirns, sodass Schlaganfälle auftreten können. Weitere Allgemeinsymptome, die für eine direkte schädliche Wirkung des Mutterkorns auf das Gehirn sprechen, sind Verwirrtheit, rauschhafte Zustände und Halluzinationen. Im Mittelalter, so wird vermutet, war die Kontamination von Getreide mit dem Mutterkorn vielfach Ursache von Massenvergiftungen unter der Bevölkerung. Die Krankheit wurde auch »Antoniusfeuer« genannt, denn der heilige Antonius war Schutzpatron der an Ergotismus Erkrankten. Einen kunstgeschichtlichen Beleg liefert uns der Renaissancemaler Matthias Grünewald (um 1480–1528), der einen am Antoniusfeuer leidenden Mann auf dem von ihm geschaffenen Isenheimer Altar dargestellt hat (im dritten Wandelbild auf dem Gemälde »Die Versuchungen des heiligen Antonius«).

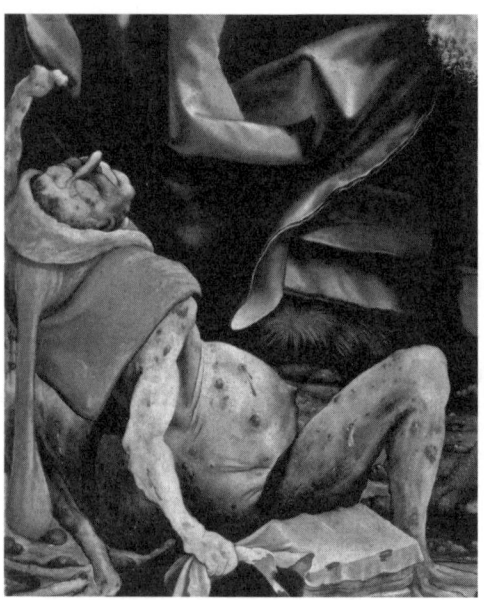

Abb. 5.3: Matthias Grünewald: Isenheimer Altar. Auf dem Gemälde »Die Versuchung des heiligen Antonius« ist ein am Antoniusfeuer erkrankter Mann dargestellt.

Man geht davon aus, dass auch viele der im Mittelalter beschriebenen Massenhysterien Folge einer durch Mutterkorn verursachten Massenpsychose waren. Was auch einleuchtet, denn das mit Pilz befallene Getreide wurde regional verarbeitet und das krank machende Brot somit nur von einer lokalen Bevölkerungsgruppe, beispielsweise den Bewohnern eines Dorfes, konsumiert. Ferner wird vermutet, dass der Massenwahn des Veitstanzes, einer überdrehten Tanzwut, bei der epidemieartig Menschen mit skurrilsten Verdrehungen der Extremitäten so lange tanzten, bis sie zusammenbrachen, auf kollektive Mutterkornvergiftungen zurückzuführen ist.[8, 9] Auch haben Hebammen damals schon gewusst, dass die Einnahme von ein bis zwei schwarzen (mit Mutterkornalkaloiden vergifteten) Kornähren die Geburt beschleunigt. Die moderne Medizin nutzt Abwandlungen der Mutterkornalkaloide zur Blutstillung, Migränebehandlung oder Bekämpfung von zu niedrigem Blutdruck.

6. LSD: DIE HALLUZINATIONEN DES DOKTOR ALBERT HOFMANN

Zurück zum Chemiker Albert Hofmann, der 1943 im Forschungslabor von Sandoz stand und der Aufgabe nachging, neue Mutterkornalkaloidverbindungen herzustellen, um möglicherweise ein neues Medikament zu finden, das sich vermarkten ließe. Er hatte gerade eine Serie mit einem synthetisch hergestellten Alkaloidabkömmling namens LSD-25 fertiggestellt, als er seine Arbeit wegen Unwohlseins abbrechen musste. In seinem Buch *LSD, mein Sorgenkind*[10] schreibt er: »Vergangenen Freitag, am 16. April 1943, musste ich mitten am Nachmittag meine Arbeit im Laboratorium unterbrechen und mich nach Hause begeben, da ich von einer merkwürdigen Unruhe, verbunden mit Schwindelgefühl, befallen war. Zu Hause legte ich mich nieder und versank in einen unangenehmen rauschhaften Zustand, der durch eine äußerst angeregte Phantasie gekennzeichnet war … [es] drangen ununterbrochen phantastische Bilder von außerordentlicher Plastizität und mit intensiven kaleidoskopartigen Farbspielen auf mich ein.« Hofmann schloss, dass er trotz aller Vorsichtsmaßnahmen etwas von der Prüfsubstanz LSD-25 aufgenommen hatte, und beschloss, im Beisein seiner Assistentin einen kontrollierten Selbstversuch durchzuführen.

Er beschreibt den Verlauf des Experiments folgendermaßen: »Schon auf dem Heimweg mit dem Fahrrad [...] nahm mein Zustand bedrohliche Formen an. Alles in meinem Gesichtsfeld schwankte und war verzerrt wie in einem gekrümmten Spiegel. Auch hatte ich das Gefühl, nicht vom Fleck zu kommen. Indessen sagte mir später meine Assistentin, wir seien sehr schnell gefahren. [Zu Hause angelangt] wurden Schwindel und Ohnmachtsgefühl zeitweise so stark, dass ich mich nicht mehr aufrecht halten konnte und mich auf ein Sofa hinlegen musste. Meine Umgebung hatte sich nun in beängstigender Weise verwandelt. Die vertrauten Gegenstände und Möbelstücke nahmen groteske, meist bedrohliche Formen an. Sie waren in dauernder Bewegung, wie belebt, wie von innerer Unruhe ergriffen. … Ein Dämon war in mich eingedrungen und hatte von meinem Körper, von meinen Sinnen und von meiner Seele Besitz ergriffen.« Hofmann kommentiert diesen Selbstversuch, dass seines Wissens keine Substanz bekannt sei, die in so extrem niedriger Dosierung solche tiefgreifenden psychischen Wirkungen mit dramatischen Veränderungen im Erleben hervorrief.

Auch außerhalb des Gehirns, doch durch die Blut-Hirn-Schranke fein säuberlich vom Gehirn getrennt, gibt es große Serotoninmengen in unserem Körper. Vor allem im Bereich des Darms, wo es dafür sorgt, dass sich die Ringmuskulatur um den Darm so kontrahiert und entspannt, dass Nahrung hindurchtransportiert wird. Ferner versetzt es die Arterienwände in eine gleichmäßige Spannung, was für die Regulation des Blutdrucks enorm wichtig ist. Diese riesigen Mengen Serotonin, die im Darm gebildet werden und in unserem Blutkreislauf schwimmen, gelangen jedoch niemals in unser Gehirn, das sich gegen seine Umgebung stärker abschottet als der Club der Kapitäne in der Hansestadt Lübeck. Aber das ist vielleicht auch ganz gut so: Wenn all das Serotonin aus Darm und Blutkreislauf unsere grauen Zellen fluten würde, dann säßen wir wie Dr. Albert Hofmann bei seinem Experiment in unserer Wohnung und würden uns an verrückten Farben erfreuen oder aus Furcht vor bedrohlichen Fantasien vergehen. Auf jeden Fall könnten wir nicht normal leben.

7. OXYTOCIN – VERTRAUEN UND BINDUNG

Stellen Sie sich folgende Situation vor: Sie stehen am Bahnsteig und ärgern sich, weil eine völlig unbeteiligte Computerstimme durch den Lautsprecher verkündet, dass Ihr Zug betriebsbedingt mit einer Verspätung von 20 Minuten einfahren wird. Vor Ihrem geistigen Auge sehen Sie die komplette Kaskade vor sich: verpasster Anschlusszug, geplatzter Termin und langer Aufenthalt auf zugigen Bahnhöfen. Als Sie sich wieder beruhigt und die Situation – dank der Wirkung des Serotonins in Ihrem Gehirn – akzeptiert haben, bemerken Sie einen Mann mit einem Packen Obdachlosenzeitungen von Passant zu Passant gehen, um sie zu verkaufen oder eine Spende für Obdachlose zu erbitten. Einige der Reisenden drehen sich weg und starren krampfhaft in eine andere Richtung. Andere jedoch zücken ihre Geldbörsen und drücken dem Mann eine Münze in die Hand.

Was unterscheidet die Weggucker von den Spendern? Warum sind einige Menschen hilfsbereiter, empathischer, zutraulicher als andere? Die Antwort hält ein weiterer wichtiger Neurotransmitter bereit: das Oxytocin. Es wird auch als das »soziale Hormon« oder »Kuschelhormon« bezeichnet.

Lange Zeit wurde Oxytocin als reines Frauenhormon angesehen, dessen Hauptfunktion es ist, bei der Geburt Kontraktionen der Gebärmutter auszulösen. Der Oxytocintropf ist jeder Gebärenden ein Begriff, zum einen, um die Geburt einzuleiten, zum anderen, um nach der Geburt die erschlaffte Gebärmutter dazu zu bewegen, sich wieder zusammenzuziehen. Inzwischen weiß man, dass dies bei Weitem nicht die einzige Funktion dieses Hormons ist. Vielmehr spielt es eine wichtige Rolle für unser soziales Verhalten. Oxytocin ruft Gefühle von zwischenmenschlicher Bindung und Mitleid in uns wach. Wenn nach dem anstrengenden Geburtsakt das Neugeborene zum ersten Mal der Mutter in den Arm gelegt wird, bewirkt eine gigantische Ausschüttung von Oxytocin das Einsetzen der Milchproduktion sowie das überwältigende Gefühl von Liebe und Zuneigung zu ihrem neugeborenen Kind, welches eine lebenslange Bindung erzeugt.

Hierbei handelt es sich um einen entwicklungsgeschichtlich immens wichtigen Vorgang: Ein- und derselbe Stoff repariert die klaffende Wunde der Gebärmutter und wirkt zugleich auf das Gehirn ein, wo es die erschöpfte und entkräftete Mutter quasi dazu zwingt, das hilflose, zerknitterte und kläglich um Hilfe schreiende Baby zu lieben und zu versorgen. Die Menge des ausgeschütteten Oxytocins entscheidet nicht nur über die Intensität der Bindung zwischen Mutter und Kind, sondern auch über die Stimmung der Mutter. Die Baseler Wissenschaftlerin Marta Skrundz hat die Oxytocinspiegel von Gebärenden gemessen und festgestellt, dass bei Frauen mit einer niedrigen Oxytocinkonzentration im Blut eine hohe Anfälligkeit besteht, eine Wochenbettdepression zu bekommen.[11]

Das Oxytocin wird im Hirnstamm produziert und dann in die Hirnanhangdrüse (auch *Hypophyse* genannt) transportiert. Dort wird es wie in einem Depot gelagert, um bei Bedarf, zum Beispiel bei der Geburt eines Kindes, ausgeschüttet zu werden. Doch nicht nur Frauen, auch Männer bilden Oxytocin und verfügen über solch einen Vorrat. Wozu wird dieser bei Männern gebraucht? Bekanntlich gibt es beim männlichen Geschlecht weder eine Gebärmutter, die sich zusammenziehen muss, noch Brustdrüsen, die Milch produzieren. Die israelische Neuropsychologin Ruth Feldman hat jedoch gezeigt, dass bei Vätern in dem Moment, in dem sie zum ersten Mal ihr neugeborenes Kind im Arm halten, ebenfalls Oxytocin ausgeschüttet wird. Sie hat im Blut von 80 Paaren den Oxytocingehalt direkt nach der Geburt ihres Kindes sowie sechs Monate später untersucht und fand heraus, dass der Oxytocinspiegel während der ersten Lebensphase des Babys sich beim Vater parallel zum mütterlichen Spiegel verhielt – und ebenfalls enorm anstieg.[12] Wodurch wurde dieser Effekt erreicht? Dadurch, dass die Väter den Babys ins Gesicht schauten, Grimassen schnitten und mit den Babys in Babysprache kommunizierten. Diese frühe Interaktion der Männer mit den Babys war, so konnte Ruth Feldman in einer weiteren Arbeit zeigen, im Übrigen unabhängig davon, ob es sich um heterosexuelle oder homosexuelle Paare handelte: Der Oxytocinspiegel war der gleiche. Es muss betont werden, dass solche Oxytocinanstiege kein Augenblicksphänomen sind, sondern über längere Zeiträume wirken und ein Gefühl von Bindung erzeugen.

Diese Wirkung des Oxytocins auf die Eltern scheint aufseiten des Kindes wiederum von großer Bedeutung für seine spätere geistige Gesundheit zu sein. Schon Sigmund Freud hat den ersten Monaten und frühen Jahren in der Entwicklung des Menschen eine Schlüsselrolle bei der Entstehung von Neurosen und psychischen Erkrankungen beigemessen. »Den Glanz in den Augen der Mutter zu sehen«, wie er es nannte, in den ersten Lebensphasen Liebe und Zuneigung der Eltern zu spüren, ist, so die psychoanalytische Theorie, der Schlüssel zur geistigen Gesundheit. Moderne neuropsychologische Forschungen scheinen dies zu bestätigen. Fasst man die Ergebnisse der Oxytocinforschung zu psychischen Erkrankungen zusammen, so spielt dieser Neurotransmitter sowohl beim Autismus, bei der Schizophrenie als auch bei Angststörungen eine wichtige Rolle.

Übrigens wird Oxytocin auch beim Sexualakt zwischen vertrauten Partnern freigesetzt – und zwar in großen Mengen. Haben Sie sich schon einmal gefragt, warum einige Männer ihren Ehefrauen lebenslang treu sind, während andere ununterbrochen fremdgehen und bei jedem Augenaufschlag des anderen Geschlechts schwach werden? Es ist tatsächlich das Oxytocin, welches die lebenslange Bindung an einen bestimmten Partner im Gehirn verankert. Männer, die gewohnheitsmäßig fremdgehen, verfügen wahrscheinlich über niedrigere Oxytocinspiegel, die Bindung an ihre Partnerin ist daher nicht so stark. Der Bonner Neurowissenschaftler Dirk Scheele hat monogam lebenden Ehemännern während des Betrachtens von Fotos ihrer Frauen per Nasenspray Oxytocin verabreicht und die Reaktion der Versuchspersonen im Vergleich zum Anschauen von Bildern fremder Frauen gemessen. Er fand heraus, dass Oxytocin selbst nach sehr vielen Ehejahren die Attraktivität der eigenen Partnerin steigerte, sodass sie in den Augen der Männer besser abschnitt als fremde Frauen.[13]

Aber es gibt auch eine dunkle Seite des Oxytocin: die Aggression. Ein einfaches Bild aus der Tierwelt veranschaulicht dies: Im Park, an dem idyllischen kleinen See dümpelt friedlich das Schwanenpaar mit seinen noch grau gefärbten Jungen. Ein stimmiges Bild, voller Frieden und Harmonie. Aber wehe, der Spaziergänger kommt der gefiederten Eltern-Kind-Gruppe zu nahe! Sofort werden die Eltern aggressiv, recken böse die Hälse, schlagen mit den Flügeln und fauchen angriffslustig. Was ist in den Köpfen der Schwäne passiert? Das Kuschelhormon hat sein zweites Gesicht gezeigt. Oxytocin verbreitet innerhalb der Familie oder Gruppe zwar eine harmonische Atmosphäre: *Das ist meine Gruppe, hier gehöre ich hin, hier bin ich glücklich.* Aber es bewirkt auch, dass diese Idylle aggressiv nach außen verteidigt wird. Man denke nur an die vielen Nachbarschaftsstreite oder das aggressive Verhalten von Fangruppen im Fußballstadion, auch an den häufig rational nicht erklärbaren Fremdenhass.

Auf die Frage, was Glück eigentlich sei, antworten viele Menschen, dass sie darunter nicht nur augenblickliche Erfolgserlebnisse verstehen, sondern einen dauerhaften Zustand allgemeiner Zufriedenheit, mit einer befriedigenden Partnerschaft, einem stabilen Freundeskreis, in gesicherten finanziellen Verhältnissen. Insbesondere bei den Themen Partnerschaft und Freundschaft spielt der Neurotransmitter Oxytocin eine wesentliche Rolle.

Natürlich dürfen wir aber auch Erziehung und Sozialisation nicht vergessen. Die niederländische Entwicklungspsychologin Marian Bakermans-Kranenburg warnt vor der Überbewertung des Oxytocins als sozialem Hormon und verweist auf die Rolle wichtiger Kindheitserfahrungen und der Erziehung als Faktoren für die Ausbildung sozialer Kompetenz.[14]

Dennoch ist das Reden über Glück und Zufriedenheit aus neurologischer Sicht ohne eine eingehende Beschäftigung mit dem Botenstoff Oxytocin nicht möglich. Denn Menschen, die eher unglücklich, ihren Mitmenschen gegenüber misstrauisch sind und wenig Entspannung erleben, haben – global gesagt – einen Oxytocinmangel. Diese plakative Behauptung ist durch viele wissenschaftliche Untersuchungen untermauert. Michael Kosfeld von der Universität Zürich zum Beispiel ließ Versuchspersonen eine Art von Monopoly spielen. Allerdings konnte hierbei nicht nur Spielgeld, sondern reales Geld gewonnen werden. Dazu mussten sich die Spieler als teamfähig erweisen. Sie konnten nur dann Geld gewinnen, wenn sie in der Lage waren, mit ihren Mitspielern zu kooperieren. Bei einem Teil der Testpersonen wurde während des Spiels durch ein Nasenspray ein höherer Oxytocinspiegel erzeugt. Das Resultat war, dass die Personen, denen Oxytocin zugeführt worden war, mehr Vertrauen zu ihren Spielpartnern hatten, besser mit ihnen zusammenarbeiteten und so letztlich mehr Geld gewannen als die unbehandelten Teilnehmer der Untersuchung. Das Stichwort ist »Vertrauen«.[15]

Einer der Begründer der Oxytocinforschung ist der Kalifornier Paul Zak. Er hat in einem grundlegenden Experiment gezeigt, dass Oxytocin uns empathisch macht. Es funktioniert wie folgt: Eine Versuchsperson bekommt Geld geschenkt und kann entscheiden, ob sie den gesamten Betrag behält oder einen Teil dem anonymen Spender zurückgibt. Und tatsächlich: Die Höhe des freiwillig zurückerstatteten Betrags ist abhängig vom Oxytocinspiegel im Blut der Versuchsperson! Je höher der Oxytocinspiegel, desto mehr Geld wird zurückgegeben.[16]

Zak vertritt die Ansicht, dass Oxytocin zwar das Hormon sei, welches biochemisch im Gehirn Empathie und Mitleid auslöst. Die Ausschüttung von Oxytocin und das Auslösen von Mitleid und Empathie seien jedoch keine Selbstläufer. In Stresssituationen, wenn Probleme unter Druck gelöst werden müssen, bleibt wenig Zeit für Mitleid und Empathie. In diesem Fall senken Stresshormone, vor allem das männliche Geschlechtshormon Testosteron, den Oxytocinspiegel.

Was ist aber mit Menschen los, die überhaupt kein Mitleid mit ihren Mitmenschen haben? Menschen, die Lust daran empfinden, anderen Schmerzen zuzufügen oder sie gar zu töten? Wir wissen, dass etwa fünf Prozent der Bevölkerung kein oder nur sehr wenig Oxytocin produzieren können, ein Umstand, der vorwiegend genetische Ursachen hat. Diese Menschen können sich auch nicht in die Psyche ihrer Mitmenschen hineindenken und Mitleid oder Empathie empfinden. Häufig handelt es sich um Psychopathen, die Verbrechen begehen, ohne eine Vorstellung davon zu entwickeln, was ihr Opfer denkt oder empfindet. In einem seiner Vorträge berichtet Paul Zak von einem inhaftierten Mörder, der seine Frau ermordet und danach die Leiche zerstückelt hat. Bei der Gerichtsverhandlung berief er sich auf die Arbeiten von Zak, er habe ein Oxytocin-Mangelsyndrom (OMS) und sich während seiner Tat nicht in die Qualen und die Situation des Opfers hineinfühlen können, folgerichtig sei er nicht schuldfähig und aus medizinischen Gründen freizusprechen. Trotz dieser wissenschaftlich durchaus begründeten Argumentation wurde er freilich verurteilt.

Wir können alle unseren Oxytocinspiegel erhöhen, durch die Herstellung von Nähe und Liebe, sagte Zak zum Ende eines Vortrages und umarmte mehrere Zuschauer des Auditoriums, die in der ersten Reihe saßen. Dann gab er seinen Zuhörern die Aufgabe, täglich mindestens sechs Personen zu umarmen und an sich zu drücken.[17] Fangen Sie noch heute damit an!

8. ARGININ-VASOPRESSIN: EIN NAHER VERWANDTER DES OXYTOCIN

Neben dem Bindungs- und Empathiehormon Oxytocin gibt es ein weiteres in diesem Zusammenhang wichtiges Hormon: Arginin-Vasopressin. Chemisch sind sich die beiden vom Körper gebildeten Substanzen sehr ähnlich. Ketten von Aminosäuren bilden das wirksame Eiweißmolekül. Oxytocin unterscheidet sich von Arginin-Vasopressin lediglich dadurch, dass zwei Aminosäuren als Bausteine ausgetauscht sind. Arginin-Vasopressin wird in der chemischen Fabrik des Hypothalamus gebildet und zunächst einmal in kleinen Bläschen der Hirnanhangdrüse zwischengelagert. Im Körper spielt es eine wichtige Rolle bei der Regulierung des Wasserhaushalts und der Nierenfunktion. Vereinfacht gesagt bestimmt es, wie viel Flüssigkeit im Kreislauf verbleibt und wie viel Wasser ausgeschieden wird.

Ein Teil jedoch des Arginin-Vasopressin gelangt nicht in den Körperkreislauf, sondern wird direkt ins Gehirn freigesetzt. Dort ist es zum Teil als Gegenspieler (Antagonist) des Oxytocin an der Regulation sozialer Funktionen beteiligt, indem es aggressives Verhalten, sexuelle Motivation, Imponiergehabe (bei Tieren und beim Menschen gleichermaßen), aber auch die Bindung zum Partner und die Bereitschaft, das Nest zu verteidigen, verstärkt.

9. ACETYLCHOLIN – BEWEGUNG UND GEDÄCHTNIS

Wenn wir den Arm ausstrecken, um ein Glas Wasser zu trinken, um uns an der Nasenspitze zu reiben, weil wir ein Jucken verspüren, oder um beim Stolpern rasche Ausgleichsbewegungen zu machen, damit wir nicht fallen, werden wir nicht nur vom Dopamin, sondern auch noch von einem anderen Neurotransmitter unterstützt: dem Acetylcholin.

Die Gesamtheit unserer Bewegungen, unser motorisches System, wird im Vergleich mit anderen Leistungen des Gehirns wie Sprache oder Gedächtnis oft unterschätzt. Dabei ist die Motorik eine hochkomplexe Leistung, die sowohl willkürliche als auch unwillkürliche Bewegungen einschließt. Wir gehen und stehen, ohne groß darüber nachzudenken, die Gesichtsmimik ist der Spiegel unserer Seele, Angst, Freude und Ekel lassen sich ohne Schwierigkeit am Gesichtsausdruck ablesen. Die feinmechanische Arbeit eines Uhrmachers oder das Geschick eines Zahnarztes nötigen uns Bewunderung ab. Aber auch der Weg einer simplen bewussten Bewegung, zum Beispiel des Drückens eines Klingelknopfes, erfordert ein präzises Zusammenspiel mehrerer Zentren unsres Gehirns.

Ein Teil der Hirnoberfläche im Scheitellappen steuert unsere Motorik, sie wird als auch als *Motorcortex* bezeichnet. Von dieser Hirnwindung gehen letztendlich die Impulse aus, den Arm zu heben, den Zeigefinger auszustrecken oder auf den Klingelknopf zu drücken. Freilich braucht es dazu noch einiges mehr an Input, zunächst aus dem Frontalhirn, wo Bewusstsein, Absicht und Motivation lokalisiert sind. Sie denken: *Es wäre doch schön, wenn ich Herrn Müller einen Be-*

such abstatte, ich klingle einfach mal. Diesen Gedanken geben Sie an das motorische Zentrum weiter, jedoch nicht direkt in Richtung Motorcortex, sondern erst an eine Art »Genehmigungsstelle«, welche als SMA (supplementär-motorisches Areal) bezeichnet wird. Sie checkt erst einmal die sensiblen Nachrichten vom Zeigefinger: *Ist die Hand in der richtigen Position? Ist der Handschuh ausgezogen? Stehe ich an der richtigen Stelle oder muss ich erst noch einen Schritt in Richtung Klingelschild gehen?* Dazu kommen Impulse vom limbischen System und dem Gedächtnis: *Wie sieht der Müller eigentlich noch mal aus? Will ich ihn wirklich besuchen?* Erst wenn das alles geklärt ist, heißt es ganz zum Schluss: *Klingeln freigegeben!*

Die für Zeigefingerbewegungen zuständigen Pyramidenzellen in der motorischen Hirnrinde tun sich zusammen und feuern los. Die Reise des Impulses führt über die motorischen Bahnen aus dem Gehirn zum Rückenmark. Ganz am Anfang dieses Buches habe ich schon beschrieben, dass die Axone der Pyramidenzellen im Vergleich zur Größe der Zellen unendlich lang sind, über einen Meter. Der Impuls »Knopf drücken« landet wie bei einem Staffellauf im Rückenmark bei einer zweiten motorischen Zelle, die den Impuls übernimmt. Ihre Axone verlassen das Rückenmark und bilden die Nerven, die im Bereich der Halswirbelsäule als periphere Nerven zum Arm ziehen, bis zu dem Muskel, der letztlich die Bewegung ausführt: Finger strecken und Klingel drücken.

Die Verbindungen zwischen den peripheren Nerven und den Muskeln werden ebenfalls als Synapsen bezeichnet, oder – in diesem speziellen Fall – auch als »motorische Endplatten«. Die Nervenendigungen verzweigen sich und docken an die Muskelfaser an, die sich beim Eintreffen des Impulses zusammenzieht. Das ist alles, was der Muskel aktiv kann: sich zusammenziehen. Durch die Kontraktion kommt die Bewegung zustande. Gedehnt wird er passiv, durch die Kontraktion seines Gegenspielers, wenn sich dieser seinerseits zusammenzieht. All das geschieht ausschließlich und exklusiv mit Acetylcholin als Überträgerstoff.

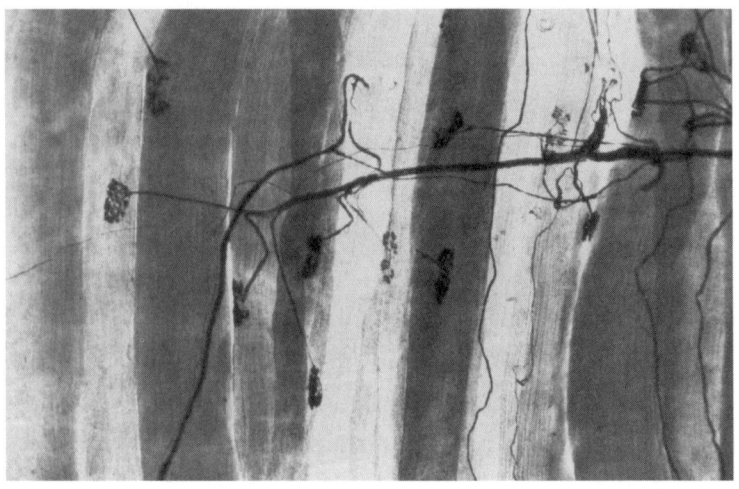

Abb. 5.4: Der Nerv dockt am Muskel mit der motorischen Endplatte an, einer speziell konfigurierten Synapse. Die Stimulation des Nervs führt zur Kontraktion der Muskelfaser.

10. BOTOX DÄMPFT MOTORIK UND GLÄTTET FALTEN

Die Signalübertragung zwischen Nerven und Muskeln kann durch Giftstoffe blockiert werden, die zu schwerwiegenden Lähmungen der Muskulatur und zu Funktionsstörungen innerer Organe bis hin zum Herzstillstand führen können. Essen Sie niemals Fleisch oder Wurstkonserven, die weit über dem Verfallsdatum sind und deren Deckel sich verdächtig wölbt. Es könnte mit gefährlichen Bakterien, den Clostridien, verseucht sein. Diese bilden das Botulinumtoxin (Botox), einen neurotoxischen Eiweißstoff, welcher eines der stärksten bekannten Gifte ist und in winzig kleinen Dosen bereits tödlich wirkt. Bei einer Maus sind bereits vier Nanogramm pro Kilogramm Körpergewicht tödlich, wenn man das Gift unter die Haut spritzt. Ein Nanogramm sind 0,000000001 Gramm. Trotzdem hat die moderne Medizin auch dieses gefährliche Gift gebändigt. In den meisten neurologischen Kliniken gibt es Botox-Ambulanzen, in denen Patienten mit Bewegungsstörungen, Ticks, einem Schiefhals oder anderen Dystonien behandelt werden. Nach dem niederländischen Maler Pieter Brueghel dem Älteren ist das Brueghel-Syndrom benannt (fachsprachlich: Meige-Syndrom), ein krampfhaftes Zusammenkneifen der Augen, welches so stark sein kann, dass es die Auswirkungen einer Blindheit annimmt. Dieser Augenkrampf wird auch Blepharospasmus genannt. Gleichzeitig kommt es zu unwillkürlichen Bewegungen und Grimassieren des Mundes. Brueghel hat wohl solch einen Kranken in seinem Bild »Der Gähner« dargestellt.

Solche dystonen Bewegungen können vom Arzt behandelt werden, indem er winzige Mengen von Botulinumtoxin – unter dem abgekürzten Namen Botox bekannt – in den krampfhaft zusammengezogenen Muskel spritzt. Es schädigt dort die motorische Endplatte, also die Verbindung zwischen den Nerven und den Muskeln. Die übersteigerten Impulse, welche das Gehirn über den Nerv zum Muskel weiterleitet, werden blockiert. Die Behandlung mit Botox-Einspritzungen wird auch bei Spastik, zum Beispiel nach einem Schlaganfall, angewendet.

Abb. 5.5: Pieter Brueghel der Ältere: »Der Gähner« (Brüssel: Königliche Museen der Schönen Künste). Es wird davon ausgegangen, dass ein Mann mit Blepharospasmus dargestellt ist.

Seit etlichen Jahren werden Botox-Injektionen aber auch in der ästhetischen Chirurgie zur Glättung von »mimisch« bedingten Falten benutzt.[18] Wenn Sie sich ständig über den Nachbarn ärgern, weil er den ganzen Sommer über Würstchen grillt und mit dröhnendem Bass auf dem Balkon monologisiert, bilden sich bei Ihnen Unmutsfalten auf der Stirn. Es gibt – etwas überspitzt gesagt – zwei Möglichkeiten, gegen diese Entstellung Ihrer Schönheit vorzugehen: Entweder Sie sprechen mit dem Nachbarn und klären das Problem, oder Sie gehen zum Arzt und lassen sich mit Botox Ihre Stirn glätten.

Stress oder psychische Probleme führen tatsächlich zu übersteigerten Nervenimpulsen und haben somit einen Einfluss auf die Gesichtsmimik: Sie fördern die Faltenbildung, ganz besonders, wenn durch das Älterwerden die Spannung der Haut nachlässt. Ob man tatsächlich die Wirkung von Emotionen auf die Gesichtsmimik einfach kappen sollte, ist Geschmacksfrage, aber niemand sollte sich darüber wundern, wenn Botox-Behandelte durch einen maskenhaften emotionslosen Gesichtsausdruck auffallen.

11. ACETYLCHOLIN MACHT SCHLAU

Acetylcholin ist nicht nur für Muskelaktionen der entscheidende Überträgerstoff, sondern es ist auch die wichtigste Überträgersubstanz innerhalb des Gehirns, wenn es um die Erbringung intellektueller Leistung geht. Was macht einen Menschen schlau? Ein sehr gutes Gedächtnis und die Möglichkeit, stets neue Sachverhalte aufzunehmen und zu erlernen.

Diese beiden Eigenschaften, Erinnern und Lernen, finden im Gehirn innerhalb der Systeme statt, die Acetylcholin als Überträgersubstanz benutzen. Das Acetylcholin sorgt dafür, dass neue Informationen im limbischen System gespeichert werden, und erhöht die Aufmerksamkeit beim Lernen. Während des Älterwerdens nehmen Gedächtnis und Lernvermögen kontinuierlich ab, und zwar deshalb, weil die Zahl der cholinergen Neuronen (die mittels Acetylcholin kommunizieren) in der Hirnrinde abnimmt. So ist die Gesetzmäßigkeit des Lebens: Das Gehirn schaltet einen Gang herunter. Aber Vorsicht: Nicht jede Vergesslichkeit eines älteren Menschen ist notgedrungen krankhaft, und nicht jeder, der vergesslich ist, leidet an der Alzheimer-Erkrankung oder an krankhafter Demenz.

Acetylcholin als Überträgersubstanz hat einen Großteil der »höheren« Hirnfunktionen im Griff, vor allem Sprache, Orientierung und Gedächtnis. Also im Wesentlichen jene Fähigkeiten, die uns erlauben, autonom und selbstständig zu leben. Wenn nicht mehr so viel Acetylcholin zur Verfügung steht, schwindet auch unsere Autonomie. Die Ursache der Parkinson-Erkrankung liegt, wie wir gesehen haben, in einer mangelhaften Produktion von Dopamin. Die Ursache der Alzheimer-Erkrankung wiederum ist eine Reduzierung von Acetylcholin. Es ist zwar eine Tatsache, dass die Alzheimer-Demenz unheilbar ist und sich die Krankheitssymptome mit schicksalhafter Gesetzmäßigkeit stetig verschlechtern, trotzdem gibt es Medikamente, die den Krankheitsverlauf bei der Alzheimer-Demenz positiv beeinflussen, sodass über einen längeren Zeitraum noch ein normales Leben in der Familie möglich ist und die Krankheitsstadien der Demenz, die häufig eine Heimunterbringung erforderlich machen, hinausgezögert werden können. Dabei handelt es sich um Medikamente, die eine Anreicherung des Gehirns mit Acetylcholin fördern.

Was kann der Einzelne gegen das Risiko einer Erkrankung aufgrund von Acetylcholinmangel tun? Eine Antwort lautet: körperliche Ertüchtigung und Sport. Es gibt einen nachgewiesenen Zusammenhang zwischen sportlicher Betätigung und der Entwicklung von Demenz.[19] Sport wirkt sich insgesamt positiv auf die Hirntätigkeit aus und vermindert damit zum einen das Risiko, an einer Demenz zu erkranken, andererseits hilft er auch bereits dementen Patienten dabei, den Rest ihrer intellektuellen Kapazitäten zu bewahren. Sport verbessert die Durchblutung des Gehirns, durch die Anstrengung vertieft sich die Atmung und wird die Sauerstoffversorgung der Nervenzellen optimiert, die Arterienwände gewinnen durch Sport an Elastizität, und es kommt zur Ausschüttung »positiver« Hormone, die ihre Wirkung gegen Entzündungen und den Untergang der Nervenzellen entfalten.

In Kanada wurden in einer Studie fünf Jahre lang 6500 Menschen, die älter als 65 Jahre alt waren, beobachtet, dabei wurde ihr geistiger Alterungsprozess registriert. Hierbei ergab sich, dass 285 der 6500 Teilnehmer der Studie innerhalb von fünf Jahren eine Demenz entwickelten. Sie unterschieden sich von den übrigen Studienteilnehmern vor allem dadurch, dass sie weniger Sport trieben.[20] Wer sich also darüber ärgert, dass das Fitnessstudio nachmittags mit Senioren vollgestopft ist, die die Geräte blockieren, auf der Matte ihre Rückenübungen machen und mithilfe von Drei-Kilogramm-Hanteln den Bizeps trainieren, der sollte sich darüber im Klaren sein, dass der Seniorenschweiß den nachfolgenden Generationen viel Geld spart. Denn fitte Alte müssen nicht ins Heim.

Finnische Studien belegen außerdem, dass man möglichst früh mit der sportlichen Betätigung beginnen soll. Besonders gering war die Anzahl der im höheren Alter an Demenz Erkrankten unter denen, die schon in den mittleren Lebensjahren mindestens zweimal in der Woche Sport getrieben haben. In der US-weiten *Nurses Health Study* wurden 18 700 Frauen im Alter zwischen 70 und 81 über ein Jahrzehnt lang in regelmäßigen Abständen sowohl körperlich als auch psychologisch untersucht. Es zeigte sich, dass diejenigen, die körperlich aktiv waren, weniger häufig eine Demenz aufwiesen. Hierzu reichten bereits Spaziergänge aus. Allerdings mussten sie mindestens zwei Stunden pro Woche dauern.[20]

Körperliche Aktivität hat sich nicht nur bei der Vorbeugung gegen Demenz, sondern auch als stabilisierender Faktor bei dementen Patienten im weiteren Krankheitsprozess bewährt. Die englische Wissenschaftlerin Rachel Potter stellte fest, dass bei Patienten mit Alzheimer-Demenz körperliche Aktivität die Lebensqualität messbar anhebt und den Grad der Depression eindeutig senkt.[21]

12. ENDORPHINE: GLÜCK ZUM SELBERMACHEN

Nach dem Medizinstudium fand ich meine erste Anstellung im Kreiskrankenhaus Mosbach in Baden, in der Inneren Abteilung. Freundlicher Chefarzt, nette Oberärzte. An einem meiner ersten Nachtdienste piepste mein Dienstfunker, kurz nachdem alle anderen Ärzte die Klinik verlassen hatten. Mein erster Notfall stand an. Mit Herzklopfen ging ich zur Notaufnahme. Auf der Liege lag ein etwa 60-jähriger Patient, schweißüberströmt, stöhnend und jammernd. Er gab an, seine linke Brustseite sei vor Schmerz abgestorben, er brüllte und wimmerte. Verdacht auf einen akuten Herzinfarkt, sagte der Rettungssanitäter, der ihn hergebracht hatte.

Ich spulte das Standardprogramm runter: erst ein Schmerzmittel, dann ein Medikament zur Stützung der

Herzaktivität, Infusion anlegen und Schockbehandlung, dann Untersuchung und EKG. Die Schwester drückte mir die aufgezogene Schmerzspritze in die Hand. Ich war aufgeregt, meine Hände waren feucht und zitterten. Ich suchte die Vene, etwas Blut kam beim Zurückziehen. Während ich das Mittel spritzte, sah ich, dass das Medikament nicht glatt in die Vene floss, sondern sich im Gewebe neben der Vene verteilte, »para« lief, wie es im Medizinerjargon heißt. Es entstand eine sich unter der Haut verteilende Beule. Nichts kam im Blutkreislauf des schmerzgeplagten Herzinfarktpatienten an. *Ich habe es verbockt*, dachte ich. Aber in diesem Moment stöhnte der Patient erleichtert auf: »Herr Doktor, vielen Dank, jetzt geht es mir besser, die Spritze hat wirklich geholfen.«

Ich war verdutzt. Was war passiert? Der Patient hatte die befreiende Spritze erwartet, aber die Injektion war fehlgeschlagen. Dennoch waren seine Schmerzen deutlich gelindert. Das, so wurde mir später klar, war der Placebo-Effekt. Eine körperliche Reaktion, die nicht auf die Wirkung einer medikamentösen Behandlung, sondern auf die Behandlungssituation zurückzuführen ist. In diesem Falle kam es zur Ausschüttung körpereigener Schmerzmittel, der Endorphine, die im Gehirn als körpereigenes Morphium gebildet werden und in akuten Schmerz- oder anderen Ausnahmesituationen, zum Beispiel bei Hunger, den Körper unempfindlich machen. In Notfallsituationen spüren verletzte Menschen aufgrund der Endorphinausschüttung zunächst keinen Schmerz. Das weiß jeder, der sich einmal beim Salatschnipseln tief in den Finger geschnitten hat: Man schaut zunächst völlig verwundert auf die Schnittwunde und ist ein paar

Sekunden lang absolut schmerzfrei. Erst allmählich kommt der Schmerz, und das Blut beginnt zu tropfen.

Man muss sich nicht jedes Mal in den Finger schneiden, um die Wirkung der Endorphine zu spüren. Intensiver Sport, bis zur Erschöpfungsgrenze und darüber hinaus, führt ebenfalls zur Ausschüttung des körpereigenen Opiums. Der Schmerz in den Waden beim Laufen und das absolute Gefühl der Erschöpfung lassen mit einem Mal nach, und es stellt sich eine euphorische Grundstimmung ein. »Einfach nur laufen, nicht schnell, aber mühelos, eins mit der Welt. Einer der raren Momente von Spiritualität, die nicht peinlich sind.« So beschreibt der Läufer und Autor Achim Achilles (= Hajo Schumacher) diesen Zustand, der auch als *Runners High* bezeichnet wird.[22] Es handelt sich um einen euphorischen Zustand, der sich auf dem Höhepunkt einer anstrengenden Trainingseinheit einstellt. Die Schritte werden mit einem Male leichter, gleichzeitig schwindet das Schmerzempfinden der Muskulatur. Anders gesagt: Das Gehirn produziert Drogen. Es macht den Menschen, der die Grenze seiner Leistungsfähigkeit überschritten hat, high, damit er weitermachen kann, nicht lockerlässt, nicht hinfällt, nicht aufgibt.

Die Endorphine besetzen dabei sowohl die Schmerzrezeptoren als auch die süchtig machenden Morphinrezeptoren. Auf diese Weise sorgen sie dafür, dass wir keinen Schmerz empfinden und die Leichtigkeit der körperlichen Anstrengung als wohltuender Rausch empfunden wird. Diesen Rausch erleben nicht nur Läufer, er kommt auch bei Radfahrern, Langstreckenschwimmern und Kraftsportlern vor. Laufen ist jedoch aus anthropologischer Sicht seit Tausenden von Jahren für den Steppenbewohner Mensch von größter Bedeutung. Stundenlang wurde das Beutetier verfolgt, der Jagderfolg hing von der Ausdauer und Hartnäckigkeit des Jägers ab, seiner Fähigkeit, große Distanzen zu überwinden, ohne Schmerzen zu verspüren und ohne zu ermüden.

Endorphine ähneln in ihrer Struktur den Abkömmlingen des Opiums, Morphin und Heroin, die bekanntermaßen euphorisierend und suchterzeugend wirken. In einer Studie der Bonner Universitätsklinik wurde bei zehn Langstreckenläufern jeweils vor dem Lauf und nach Bewältigung einer mindestens 20 Kilometer langen Strecke ein schwach radioaktiv markiertes Opioid injiziert. Nach dem Lauf wurde im Gehirn mittels PET-Scan die Verteilung des Opioids gemessen. Dabei ergab sich, dass das Opioid speziell im Bereich der vorderen Hirnregionen, in denen der Wille sitzt, und in den limbischen Strukturen, in denen Lust und Euphorie entstehen, angereichert wurde.[23] Beide Strukturen sind Teile unseres Belohnungssystems, welches für das Glücksempfinden von größter Bedeutung ist.

VI.

FUNKTIONELLE MAGNETRESONANZ-TOMOGRAPHIE: DER BLICK IN DIE SEELE

Woher aber wissen wir eigentlich so genau, wie und wo das Glück, die Emotionen und all die anderen Funktionen im Gehirn ihren Sitz haben? Können wir heute über das Gehirn wirklich so viel mehr aussagen als Korbinian Brodmann, der bereits im 19. Jahrhundert die Hirnrinde des Menschen nach ihren Funktionen in Areale aufteilte?

Ja, das können wir. Denn wir haben die funktionelle Magnetresonanztomographie (fMRT, auch Kernspintomographie genannt). Durch sie wurde die Sichtbarmachung von morphologischen Hirndetails (durch bildgebende Verfahren) um die Komponente der Funktionen dieser Regionen erweitert. Die meisten Menschen haben schon einmal in der Röhre eines Magnetresonanztomographen gelegen und das Knattern der Maschine über sich ergehen lassen. Ob Schmerzen im Knie, Bandscheibenprobleme oder Verdacht auf einen Schlaganfall – die Untersuchung mit dem Magneten wird häufig angewendet, um die Struktur der Organe präzise darzustellen und krankhafte Organveränderungen sichtbar zu machen.

Das Prinzip der Magnetresonanztomographie basiert auf einem physikalischen Prozess, bei dem die Kerne von Wasserstoffatomen in einem starken Magnetfeld zum Schwingen gebracht werden, um elektrische Signale auszusenden, welche aufgezeichnet werden können. Das Ergebnis ist eine Landkarte der Verteilung des Wasserstoffs in dem untersuchten Organ. Da Wasserstoff der Hauptbestandteil von Wasser ist und der menschliche Organismus zu 70 Prozent aus Wasser besteht, liefert die Abbildung der durch das Magnetfeld angeregten Wasserstoffatome einen guten Einblick in die Innenstruktur der Organe. Natürlich variiert der Wassergehalt in den unterschiedlichen Strukturen: Knochen und Zähne beinhalten zum Beispiel sehr wenig Wasser, das Gehirn als weiche Masse jedoch relativ viel. So lassen sich gerade im Gehirn dessen Binnenstrukturen gut erkennen.

Doch nicht nur das: Wenn wir durch den Garten schlendern und uns dabei an den letzten Urlaub erinnern, werden jene Hirnareale aktiviert, die benötigt werden, um diese gedanklichen und motorischen Leistungen zu erbringen. Die Hirnzellen in diesen Hirnarealen verbrauchen entsprechend mehr Energie. Dies hat zur Folge, dass die Durchblutung in jenen Regionen zunimmt, da mehr Sauerstoff und Glukose zu den vermehrt arbeitenden Neuronen transportiert werden müssen. Diese Aktivitätssteigerung kann im MRT-Gerät sichtbar gemacht werden, da mit Sauerstoff bepacktes Blut im Magnetfeld ein anderes MRT-Signal erzeugt als verbrauchtes, sauerstoffarmes Blut. Dieser Unterschied wird BOLD-Kontrast genannt, wobei BOLD die Abkürzung der englischsprachigen Bezeichnung »blood oxygenation level dependent« ist, was übersetzt bedeutet: »Kontrast, abhängig vom Blutsauerstoffgehalt«.

Das Phänomen der Änderung magnetischer Eigenschaften bei roten Blutkörperchen in Abhängigkeit von dem an sie gebundenen Sauerstoff wurde bereits 1935 vom amerikanischen Chemiker Linus Pauling beschrieben. Bis heute gilt er als Urvater der funktionellen Bildgebung. Pauling erhielt 1954 für seine Forschung den Nobelpreis für Chemie – und zehn Jahre später auch den Friedensnobelpreis wegen seines Engagements gegen Atomwaffentests. Er war also nach Marie Curie der zweite Wissenschaftler, der zweimal mit dem Nobelpreis geehrt worden ist. Als betagter Mann beschäftigte er sich mit dem therapeutischen Einsatz von Vitamin C und soll täglich 17 Gramm davon zu sich genommen haben, um Erkältungskrankheiten und Krebs vorzubeugen. Immerhin wurde dieser außerordentliche Wissenschaftler 93 Jahre alt, er starb an Prostatakrebs.[1]

I. GEFÜHLE, DENKEN UND BEWEGUNG: DAS SICHTBARWERDEN KOMPLEXER ABLÄUFE

Ich bin immer wieder erstaunt, wie souverän das Gehirn hochkomplexe Bewegungen organisiert und diese doch so spielerisch und wie nebenbei ausgeführt erscheinen. Wir stehen auf einem Empfang, greifen nach einem Sektglas, führen es zum Mund, kippen es in einen bestimmten Neigungswinkel, für einen genau bemessenen Zeitraum, halten es vor der Brust so, dass es weder zu Boden fällt noch unter dem Druck unserer Finger zerbricht – und plaudern völlig entspannt über den letzten Urlaub. Dabei handelt es sich schon bei dieser scheinbar läppischen Handlung um eine Leistung des Gehirns, bei der mehrere Hirnzentren zusammenspielen.

Mithilfe der funktionellen Magnetresonanztomographie

(fMRT) können wir die Funktionsweise dieses Netzwerkes verstehen lernen. Zur Untersuchung der Motorik zum Beispiel wird in der fMRT der simple Fingertapping-Test[2] (oder auch Fingerklopf-Test) verwendet. Die Versuchsperson wird aufgefordert, mit dem Zeigefinger zehn Sekunden lang so oft wie möglich auf eine Unterlage zu klopfen. Während dieser Zeit misst die fMRT die Aktivierung der motorischen Hirnrinde.

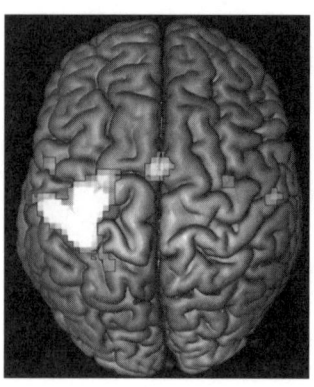

Abb. 6.1: Funktionelles MRT, während ein Zeigefinger rhythmisch auf den Tisch klopft. Eindeutig zu erkennen ist eine Aktivitätssteigerung im Bereich der motorischen Hirnrinde.

Bei Bewegung des linken Zeigefingers werden die motorischen Areale der rechten Hirnhälfte aktiviert, denn die motorischen Bahnen kreuzen auf Hirnstammniveau zur Gegenseite. Diese Tatsache ist auch die Erklärung dafür, dass es beim Schlaganfall der linken Hirnhälfte zu einer rechtsseitigen Lähmung kommt. Während des Fingerklopfens arbeitet die motorische Hirnrinde auf Hochtouren, was zu einem Anstieg von Blutfluss und Stoffwechsel führt. In der fMRT sehen wir an der entsprechenden Stelle eine intensive gelbe Farbe. Also kann die Hirnaktivierung, die durch das Klopfen eines Fingers auf der Tischplatte entsteht, sichtbar gemacht werden, ebenso wie die meisten anderen Aktivitäten des Gehirns, inklusive Freude, Ekel oder Sehnsüchte.

Interessanterweise sieht man in der Abbildung auch eine Aktivierung der Gegenseite. Der Grund hierfür ist, dass zehn Prozent der motorischen Bahnen nicht die Seite wechseln. Diese Tatsache ist zum Beispiel bei der Rehabilitation von Schlaganfallpatienten mit einer Halbseitenlähmung von Bedeutung, da die Patienten lernen können, die gelähmten Gliedmaßen mit der nicht betroffenen Hirnseite anzusteuern und Bewegungen auszuführen.

Man kann die Aufgabe im Übrigen auch noch komplizierter machen, indem man dem Fingerklopfer durch einen akustischen oder optischen Reiz einen Rhythmus vorgibt. Auf diese Weise lassen sich Zusammenhänge zwischen Bewegungen, Denken und Aufmerksamkeit untersuchen.

2. ALARMSTUFE 1: SPINNE IN SICHT

Ich stehe mit einer Gruppe von sechs Studenten in meinem Untersuchungsraum. Draußen ist es sommerlich heiß, wir haben das Fenster zum Innenhof geöffnet. Im Kurs werden in kleinen Gruppen die Grundlagen der neurologischen Untersuchungstechniken behandelt. Zum Beispiel die Frage: Warum führt der Neurologe stets ein kleines Hämmerchen mit sich und klopft den Patienten immerfort auf die Sehnen der Arme und Beine?

Bei der neurologischen Untersuchung können mit einfachen Untersuchungstechniken und etwas Nachdenken oft die Ursachen der Symptome eines Patienten aufgeklärt werden, ohne dass komplizierte technische Methoden wie Computer- und Magnetresonanztomographie zum Einsatz kommen müssten. Zum Beispiel: Ein Patient wacht morgens auf und bemerkt, dass seine rechte Hand schwach ist. Er kann sich nur mühsam die Zähne putzen, und beim Knöpfen des Hemdes hat er ebenfalls Schwierigkeiten. Besorgt wird der ärztliche Notdienst verständigt, kurz darauf wird er im Notarztwagen mit Verdacht auf Schlaganfall in die Klinik gebracht. Durch eine neurologische Untersuchung kann nun mithilfe ebendieses Hämmerchens schon in der Notaufnahme festgestellt werden, ob es sich tatsächlich um einen Schlaganfall handelt oder ob nicht etwa nur ein Nerv durch eine ungeschickte Schlafposition abgeklemmt war. Ist ein Schlaganfall die Ursache und die Befehlszentrale der Motorik der Hirnrinde funktioniert aufgrund einer Durchblutungsstörung nicht mehr, führt das zu sehr lebhaften Reflexen, sobald der Arzt die Muskelsehnen mit seinem Reflexhammer beklopft.

Der Grund ist die fehlende Kontrolle der motorischen Aktionen durch die Hirnrinde; der Befehl an die Muskeln, sich zusammenzuziehen, erfolgt völlig ungebremst, die Folge ist eine Steifigkeit der Muskulatur, im Extremfall als Spastik bezeichnet. Bei einer direkten Schädigung des Nervs in der Peripherie wiederum verschwinden die Reflexe, weil der Kontakt zum Muskel verloren gegangen ist.

Die Studenten und ich haben soeben begonnen, die Prüfung der Gesichtsnerven zu üben. »Lachen Sie einmal«, fordere ich die Studenten auf und erkläre ihnen: »Das ist die beste Methode, um zu prüfen, ob die Gesichtsmuskulatur beiderseits intakt ist.«

Dann jedoch schreit plötzlich eine Studentin auf, schüttelt sich und verzieht sich unter Schluchzen in eine Ecke des Zimmers. Was um Himmels willen ist passiert? Die Studentin wimmert und deutet mit schreckgeweiteten Augen auf einen Punkt am Boden. Eine kleine Spinne läuft zwischen den im Kreis stehenden Studenten über den Boden. »Ist doch nur eine kleine Spinne«, sagt einer ihrer Kommilitonen und zertritt mit seinem blauen Turnschuh das krabbelnde Tier. Es folgt ein erneuter Aufschrei der Studentin, dann beginnt ein herzzerreißendes Weinen: »Ich kann nicht mehr, ich kann nicht mehr«, jammert sie vor sich hin. Ich gehe auf sie zu und berühre sie beruhigend am Arm: »Spinnenphobie?« Sie nickt und sieht mich verzweifelt an.

Ich gebe zu, dass eine Spinnenphobie nicht ideal zum Thema Glück passt, trotzdem lässt sich anhand dieses Beispiels sehr gut die Arbeitsweise der funktionellen Bildgebung zeigen. Phobien sind Angststörungen, die durch die übertriebene Furcht vor einem konkreten Objekt entstehen. Im Falle der Spinnenphobie handelt es sich um eine Angstkrankheit, bei der Menschen eine nicht rational erklärbare Angst vor Spinnen haben und befürchten, von einer Spinne gebissen zu werden. Die häufig verbreitete Angst vor Spinnen hat ihre Wurzeln in der Entwicklungsgeschichte des Menschen. Die Menschheit stammt vom Schwarzen Kontinent, wo die Gefahr, von einem auf dem Boden kriechenden Vielfüßler geschädigt zu werden, relativ groß ist. Immerhin sterben heute noch Jahr für Jahr in Afrika Menschen an Skorpionstichen. Alles, was kreucht und fleucht, wird dort teilweise berechtigt als Bedrohung empfunden. So hat es sich über Zeitalter und Generationen in unsere Gehirne eingebrannt.

Wie wir gesehen haben, verfügt das Gehirn mit den paarigen Mandelkernen, fachsprachlich *Amygdalae* genannt, über ein spezielles Angstzentrum. Im Falle der Studentin mit Totalausfall beim Anblick einer kleinen, harmlosen Spinne haben die Amygdalae der Studentin signalisiert: »Höchste Gefahr in Verzug, es bleibt nur die Option, mit Angst und Panik zu reagieren.« Selbst wenn sie gerade bei einem Untersuchungskurs im Arbeitszimmer ihres Professors steht und nicht irgendwo im Dschungel – die emotionale Reaktion, angestachelt durch die Amygdalae, war so stark, dass alle anderen Eindrücke und Verhaltensweisen übertüncht wurden.

All dies wissen wir allein deswegen, weil es die funktionelle Magnetresonanztomographie gibt. Der Greifswalder Forscher Alfons Hamm hat Patienten mit Spinnenphobie untersucht und dabei die während der Konfrontation mit Spinnenbildern aufgenommenen fMRT-Aufnahmen mit denjenigen von der Betrachtung neutraler Abbildungen, zum Beispiel von Küchengeräten oder Pilzen, verglichen.

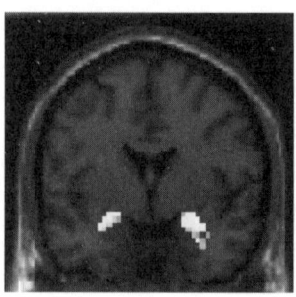

Abb. 6.2: Funktionelles MRT bei Patienten mit Spinnenphobie während des Betrachtens der Abbildung einer Spinne. Im mittleren Anteil des Temporalhirns ist beidseits die Aktivierung der Amygdala zu erkennen.

Das Ergebnis ist in Abbildung 6.2 zu sehen. Sobald der Spinnenphobiker das Bild einer Spinne vor sich hatte, wurden die Amygdalae aktiviert und leuchteten in der fMRT auf.

Wenn die Wissenschaftler die Bilder der Spinne verpixelten, damit diese lediglich undeutlich zu erkennen waren, »schauten« die Amygdalae sogar noch genauer hin, das heißt, ihre Aktivierung wurde noch stärker. Die fMRT-Untersuchung bewies, dass die Amygdalae eine entscheidende Rolle bei der Entstehung von Phobien und Panikattacken spielen.[3]

Der Alarmruf der Amygdalae aktiviert eine ganze Reihe von Stressfaktoren. Der Sympathikus reagiert mit Ausschüttung von Noradrenalin, das Herz-Kreislauf-System sorgt für Blutdruckanstieg und Erhöhung der Herzfrequenz. Die Schwelle, bei deren Überschreitung diese Alarmsituation ausgelöst wird, ist jedoch bei jedem Menschen unterschiedlich. Deswegen entwickeln auch nur einige und nicht alle Menschen eine übertriebene Angst vor Kriechtieren. Die Gründe hierfür liegen sicherlich auch in der Erziehung, etwa daran, ob man sehr behütet und ängstlich erzogen worden ist. Ferner spielen negative Erfahrungen eine wichtige Rolle. Ein schmerzhafter Wespenstich in der Kindheit – und im Unterbewusstsein ist dann die irrationale Angst vor Insekten verankert, die sich in Panikattacken Raum schaffen kann. Oder es ist schlichtweg die familiäre Disposition, Vererbung. Unbestritten ist: Einige Menschen sind ängstlicher als andere.

3. DER ORT DER KREATIVITÄT

Ein weiteres Beispiel für die präzise Lokalisation von Hirnfunktionen durch die fMRT sind Untersuchungen über Kreativität. Als mein Sohn Florian mir nach seinem Abitur mit-

teilte, er wolle den Studiengang *Kreatives Schreiben* an der
Universität Hildesheim absolvieren und sei im Übrigen bereits eingeschrieben, war ich zunächst verwundert. Um ehrlich zu sein, habe ich mir nicht im Traum vorstellen können,
dass ein Jugendlicher nach seinem Abitur auf die Idee kommen könnte, *nicht* Medizin zu studieren.

Im Verlauf seines Studiums kam es zu vielen anregenden
Diskussionen über die Hirnprozesse bei den kreativen Akten
von Schriftstellern oder Malern, die in der Frage gipfelten,
ob es ein spezielles Zentrum für Kreativität gebe oder nicht.
Also konzipierten wir, gemeinsam mit dem Greifswalder Professor für funktionelle Bildgebung Martin Lotze, eine Studie
in Kooperation zwischen den Universitäten Hildesheim, wo
mein Sohn studierte, und Greifswald, wo ich lehrte. Studenten des Studiengangs *Kreatives Schreiben* wurden nach Greifswald eingeladen, um an der Studie teilzunehmen. Kraft ihrer
in Hildesheim bestandenen Aufnahmeprüfung war von einer
grundsätzlichen Begabung in literarischen Dingen auszugehen. Die Vergleichsgruppe waren Greifswalder Medizinstu-
denten, die, so stand zu vermuten, vor allem biochemische
Formeln und anatomische Details im Kopf hatten.

Die Studie lief folgendermaßen ab: Die Studenten lagen
im Magnetfeld der MRT-Röhre und bekamen die Aufgabe,
jeweils einen Auszug aus zwei vorgegebenen Texten so kreativ
wie möglich zu ergänzen oder weiterzuführen. Eine Bedin-
gung war, dass es sich um einen neuen, bisher unbekann-
ten Text handelte. Man kann sich vorstellen, dass Studenten,
die sich mitten in einem literarischen Studiengang befinden,
sich gut in der zeitgenössischen Literatur auskennen. Deshalb musste eine Auswahl im Bereich moderner Texte erfol-

gen, die einerseits nicht besonders geläufig waren, andererseits Lust erzeugten, sich mit ihnen zu beschäftigen. Gewählt wurden eine Geschichte von Ror Wolf aus *Zwei oder drei Jahre später* – einer Sammlung lustig-surrealer Geschichten, von denen man sich einen stimulierenden Effekt auf die Fantasie der Probanden erhoffte. So erleidet unter anderem ein Schaufensterdekorateur während seiner Arbeit einen Herzinfarkt, stürzt auf ein Bett in der Auslage eines Kaufhauses und bleibt dort tagelang liegen, weil es den Anschein hat, es handle sich um eine Schaufensterpuppe. Der zweite zu ergänzende Text war ein Teil des Gedichtes »Den teuren Toten« von Durs Grünbein. Dabei handelt es sich um kurze, makabre Textstücke, die sich mit tragikomischen Momenten des Sterbens beschäftigen. In einem Gedicht zum Beispiel wird ein Jäger von seinem Hund erschossen.

Der Versuchsverlauf im Scanner war standardisiert. Die Versuchspersonen lasen den Textauszug, dann konnten sie 60 Sekunden lang Notizen machen, mit einem Bleistift freilich, denn magnetisches Metall war im MRT-Magneten streng verboten. Danach kam die Brainstorming-Phase: Der Proband hatte 60 Sekunden lang Zeit, sich vorzustellen, wie die Geschichte beziehungsweise das Gedicht weitergehen sollten. Zu diesem Zeitpunkt wurde der erste fMRT-Scan gefahren und die Aktivierung der beteiligten Gehirnzentren gemessen.

Dann begannen beide Gruppen, 120 Sekunden lang die kreative Ergänzung des Textes niederzuschreiben. Die Zeit des Schreibens war auf zwei Minuten begrenzt, um ein konzentriertes kreatives Schreiben sicherzustellen und ein Abschweifen der Gedanken und kreative Pausen zu verhindern.

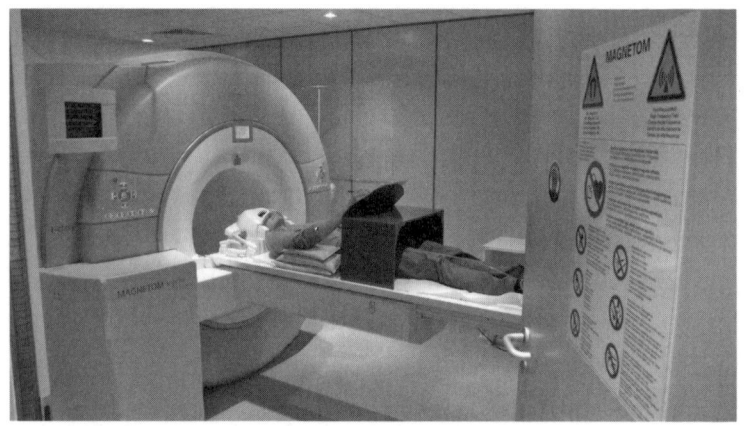

Abb. 6.3: Kreatives Schreiben während der MRT: Die Versuchsperson ergänzt Texte, während sie in der Röhre liegt.

Nachdem die Texte zu Ende geschrieben und die Versuchspersonen aus dem engen Scanner befreit waren, wurden die Ergebnisse ausgewertet. Die Fragen, die es zu beantworten galt, lauteten: Welcher Ort des Gehirns wird während des kreativen Schreibakts aktiv? Und: Wie unterscheidet sich diese Aktivierung zwischen Profis und Laien?

In beiden Gruppen wurde, während sie in kreativen Gedanken versunken waren, erhöhte Aktivität in drei Gehirnstrukturen gemessen. Zunächst waren es zwei Areale im präfrontalen Cortex – jenem Teil des Gehirns, welcher, wie wir gesehen haben, beim Menschen besonders ausgeprägt ist. Und zwar der hintere und der seitlich gelegene Teil der präfrontalen Hirnrinde. Wissenschaftlich wird dieser Bereich als DLPFC, *dorsolateraler präfrontaler Cortex*, bezeichnet. Bingo! Denn wir befinden uns in einer hochspannenden Region.[4] Während es in einem Song von Herbert Grönemeyer heißt: *Wann ist ein Mann ein Mann?*, könnten wir in diesem Zusammenhang auch fragen: *Wann ist ein Mensch ein Mensch?* Und die Antwort lautet: Ein Mensch ist ein Mensch, wenn er einen gut entwickelten DLPFC hat. Klingt komisch, ist aber so.

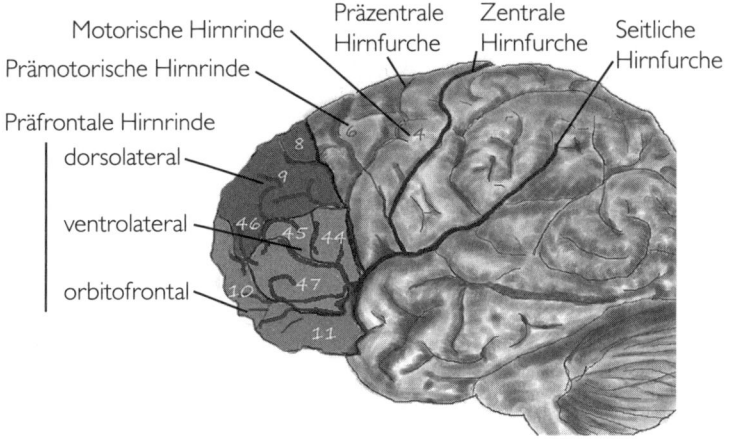

Abb. 6.4: Die präfrontale Hirnrinde stellt unter anderem die Verbindung zwischen Sinneseindrücken und dem Bewusstsein her. Sie ist wesentlich am Lernen und an der Motivation beteiligt.

An Abbildung 6.4 sehen wir, wo wir uns auf unserer Reise durch das Gehirn auf der Suche nach dem Glück gerade befinden. Wieder erfolgt die Orientierung entsprechend der genialen Topographie Korbinian Brodmanns: Der dorsolaterale präfrontale Cortex besteht aus den Brodmann-Arealen 9 und 46. Seine Aufgabe ist es, eine Verbindung zwischen dem Thalamus, der die Sinneseindrücke ins Bewusstsein leitet, und den Basalganglien, welche bei Motorik, Lernprozessen und Motivation eine Rolle spielen, herzustellen. Außerdem ist er bei Entscheidungsprozessen und abstrakten Denkvorgängen aktiv. Bei Vorgängen also, die beim Verfassen kreativer Texte wahrscheinlich nicht ganz unwichtig sind.

Es wurde noch eine zweite Region des Präfrontallappens in unserem Experiment aktiviert – und zwar bei den geübten Schreibern viel mehr als bei den Laien. Die Rede ist vom (nicht erschrecken, jetzt kommt wieder ein Fachwort!) mPFC, dem *medialen präfrontalen Cortex*. Wenn wir wissen wollen, was es mit dem mPFC auf sich hat, begeben wir uns tief in die Sphären der Philosophie und Kognitionsforschung, denn diese Region des Vorderhirns ist entscheidend für das Selbst und das Ich-Bewusstsein. Beim *medialen präfrontalen Cortex* wird zusätzlich noch ein vorderer von einem hinteren Anteil unterschieden. Während der vordere Teil aktiv wird, wenn Gedanken als Reaktion auf äußere Reize ins Bewusstsein treten – »Mein Auto ist ziemlich verdreckt, also muss ich bald wieder durch die Waschanlage fahren« –, wird der hintere Teil bei reizunabhängigen Gedanken wie freien Assoziationen, Tagträumen und Vorstellungen aktiviert. Mithin haben wir bei diesem Experiment ein völlig logisches Ergebnis erzielt: Beim kreativen Akt werden zwar viele Hirnregionen aktiviert, vor allem jedoch Areale im Frontalhirn, die mit freien Assoziationen (mPFC) und dem abstrakten Denken (DLPFC) zu tun haben. Ferner Teile des Motivations- und Belohnungssystems, welches in Kapitel VII ausführlich besprochen wird.[5]

Die Auswertung der fMRT-Scans ist eine ziemlich komplizierte mathematische Prozedur, deren Einzelheiten für das Verständnis der Zusammenhänge nicht besonders wichtig sind. Ich möchte trotzdem vereinfacht das Prinzip erläutern: Nicht die Aufnahmen der einzelnen Versuchspersonen werden ausgewertet, sondern es wird ein Durchschnittswert des BOLD-Signals in den entsprechenden Hirnregionen berechnet. Um die Frage nach dem Unterschied zwischen Laien und Kreativen zu beantworten, wird der Durchschnitt der Aktivierung bei den Laien von der durchschnittlichen Aktivierung bei den Kreativen abgezogen. Die Regionen, die nach der Subtraktion immer noch aufleuchten, sind spezifisch für die Kreativität der Profischreiber. Klingt kompliziert, ist es aber nicht. Ein einfaches Beispiel: Kellner A ist sehr freundlich und bekommt 5 € Trinkgeld, Kellner B hat einen schlechten Tag und muffelt herum, er bekommt nur 2 €. 5 € minus 2 € ergibt eine Differenz von 3 €, und dies könnte als Maß dafür genommen werden, um wie viel Kellner A freundlicher war als Kellner B.

Im Scanner war zu erkennen, dass sich kreative Gedanken offenbar nicht in einer einzigen Ecke des Gehirns abspielen, sondern ein Netzwerk verschiedenster Hirnteile in Anspruch nehmen – je nach der zu lösenden Aufgabe. Kreativität ist also Teil einer Netzwerkfunktion, bei der vor allem die Speicher für das visuelle Gedächtnis, das Kurzzeitgedächtnis des Hippocampus und jene Teile des Schläfenlappens, die für Emotionen und Triebverhalten verantwortlich sind, in Anspruch genommen werden.

Dies geschah freilich, während die Versuchsperson in der engen Röhre lag und der Magnet einen fürchterlichen Lärm machte. Otto Normalverbraucher bekommt, wenn er wegen seiner Bandscheiben oder eines Meniskusschadens in die Röhre kommt, Kopfhörer mit beruhigender Musik auf die Ohren gesetzt, damit der Lärm keine Ängste aktiviert. Aber kein Mensch kennt den Einfluss beruhigender Musik auf die geistige Verfassung und schöpferische Kraft junger Menschen, die beschlossen haben, in einer kleinen niedersächsischen Stadt *Kreatives Schreiben* zu studieren. Bei dem Experiment nahm man also Abstand von dem schützenden Kopfhörer, verzichtete auf die Klänge und nahm damit die Ungemütlichkeit der Situation bewusst in Kauf.

Ich habe gelesen, dass einer meiner Lieblingsschriftsteller, Haruki Murakami, lediglich ein ausgewähltes Arrangement an einem speziellen Schreibpult vor Sonnenaufgang benötigt, um in eine kreative Stimmung zu gelangen und auf Hochtouren an einem Roman zu schreiben. Nun, im Scan war es so eng und laut, dass es einem vorkam, als würde man versuchen, auf einem Jahrmarkt in einem ratternden Wagen der Geisterbahn an einem Krimi zu schreiben. Trotz dieser widrigen Verhältnisse waren die Leistungen sowohl der Experten als auch der Laien wirklich ausgezeichnet. Ein unabhängiges Gremium von Literaturprofessoren begutachtete, ohne nähere Informationen über die Schreiber zu haben, die Texte. Erwartungsgemäß wurden die Ergebnisse der Literaturstudenten wesentlich höher bewertet als die Produkte der Mediziner. Schon in der Brainstorming-Phase, also im Planungsstadium der Texte, wurde die Hirnaktivität als BOLD-Signale in der fMRT aufgenommen. Die Studenten aus Hildesheim unterschieden sich von den Medizinern vor allem dadurch, dass sie ihre »visuelle« Hirnrinde viel stärker aktivierten. Sie schöpften also einen Großteil ihrer Vorstellungskraft aus dem Erinnerungszentrum für optische Eindrücke. Diese Tatsache finde ich nicht überraschend. Wenn ich zum Beispiel den Sommerurlaub plane, kann ich in Vorwegnahme der realen Gegebenheiten sehr lebhaft das Hotel und die Landschaft phantasieren – geht es Ihnen auch so?

Ist unser Gehirn nicht wunderbar konstruiert? Es hat sich

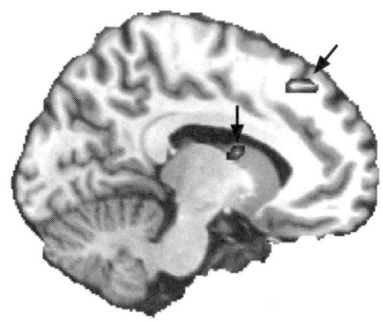

Abb. 6.5: Aktivierung des Gehirns bei kreativen Schreibern im Augenblick der Komplettierung des vorgegebenen Textes. Die Hirnaktivität der Nichtkreativen ist von derjenigen der Kreativen abgezogen. Es zeigt sich eine höhere Aktivierung bei den Kreativen im inneren präfrontalen Rindenbereich sowie im vorderen Stammganglienbereich (siehe Pfeile).

in Tausenden von Jahren Evolution zu einer Fabrik der Kreativität entwickelt und birgt das Potenzial unvorstellbarer zukünftiger Entwicklungen in sich. Wie so oft, wenn wir auf die Funktionsweise des Gehirns blicken, sehen wir zwei Seiten seines riesigen Potenzials vor uns: Einerseits wurden mithilfe der gerade beschriebenen Hirnzentren üble Dinge wie Massenvernichtungswaffen, Kriege und Verbrechen erdacht, andererseits haben viele Wissenschaftler und Künstler ihr Gehirn kreativ und positiv zum Nutzen der Menschheit eingesetzt. Auf jeden Fall gibt uns der riesige Computer in unserem Kopf Anlass zur Hoffnung, dass mit seiner Hilfe einige drängende Probleme der Menschheit doch noch gelöst werden können.

Übrigens haben weitere Untersuchungen gezeigt, dass ebenjene Hirnregion, die präfrontale Hirnrinde, auch eine wichtige Rolle beim Humor und dem Verständnis von Witzen spielt.

4. WITZE MACHEN GLÜCKLICH

Kennen Sie den? Ein Ehepaar hat vier Kinder, der Mann ist im Laufe der Jahre unerträglich geworden und behandelt seine Frau schlecht. Bei jeder Gelegenheit nennt er sie »Mutter von Vieren«. *Hol mir eine Flasche Bier, Mutter von vieren; die Fenster müssen geputzt werden, Mutter von Vieren* und so weiter. Als eines Tages Besuch da ist, sagt er wieder: *Mutter von vieren, siehst du nicht, dass die Schale mit den Kartoffelchips leer ist?* Antwort der Frau: *Kein Problem, ich hole noch mehr, Vater von zweien.*

Oder den:

Frage: Warum essen Kannibalen keine Zirkusclowns? Antwort: Sie schmecken so komisch.[6]

Es ist offensichtlich, dass die beiden Wortwitze eine unterschiedliche »Funktionsweise« haben. Beim *Vater von zweien-*Witz stutzt man, denkt etwas nach und freut sich, wenn klar wird, dass zwei der Kinder nicht vom tyrannischen Ehemann sind. Die geschundene Frau ist offensichtlich fremdgegangen und hat es ihrem Mann auf ihre Weise heimgezahlt.

Das Durchlaufen dieser Phasen ist kein Zufall. Der chinesische Wissenschaftler Yu-Chen Chan, der sich besonders intensiv mit der Verarbeitung von Witzen durch das Gehirn beschäftigt hat, beschreibt drei Phasen, die sich im Gehirn des Zuhörers von Witzen abspielen: Als Allererstes muss die Handlung des Witzes verstanden werden (*humor comprehension*; es gibt ja auch begriffsstutzige Zeitgenossen, denen man einen Witz mehrmals erklären muss), dann muss die Pointe als witzig anerkannt werden (*humor appreciation*), und schließlich muss es zu einer Reaktion kommen (*humor expression*), dem Gefühl des Amüsiertseins oder auch einem schallenden Gelächter.[7] Fest steht: Ein gelungener Witz bereitet dem Zuhörer Wohlbehagen und lenkt die Gedanken und Gefühle in eine positive Richtung.

Generell ist sich die Wissenschaft einig, dass es drei Grundkategorien von Witzen gibt. Erstens: Es müssen komplexe Zusammenhänge entschlüsselt werden, bevor der Witzgehalt offensichtlich wird. Beispiel: *Mutter von vieren*-Witz. Die zweite Kategorie arbeitet mit extremen Übertreibungen oder Unterschieden. Diese Art von Witzen basiert meist auf dem optischen Vorstellungsvermögen – die bei Kindern sehr beliebten *Elefant und Maus*-Witze etwa zählen dazu: Der Elefant tritt der Maus auf den Fuß. »Entschuldige, Maus, das habe ich nicht mit Absicht gemacht.« »Ist schon gut«, sagt die Maus, »hätte mir auch passieren können.« Die dritte Kategorie enthält Witze, die mit der Mehrdeutigkeit von Wörtern spielen. Hierfür ist der Kannibalen-Witz ein Beispiel. Beim Hören solcher Witze sind vor allem die Gedächtnisfunktionen im Schläfenlappen und das Sprachzentrum in einer unteren Windung des Stirnhirns aktiv.[6]

Zusätzlich, so ergab eine Studie, sind bei besonders lustigen Witzen auch noch andere, tiefer sitzende Hirnstrukturen aktiv – die Amygdalae und das Glücks- und Belohnungssystem also. Was so viel bedeutet wie: Man fühlt sich wohl, wenn man einen guten Witz erzählt bekommt.[8] Beim Hören jenes Typs von Witz, bei dem um die Ecke gedacht werden muss (*Vater von zweien*), wird ferner die rechte präfrontale Region des Stirnlappens aktiviert. Also exakt dieselbe Region, die bei den kreativen Gedankengängen der Hildesheimer Literaturstudenten bei der fMRT aufblitzte.[9]

Denn Kreativität und Humor sind zwei Seiten ein und derselben Medaille: In einer 1991 von Schami und Mitarbeitern publizierten Studie wurden Schlaganfallpatienten mit unterschiedlich lokalisierten Hirnschäden sowohl lustige als auch neutrale Texte vorgelegt, und sie wurden aufgefordert, einzuschätzen, in welche Kategorie der jeweilige Text gehörte. Die Ergebnisse wurden mit denjenigen einer gesunden Kontrollgruppe verglichen. Ergebnis: Die Patienten, die die Schädigung durch den Schlaganfall im Bereich des rechten Stirnhirns aufwiesen, waren nicht in der Lage, lustige von ernsten Texten zu unterscheiden. Bei weiteren Tests zeigte sich, dass dieser Patientengruppe jeder Sinn für Humor abhandengekommen war und sie auch kein Verständnis für ironische Bemerkungen hatte.[10]

Die Bochumer Neuropsychologin Jennifer Ueckermann untersuchte das Humorverständnis von Alkoholikern. Im Vergleich zu nicht alkoholkranken Kontrollpersonen fehlte bei jenen die Möglichkeit, sich auf humorvolle Situationen einzulassen, vor allem deshalb, weil sie sich nicht in ihr Gegenüber hineinversetzen konnten. Sie wiesen einen Defekt in den sogenannten exekutiven Funktionen auf, dem Verfolgen von Zielen, strategischer Handlungsplanung oder Prioritätensetzung.[11] Allesamt Funktionen des Stirnhirns, welches, wie wir gesehen haben, für unser Humorverständnis eine wesentliche Rolle spielt.

5. DENKEN MACHT UNGLÜCKLICH

Es ist ein lauer Sommerabend. Obwohl schon nach 22 Uhr, ist es, typisch für den Norden, immer noch hell. Wir sind mit Freunden auf der Terrasse und trinken aus eisbeschlagenen Gläsern Wein. Ich fordere die Runde auf, mir Glücksmomente zu schildern, die den tiefsten Eindruck hinterlassen haben. »Als ich im Kreißsaal stand und die Hebamme mir unsere kleine Tochter in den Arm legte, durchströmte mich ein tiefes Glücksgefühl«, sagte einer der Freunde. »Als ich in unserer neuen Wohnung am ersten Morgen die Sonne über den Altstadtdächern habe aufgehen sehen«, meinte ein anderer. Bei seiner Frau war es der Moment der Entgegennahme des Abiturzeugnisses, das Gefühl, von einer Sekunde auf die andere frei und selbstbestimmt zu sein, welches sie selbst nach fast dreißig Jahren nicht vergessen hatte.

Diese Glücksmomente können wir, nach allem, was wir nun wissen, einordnen: Sie haben mit dem Belohnungssystem zu tun und stellen – aus Sicht des Gehirns – die Belohnung für eine besondere Leistung dar, etwas, was man endlich erreicht hat. Wenn ich an Momente zurückdenke, in denen ich ein tiefes Gefühl intensiven Glücks erlebt habe, fällt mir freilich oft eine kurze Situation zu Beginn meines Berufslebens ein, die mit dem Belohnungssystem wenig zu tun zu haben scheint: Das Studium war beendet, das Staatsexamen in der Tasche, die Phase der Bewerbungsschreiben und Vorstellungsgespräche lag hinter mir. Es war klar, dass ich nach Berlin, dem damaligen Westberlin, gehen würde.

Bevor jedoch der Ernst des Lebens beginnen sollte, fuhr ich – es waren die 70er-Jahre – mit einigen Freunden über

Wien und durch das damalige Jugoslawien nach Griechenland. Wir fanden im Norden des Landes, bei Kavala, einen schönen Campingplatz. Mit jedem Tag in dieser paradiesischen Umgebung, mit weißen Sandstränden, kleinen gemütlichen Dörfern und griechischer Gastfreundschaft, vergaß ich mehr und mehr den Examensstress und die Anstrengungen der Job- und Wohnungssuche, die hinter mir lagen. Die Mühen der zurückliegenden Wochen wie auch die Zukunft, die auf mich wartete, gerieten mehr und mehr in Vergessenheit, und ich fühlte mich immer unbeschwerter. Irgendwann während dieser Phase des Nichtstuns und Nichtsdenkens empfand ich ein so intensives Gefühl von Glück, dass ich selbst jetzt, nach vielen Jahren, wenn ich über Glück und Zufriedenheit nachdenke, an diese Tage am griechischen Strand denken muss. Was ist damals mit meinem Gehirn geschehen?

»Es gibt zwei Prozesse, die der Mensch zu seinen Lebzeiten nicht anhalten kann: Atmen und Denken«, schreibt der große französisch-amerikanische Literaturwissenschaftler und Kulturkritiker George Steiner in seinem Aufsatz »Warum Denken traurig macht«.[12] Er stellt unter anderem die These auf, dass alles Denken in Zusammenhang mit Schwermut und Depression stehe. Obwohl Steiner vor allem Literatur- und Kulturkritiker ist, können seine Ansichten über das Denken tatsächlich von der modernen Hirnforschung bestätigt werden.

Wissenschaftler, die das Gehirn mit der fMRT-Technik untersuchten, haben nämlich festgestellt, dass es unmöglich ist, einen »Ruhezustand« des Gehirns mit einem Stadium der Aktivierung zu vergleichen. Die Aufforderung an Versuchspersonen »Denken Sie bitte an nichts« ist völlig sinnlos, denn der Mensch kann nicht an nichts denken, kurz gesagt: Die fMRT zeigt beständig eine Aktivität auf. Die Gedanken rattern auch in Ruhe ununterbrochen vor sich hin. Unentwegt entstehen Gedankenketten und Gedankenassoziationen, die allerdings dann unterbrochen werden, wenn eine Aktivität gestartet wird.

Es ist etwas zutiefst Menschliches, über Dinge nachzudenken, die keinen direkten Bezug zu Handlungen oder zur Umgebung haben. Sich an Dinge zu erinnern, die in der Vergangenheit geschehen sind, und sich zukünftige Ereignisse auszumalen. Dieser Zustand wird als *stimulusunabhängiges Netzwerk* (also nicht von außen stimuliert) oder auch ganz einfach als *Tagträumerei* bezeichnet – das Gegenteil ist das von Aktivitäten abhängige *stimulusabhängige* Netzwerk.

Wenn wir nichts Spezielles machen, nicht Sportnachrichten schauen, nicht am Bahnsteig stehen und uns über eine Zugverspätung ärgern, nicht aufpassen, dass auf der Herdplatte die Milch nicht überkocht, knipst das Gehirn sich nicht einfach aus und wartet auf die nächste Aktion, sondern es schaltet in einen Zustand, der als *Default Mode Network* (dt. Bewusstseinsnetzwerk oder Ruhezustandsnetzwerk) bezeichnet wird und das Umherschweifen der Gedanken ermöglicht.[13] Dieses *Tagträumereinetzwerk* ist völlig anders zusammengesetzt als das durch Aktivität geprägte *Aufmerksamkeitsnetzwerk*, welches wir bisher an den Beispielen Spinnenphobie oder kreatives Schreiben kennengelernt haben.

Das *Default Mode Network* besteht aus einigen Knotenpunkten im Gehirn, die dann aktiviert werden, wenn die Gedanken abschweifen. Hierzu gehören die mittleren Anteile des präfrontalen Gehirns (zuständig für Aktivierung kreativer Gedanken, abstraktes Denken und Tagträumerei), aber auch der vordere Teil und Abschnitte der hinteren Teile des Cingulum, in welchem Interesse und Motivation generiert werden. Außerdem das Zwischenstück zwischen dem Stirnlappen und dem Hinterhauptlappen, der für die Verarbeitung visueller Reize verantwortlich ist: Schließlich stehen bei der Tagträumerei bildhafte Erinnerungen und das Zusammensetzen neuer bildlicher Fantasien im Vordergrund. Der Mensch ist eben ein visuelles Wesen. Wären wir Hunde, würde beim Tagträumen das Riechhirn besonders aktiv sein. Zum Default-Mode-Netzwerk gehören außerdem Teile des Scheitellappens, dort, wo das Gedächtnis und die Orientierung lokalisiert sind.

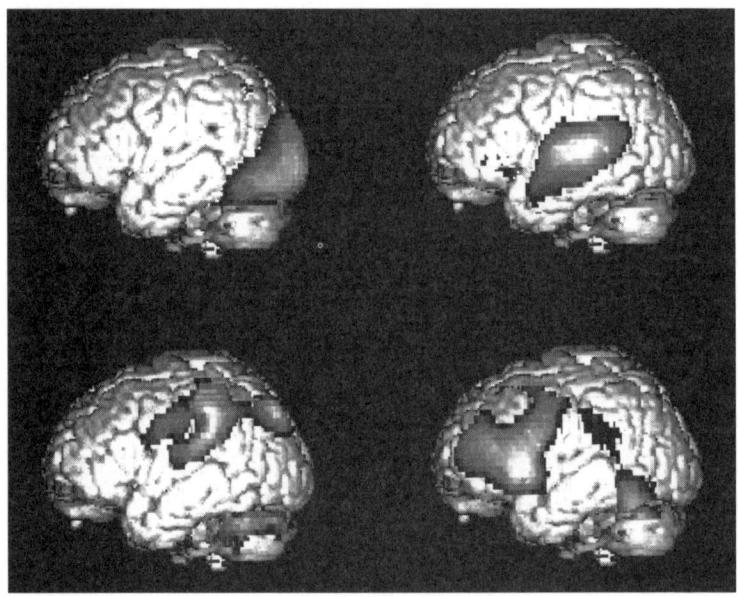

Abb. 6.6: Funktionelle Magnetresonanztomographie im Ruhestadium. Der Proband wurde aufgefordert, an nichts zu denken. Jedoch: Das Gehirn arbeitet unaufhörlich, ständig werden Erinnerungen abgerufen und Pläne geschmiedet.

Wir halten fest: Das Denken hört niemals auf. Die amerikanischen Neurowissenschaftler Matthew Killingsworth und Daniel Gilbert bezeichnen dies als wichtigen evolutionären Schritt in der menschlichen Entwicklung, der Reflektieren, Lernen und Planen erst ermöglicht. Nichtsdestotrotz ist ihr Artikel in der Wissenschaftszeitschrift *Science* betitelt: »The Wandering Mind is an Unhappy Mind.«[14] Was sinngemäß bedeutet: »Der schweifende Geist ist ein unglücklicher Geist.«

Nichts anderes sagt uns unsere Erfahrung: Nach einem negativen Erlebnis, Streit mit dem Nachbarn oder Stress mit dem Partner, fällt das Einschlafen schwer, denn die Gedanken kreisen und kreisen. Nicht zufällig ist das Grübeln auch ein bekanntes Symptom bei depressiven Menschen, gepaart mit Schlafstörungen.

Killingsworth und Gilbert hatten außerdem die Idee, den Zusammenhang von Glück und Tagträumerei mit einer speziellen iPhone-App zu untersuchen. Zu Zeiten, in denen man normalerweise wach ist, wurde bei den Versuchspersonen nach Zufallsprinzip automatisch per App angefragt, was sie gerade taten. Arbeiten, zu Hause am Computer sitzen, fernsehschauen, mit den Kindern spielen, Körperpflege oder sexuelle Betätigung waren nur einige der vorgegebenen Kategorien. Die Versuchspersonen sollten ferner angeben, ob sie in dem Moment der Anfrage voll bei der Sache oder ob sie gerade mit den Gedanken abgeschweift waren. Außerdem sollten sie beschreiben, wie sie sich dabei fühlten: schlecht, traurig und depressiv, neutral oder gut. 5000 Teilnehmer in 83 Ländern im Alter zwischen 18 und 88 Jahren wurden dazu per App befragt.

Fast die Hälfte der Teilnehmer gab an, zum Zeitpunkt der

Anfrage gedanklich abgelenkt gewesen zu sein und tagzuträumen – unabhängig von der Tätigkeit. Einzige Ausnahme: sexuelle Aktivität. Praktisch keine Befragte oder kein Befragter gab an, währenddessen tagzuträumen. Oder gestand es bloß niemand ein? Die Analyse ergab ferner, dass sich die Versuchspersonen im Moment des Tagtraumes nicht gut fühlten und unglücklicher waren als bei der konzentrierten Ausführung von Tätigkeiten. Erstaunlich: Das Gedankenwandern war *die Ursache* negativer Gefühle und nicht deren Folge.

In weiteren Untersuchungen wurde bestätigt, dass stark ichbezogene Tagträumereien, bei der die Gedanken egomanisch um die eigene Person kreisen, zu Depressionen führen können.

Gehören Sie auch zu den »Doodlern«? Nein, ich meine nicht das Surfen im Internet mittels einer Suchmaschine namens Google, sondern das gedankenlose Vor-sich-hin-Kritzeln, englisch *doodeling*? Die Abbildung 6.7 belegt, dass das »Doodeln« im Schulunterricht, bei Vorträgen und Konferenzen ein weit verbreitetes Phänomen ist. Zu sehen ist der Ausschnitt aus einem Schulheft meines Sohnes Maximilian. Der Londoner Neurologe Geoffrey Scott[15] hat sich in seiner Publikation *»Doodling and the default network of the brain«* mit diesem Phänomen beschäftigt und sich gefragt, ob beim gedankenverlorenen Herumkritzeln eher das Tagträumerei-Netzwerk oder das Aktivitätsnetzwerk am Werke sind. Mittels fMRT wurde festgestellt, dass während des Kritzelns überwiegend das Default Netzwerk eingeschaltet ist und der Zustand des Doodelns mehr einer Tagträumerei ähnelt als einer aktiven Handlung.

Es kann also die Schlussfolgerung gezogen werden, dass

Abb. 6.7: Ein Beispiel für ein Doodle ist schnell gefunden, ich muss nur die alten Schulhefte meines Sohnes Maximilian durchblättern. Das Beispiel zeigt, dass man auch während einer Unterrichtsstunde sein Gehirn in einen Ruhezustand versetzen kann.

die an sich positive und hilfreiche Eigenschaft des Menschen, über fiktive Dinge und Probleme nachdenken zu können, durch schlechte Stimmung und Depression erkauft wird. Wenn das stimmt, müsste das Unterlassen von Tagträumerei glücklich machen. Das ist allerdings nicht ganz so einfach. Da es seit Menschengedenken in uns verwurzelt ist und einen wichtigen Teil unserer Existenz darstellt, bedarf es vielmehr jahrelangen Trainings, um damit umgehen zu können.

Ich fand unter www.glücksarchiv.de folgende Anleitung für Anfänger, die mit Meditation beginnen:

1. Richten Sie Ihre volle Aufmerksamkeit auf das Kommen und Gehen Ihres Atems.

2. Wenn Sie erkennen, dass Ihr Geist abgeschweift ist und Sie gedanklich in Ihre Pläne, Ideen oder Tagträume verwickelt sind, bringen Sie Ihren Geist sanft, aber fest zu Ihrem Atem zurück. Sie müssen damit rechnen, dass fast mit Sicherheit immer wieder Gedanken und Bilder auftauchen und durch Ihren Geist wirbeln werden, wenn Sie meditieren, aber machen Sie sich keine Sorgen. Kehren Sie einfach geduldig und beharrlich zu Ihrem Atem zurück.

Um ein gutes Gefühl zu haben und Glück und Entspannung zu spüren, obwohl gerade *keine* Tätigkeit ausgeübt wird, muss also das Gedankenschweifen unterbrochen und das Default-Netzwerk ausgeschaltet werden. Ganz so, wie es mir einst in dem oben beschriebenen unvergesslichen Moment mit weißem Sand, griechischen Tavernen und einer vollständigen Entspannung für einen kurzen Moment gelungen ist.

Allerdings steht dem internen ichbezogenen Default Mode ein Widerpart gegenüber, das auf die Außenwelt orientierte externe Netzwerk. Laut dem amerikanischen Hirn- und Meditationsforscher Zoran Josipovic ist die Hirnoberfläche in zwei korrespondierende Systeme geteilt: das externe System, zu dem Hirnareale gehören, die für äußere Reize und die Erfüllung von Aufgaben zuständig sind. Hierzu gehört auch die motorische und sensorische Hirnrinde, in der die Umweltreize bewusst aufgenommen und Bewegungsimpulse ausgelöst werden, sowie das interne System, eben den

Default Mode, das Netzwerk, welches reizunabhängig und selbstbezogen interne Gedanken und Abläufe reflektiert. Diese beiden Systeme verhalten sich zueinander antagonistisch, wie Ebbe und Flut an der Küste. Wenn eines der Systeme in seiner Aktivität zunimmt, wird das andere System heruntergedimmt, wie zum Beispiel beim Eingießen einer Tasse Tee, wenn die Kanne leerer und die Tasse voller wird. Beide Netzwerke sind niemals zur gleichen Zeit aktiviert. Josipovic fand heraus, dass tibetanische Mönche in der Lage sind, während der Meditation in der MRT-Röhre dieses Umschalten vom externen zum internen Netzwerk aufzuheben und beide neuronale Netzwerke gemeinsam auf hohen Aktivierungsspiegeln zu halten und somit einen höheren Bewusstseinszustand zu erreichen.[16]

Abb. 6.8: Tenzin Gyatso, der 14. Dalai Lama.

Beim Jahreskongress der Neurowissenschaftler in Washington, D. C., im Jahr 2004 war ein Vortrag eines gewissen Tenzin Gyatso aus Tibet zum Thema »Dialog der Neurowissenschaften mit der Gesellschaft« angekündigt worden. Ein Umstand, der bei den 14 000 Teilnehmern sehr viel Aufmerksamkeit weckte, denn Tenzin Gyatso ist der bürgerliche Name von niemand Geringerem als dem 14. Dalai Lama. Viele Kongressteilnehmer waren empört darüber, dass dem Oberhaupt einer Glaubensgemeinschaft Gelegenheit gegeben wurde, vor einem Forum von Wissenschaftlern zu sprechen. Die Rede war jedoch vor allem ein Angebot des Dalai Lama an die Wissenschaft. Der Buddhismus und die Wissenschaft, so sagte er, würden nicht unterschiedliche, sondern vergleichbare Ziele verfolgen. Der Dalai Lama regte an, den Nutzen von Meditation wissenschaftlich zu untersuchen. So wurde das *Mind and Life Institute* in Louisville, Colorado, gegründet. Ziel ist der interkulturelle Dialog zwischen den Wissenschaften und dem Buddhismus sowie das Erforschen der »Meditationsneurologie« vor dem Hintergrund der Überzeugung, dass intensives Meditieren, wie es etwa buddhistische Mönche praktizieren, positive Emotionen auslösen kann.

6. MACHT MEDITATION GLÜCKLICH?

In dem Buch *Die Regeln des Glücks*[17] sind eine ganze Reihe von Interviews des Psychiaters Howard Cutler mit dem Dalai Lama zum Thema Glück zusammengestellt. Im ersten Kapitel wird das tibetische Oberhaupt so zitiert:

»Ich bin davon überzeugt, dass der eigentliche Sinn des Lebens im Streben nach Glück besteht. Das ist ganz klar, an welche Religion man auch glaubt; Jeder hält Ausschau nach etwas Besserem im Leben. Daher meine ich, dass unser Leben auf das Glück hin ausgerichtet ist.«

Der Psychiater Cutler erkundigte sich daraufhin: »Sind Sie glücklich?« »Ja«, antwortete der Dalai Lama. Dann hielt er einen Augenblick inne und fügte hinzu: »Ja, bestimmt. …Ich glaube daran, dass Glück durch die Schulung des Geistes erlangt werden kann.«

Glück durch die Schulung des Geistes: Was meint der Dalai Lama damit? Als erfahrener Meditierender spricht er womöglich davon, dass Meditation in der Lage ist, negative Botschaften, die unser Gehirn im Ruhemodus produziert, zu unterdrücken. Sind Menschen, die regelmäßig meditieren, also tatsächlich glücklicher?

In diesem Zusammenhang ist der Begriff »Mindfulness« von Bedeutung, die deutsche Übersetzung lautet »Achtsamkeit«. Achtsamkeit kann alles Mögliche heißen: dass man seinen Müll trennt, vor Kindern nicht grobe Ausdrücke benutzt, auf sich selbst achtet, nicht Unmengen Kalorien in sich hineinschaufelt, nicht zu viel Alkohol konsumiert, Sport treibt. In diesem Fall ist jedoch eine geistige Form von Achtsamkeit gemeint: die Konzentration auf den Augenblick. Anders ausgedrückt: Ein geistiger Zustand, bei dem die Gedanken nicht in die Zukunft oder in die Vergangenheit schweifen und wir vor lauter Planen und Verarbeiten vergessen zu leben und zu erleben. »The wandering mind is an unhappy mind«, war das Fazit der Studien der Neurologen Matthew Killingsworth und Daniel Gilbert. Wenn die

Gedanken wandern, finden wir keinen Anker und werden leichter unglücklich oder krank.

Ich kann das nur bestätigen: Wenn Menschen unglücklich sind, depressiv oder grüblerisch, haben sie mit einiger Wahrscheinlichkeit im Alter einen höheren Blutdruck, ihr Blutzucker entgleist, und irgendwann sehe ich sie auf der Schlaganfallstation liegen – gelähmt, unfähig zu gehen oder zu greifen. Trotzdem verlangen sie noch auf der Intensivstation nach ihrem Handy, weil sie mitten im Projekt stecken, ein Haus fertig gebaut werden muss oder die Unterlagen für irgendetwas fertiggestellt werden müssen. Das Hier und Jetzt zählt nicht. Selbst dann nicht, wenn der Körper gesagt hat: Stopp, es geht nicht mehr, bis hierher und nicht weiter.

Aber bin ich wirklich besser? Meditiere ich? Nein. Doch warum eigentlich nicht? Vielleicht sollte ich damit beginnen. Vor einigen Jahren hatte ich ein Erlebnis in einer Sauna. Mir gegenüber in der Schwitzkabine saß ein schlanker, durchtrainierter Mann – kerzengrader Rücken, die Augen halb geschlossen. Ich begann zu schwitzen und sah ab und an zu meinem Saunakollegen hinüber. Manchmal stellt man dumme Fragen, ich tat es: »Meditieren Sie gerade?« Er schaute mich an, »Nein, ich bin nur ruhig und in mich gekehrt. Sie sollten auch ruhiger werden«, bemerkte er und schaute mich freundlich an. Er hatte recht: Ich war gerade von einem Kongress zurückgekehrt, einer meiner Vorträge musste noch dringend überarbeitet werden, außerdem rief ein Freund ständig an und wollte Rat wegen einer bevorstehenden Trennung. Der übliche Stress machte auch vor mir nicht halt. Deswegen war ich wohl auch in die Sauna gegangen.

Im Ruhebereich unterhielten wir uns dann aber doch über Meditation. Der Mann erklärte mir: »Wer meditiert, hat sein vegetatives Nervensystem im Griff und bekommt seltener hohen Blutdruck oder die Zuckerkrankheit.« Als mein Gegenüber meinen ungläubigen Gesichtsausdruck bemerkte, streckte er mir meinen Arm hin: »Sie sind doch Arzt, fühlen Sie mal meinen Puls.« Ich tat es: Tok... Tok... Tok... Der Puls war ruhig und regelmäßig.

»Jetzt sagen Sie ›Schneller!‹ oder ›Langsamer!‹. Ich sagte »Schneller!« – und siehe da, der Puls des Herrn beschleunigte sich: Tok, Tok, Tok, Tok.« Und entsprechend geschah es mit dem Befehl »Langsamer!«, der Puls wurde langsamer. Es war unglaublich, dieser Mann hatte bewusst Einfluss auf seine Herzfrequenz genommen. »Genauso ist es mit den Gedanken«, erwiderte er. »Wenn ich meditiere, tauche ich geistig so weit runter, dass ich mich entspanne und an nichts mehr denken muss.« Dies war eine der wenigen bewussten Erfahrungen, die ich mit Meditation gemacht habe. Nichtsdestotrotz hat sie einen nachhaltigen Eindruck hinterlassen.

Zurück zur Achtsamkeit. Auf Yogaseiten im Internet wird der Begriff »Achtsamkeit« (oder auch *mindfulness*) wie folgt erklärt: Achtsamkeit bedeutet Bewusstheit im Hier und Jetzt, gesteigerte Aufmerksamkeit für innere Vorgänge, sie ist das Gegenteil vom unaufhörlichen Erzeugen von Gedanken und Gefühlen.

Besonders gut gefällt mir die Anleitung *Eating One Raisin: A First Taste of Mindfulness* (Eine Rosine essen: ein Vorgeschmack der Achtsamkeit) der West Virginia University, die depressiven Patienten ausdrücklich zum Gebrauch empfohlen ist.[18] Es folgt meine gekürzte Übersetzung:

Eine Rosine essen

Festhalten: Nimm die Rosine und halte sie zwischen einem Finger und dem Daumen. Stelle dir vor, sie wäre vom Himmel gefallen und du hättest niemals vorher so etwas gesehen.
Schauen: Schau dir die Rosine aufmerksam an. Deine Augen sollen alle Einzelheiten, Furchen und Rillen genau erfassen.
Berühren: Dreh die Rosine vorsichtig zwischen deinen Fingern hin und her, schließe deine Augen dabei, um ganz genau ihre Struktur zu erfühlen.
Riechen: Rieche an der Rosine, spüre ihr Aroma.
Schmecken: Beiße vorsichtig etwas von der Rosine ab und versuche, so intensiv wie möglich ihren Geschmack wahrzunehmen. Schlucke noch nicht! Versuche zu spüren, wie sie sich in deinem Mund anfühlt.
Schlucken: Schlucke die Rosine herunter, nimm diesen Moment bewusst wahr.

Diese schöne Übung verdeutlicht den Kern der Achtsamkeit: das bewusste Erleben des Augenblickes, ohne den gehetzten Blick in die Zukunft oder die Vergangenheit zu werfen.

7. MEDITATION, ACHTSAMKEIT UND DAS GEHIRN

Eine grundlegende wissenschaftliche Arbeit über den Zusammenhang zwischen Meditation und Hirnfunktion stammt von Judson Brewer, einem Psychiater der Yale University.[19] Er hat MRT-Aufnahmen von Menschen gemacht, die schon seit langer Zeit intensiv meditieren. Diese Aufnahmen verglich er mit einer Kontrollgruppe, die erst seit kurzer Zeit Meditationstechniken anwandte. Für beide Gruppen lautete die Aufgabe in der Röhre: »Meditieren Sie! Und denken Sie bitte möglichst an gar nichts.«

Zu erwarten gewesen wären die typischen Bilder des Ruhezustands, bei dem die Hirnregionen des internen Netzwerks aktiviert sind (Default Mode Network). Es springt bekanntlich an, wenn wir tagträumen, die Gedanken schweifen lassen und keine sinnlichen Reize von außen erhalten. Und man sollte denken, dass genau das beim Meditieren passiert: Wir schalten ab. Die Knotenpunkte des Default-Mode-Netzwerkes, vor allem die mediale präfrontale Hirnrinde und das hintere Cingulum, waren jedoch bei den Meditationsprofis nur abgeschwächt aktiv. Auch gaben die erfahrenen Meditierenden das Ausmaß an Gedankenwanderung als wesentlich weniger stark an als die Kontrollpersonen. Es zeigte sich bei ihnen jedoch eine stärkere Verbindung zu den Hirnregionen des externen Netzwerks, was gegen die These des Abschaltens während der Meditation und für eine bewusstere Wahrnehmung des Augenblicks sprach. Die erfahrenen Meditierenden schienen während der Meditation völlig ruhig und zugleich doch hellwach zu sein!

Der US-amerikanische Psychologe David Creswell hat darüber hinaus die Hirntätigkeit vor und nach einem kurzen Training der Achtsamkeitsmeditation untersucht. 35 Versuchspersonen, die zum Zeitpunkt der Studie alle unter besonderem Stress standen, zum Beispiel in Hinblick auf ihre Beziehung oder ihren Job, absolvierten ein dreitägiges Meditationstraining. Vorher und nachher wurde jeweils eine fMRT im Ruhezustand aufgenommen, um zu sehen, inwieweit diese relativ kurze Intervention bei den gestressten Zeitgenossen in der Lage war, das Default-Mode-Netzwerk zu verändern. Und tatsächlich, bei den Probanden zeigte sich eine statistisch eindeutig signifikante Verbesserung der Verbindungen zwischen dem externen und dem internen Netzwerk (Konnektivität),[20] durchaus vergleichbar mit den erfahrenen Meditierenden in der oben erwähnten Studie von Brewer und Mitarbeitern, bei denen freilich die Konnektivität noch wesentlich stärker ausgeprägt war.

Das Meditationstraining in der Untersuchung von Creswell basierte auf einem von Jon Kabat-Zinn konzipierten Programm zur Stressbewältigung durch Achtsamkeit.[21] Bei diesem Programm wird über einen Zeitraum von acht Wochen nach einem vorgegebenen Plan Achtsamkeit gegenüber dem eigenen Körper und der Umgebung eingeübt. Nachweislich wird durch dieses Programm Stress reduziert, chronische Schmerzpatienten brauchen weniger Medikamente, und die Menschen fühlen sich ausgeglichener und glücklicher.

Wer keine acht Wochen Zeit hat, um zu meditieren: Creswell zeigt uns, dass bereits ein dreitägiger Crashkurs ausreicht, um die Verknüpfungen in unserem Gehirn so zu verändern, dass eine stärkere Wahrnehmung des Hier und Jetzt möglich wird. Und dies ist gleichbedeutend mit weniger Stress.

Was ist der Grund dafür, dass das Gehirn sich so rasant umstellen und sich an Einflüsse von außen adaptieren kann? Es liegt an der *neuronalen Plastizität*. Sie sorgt dafür, dass das Gehirn in der Lage ist, sich rasch neuen Gegebenheiten anzupassen. Das Gehirn ist kein starres Gebilde, sondern es interagiert mit unserer Umwelt. Es reagiert auf das, was wir erleben, und auf das, was wir tun. Wenn wir uns in Achtsamkeit trainieren und uns ganz auf die Atmung und die Sinneswahrnehmungen konzentrieren, schaltet das Gehirn um und verknüpft neue Areale miteinander. Es erweitert seine Kapazitäten, indem es zwischen den Hirnzentren, die aktiv sind, neue Verbindungen schafft. Dadurch kommen die wandernden Gedanken zur Ruhe, hören auf, sich im Kreis zu drehen, der geistige Horizont weitet sich.

Auch die deutsche Neurowissenschaftlerin Britta Hölzel hat während ihres Forschungsaufenthaltes in Boston 18 Teilnehmer eines Achtsamkeitstrainings zur Stressreduktion untersucht. Es handelte sich um Menschen, die unter starkem psychischen und physischen Stress litten und sich durch den Besuch dieser Kurse eine Linderung ihrer Probleme versprachen. Als Kontrollgruppe dienten 17 gleichaltrige Versuchsteilnehmer, die an dem Training nicht teilnahmen. Die Patienten führten das Programm nach Kabat-Zinn durch, es dauerte acht Wochen und beinhaltete ein tägliches Achtsamkeitstraining mit Yoga, sitzender Meditation und Übungen zur Körperwahrnehmung. Bei allen Teilnehmern wurde vor und nach der Meditationsphase ein MRT gemacht. In bestimmten Hirnregionen, von denen anzunehmen war, dass sie für die Meditation eine Rolle spielten, wurde die Dicke der Hirnrinde mithilfe einer besonderen Technik exakt vermessen.[22] Das Ergebnis war eindeutig: Bei den meditierenden Probanden war eine Zunahme der Hirnrindendicke im Bereich des linken Hippocampus und des hinteren Cingulum zu verzeichnen.

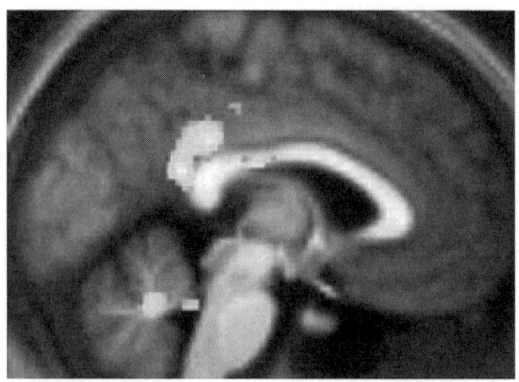

Abb. 6.9: Meditation verändert die Hirnstruktur. In der Abbildung sind jene Hirnareale – vor allem das hintere Cingulum – hell dargestellt, die durch die Meditation an Volumen zugenommen haben.

Diese Ergebnisse halte ich für sensationell: Auch ein relativ kurzes Meditationstraining verändert messbar die Strukturen des Gehirns. Dies ist ein wunderbarer Beweis dafür, wie unglaublich plastisch unser Gehirn sich äußeren Einflüssen und unserer inneren Gefühlswelt anpassen kann. Es ist gut möglich, dass solche Vorgänge nicht nur bei der Meditation nach buddhistischer Tradition stattfinden, sondern auch bei der inneren Einkehr von Christen oder Muslimen (oder Angehörigen anderer Religionen). Leider gibt es keine wissenschaftlichen Untersuchungen dazu, was im Gehirn eines betenden Christen oder Muslims vor sich geht. Die Effekte des Achtsamkeitstrainings durch Meditation hingegen sind vielfach belegt.

Eine weitere Studie zu diesem Thema stammt aus einem psychologischen Forschungslabor der Universität Toronto[23] und beschäftigt sich mit dem Einfluss des Achtsamkeitstrainings auf Traurigkeit. Für die Studie wurde Teilnehmern eines Meditationstrainings sowie eine nicht meditierende Kontrollgruppe die finale Szene aus dem Film »The Champ« gezeigt. Dabei handelt es sich um eine besonders traurige Filmszene, die ordentlich auf die Tränendrüse drückt. Ein kleiner Junge betrauert den Tod seines Freundes und Idols Champ, eines alternden Boxers. Aus Liebe zu dem Jungen steigt der Mann noch ein letztes Mal in den Ring – und stirbt. Natürlich wird es immer Gegenmeinungen geben, die behaupten, dass die Szene aus Disneys »Bambi«, als das Rehkitz seine Mutter verliert, noch trauriger ist. Das ist zwar Geschmackssache, aber es gibt eine wissenschaftliche Untersuchung, in der dem Film »The Champ« in puncto Traurigkeit die Krone aufgesetzt wird: Der Psychologe Robert Levenson[24] hat Versuchspersonen traurige Szenen aus 250 Filmen gezeigt und danach im MRT das Depressionsniveau der Probanden gemessen. Er konnte zeigen, dass der traurige Höhepunkt in »The Champ« in Sachen Depressionspotenzial von keiner anderen anrührenden Szene der übrigen 249 Filme an Traurigkeit übertroffen werden konnte.

Die Wissenschaftler aus Toronto konnten mithilfe der fMRT feststellen, dass Menschen, die ein Meditationstraining hinter sich hatten, weniger anfällig gegenüber situationsbedingter Traurigkeit waren als nicht meditierende Versuchspersonen. Anders gesagt: Sie ließ die Betrachtung selbst der traurigsten Filmszene weitestgehend kalt. Bei den Kontrollpersonen wurden nach Betrachten der traurigen Filmszene vorwiegend jene Hirnanteile aktiviert, die mit dem internen Default-Mode-Netzwerk zu tun haben – also mit Selbstreflexion und depressivem Grübeln, während Hirnareale zur Wahrnehmung der Umwelt deaktiviert waren. Dieses traurige In-sich-gekehrt-Sein war bei den Meditierenden wesentlich schwächer ausgeprägt. Bei ihnen befanden sich die Aktivierungslevel des grüblerischen internen Netzwerks und des externen Netzwerkes zur Wahrnehmung der Umwelt im Gleichgewicht.

Kritisch ist zu dem Konzept »Achtsamkeit und Meditation zur Unterdrückung des Gedankenschweifens« anzumerken, dass der Ruhezustand, in dem die Gedanken wandern, nicht ausschließlich negativ zu bewerten ist. Er ist schließlich auch dazu da, auf neue und innovative Ideen zu kommen. Bei mir ist dies auf jeden Fall häufig so: Die besten Einfälle stellen sich immer dann ein, wenn ich den Gedanken freien Lauf lasse. Ich wage sogar zu behaupten, dass das Gedankenwandern im Default Mode einen Großteil der Kreativität der Menschen ausmacht und eine Unterdrückung dieses inneren Teils unserer Gedankenwelt kreative Gedanken und Leistungen hemmen kann.

VII.

DAS BELOHNUNGSSYSTEM

Nun ist die Welt, in der wir leben, in der Regel leider nicht so beschaffen wie ein buddhistisches Kloster. Wir müssen arbeiten, von A nach B hetzen und uns im Alltag ständig neuen Herausforderungen stellen. Woher nehmen wir die Motivation, uns im Job oder in der Schule anzustrengen, den Schrank aufzuräumen, für einen sportlichen Wettkampf zu trainieren oder als Vierjähriger Strichmännchen zu Papier zu bringen, um sie hinterher stolz den Eltern zu präsentieren? Dahinter steckt ein immerwährendes Streben nach Lob und Belohnung für die vollbrachte Leistung – in Form einer guten Note, einer Gehaltserhöhung, einer Beförderung, dem Erlangen von Macht, Reichtum und Ruhm.

Im Werbespot einer deutschen Bank treffen sich zwei Jugendfreunde und zeigen sich gegenseitig auf Fotografien ihre Statussymbole: »Mein Haus, mein Auto, mein Boot.« Das sind die Momente, in denen die Belohnung in Form von Bewunderung und Anerkennung eingefahren wird. Das sind die Momente, in denen uns das Gehirn signalisiert: »Das hast du gut gemacht, die Rackerei hat sich gelohnt.« Diese Belohnung und das damit verbundene Glücksgefühl geben vielen Menschen Kraft und Motivation, sich durch ihren Alltag zu kämpfen, und stimuliert sie, immer wieder neue Ziele zu definieren und sie kontinuierlich zu verfolgen.

Über die Zusammenhänge zwischen Motivation, Belohnung und Glück hat die psychologische Forschung in der Vergangenheit einiges herausgefunden. Sigmund Freud etwa war der Meinung, dass der zentrale motivierende Trieb der Sexualtrieb sei, den er als Libido bezeichnet. Dies beziehe sich nicht nur auf die Ebene des Sexuellen, sondern sei in allen Lebensbereichen wirksam, weil auch nichtsexuelle Handlungen, zum Beispiel Arbeit, Geschäftemachen, kulturelle oder sportliche Aktivitäten, als Sublimation sexueller Energie zu verstehen seien.

Diese psychoanalytische Sichtweise ist wahrscheinlich nicht immer mit neurobiologischen Tatsachen in Deckung zu bringen. Nach einem Modell der amerikanischen Psychologen Porter und Lawler[1] ist die Motivation abhängig vom Wert der erwarteten persönlichen Belohnung. Diese kann sich äußerlich manifestieren, zum Beispiel in der Höhe des Gehalts oder einer Beförderung, oder als innere Belohnung in Form von Lob und Zuwendung wirken. Innere und äußere Belohnungen erhöhen die Motivation und Anstrengungsbereitschaft.

Unbestritten ist: Das Thema Motivation und die entsprechenden neurobiologischen Zusammenhänge haben ein breites Spektrum von Anwendungsgebieten, das von der Vorschulpädagogik über berufliches Coaching bis hin zur Therapie von Drogensüchtigen reicht. Entdeckt wurde das Belohnungs- und Glückssystem vor mehr als 60 Jahren, lange vor der Erfindung der Magnetresonanztomographie, in einem Forschungslabor der McGill University in Montreal (Kanada) von den Neurowissenschaftlern James Olds und Peter Milner.[2]

I. DIE ENTDECKUNG DES BELOHNUNGS- UND GLÜCKSSYSTEMS IM GEHIRN

Die Entdeckung des Belohnungssystems wird häufig – und zu Recht – als die Geburtsstunde der experimentellen Neuropsychologie angesehen. Allerdings erfolgte sie, wie viele große Entdeckungen, rein zufällig. Um ehrlich zu sein, kam es zu dieser wichtigen Entdeckung nur deswegen, weil James Olds als blutiger Anfänger eine Operation an einer Labormaus gründlich vermasselte.

Doch zunächst zu Peter Milner: Er wurde 1919 in England geboren, studierte Physik und wurde während des Zweiten Weltkriegs zunächst als Spezialist für Funk und Radar bei der Royal Air Force eingesetzt. Dann wurde er nach Montreal versetzt, um an einem geheimen Atomprogramm teilzunehmen. Seine Frau Brenda war Psychologin und vermittelte ihm eine Anstellung am psychologischen Institut der McGill University, wo über die Zusammenhänge zwischen menschlichem Verhalten und Hirnstrukturen geforscht wurde. Als Techniker des Forschungslabors entwickelte er hauchdünne Sonden und die dazugehörigen Aufzeichnungsgeräte, welche in die Gehirne von Versuchstieren implantiert wurden, um in Verhaltensexperimenten die Hirnaktivierung in einzelnen Hirnzentren messen zu können.

An seinem Institut wurde experimentell vor allem über

den Schlaf-Wach-Rhythmus geforscht. Mit großer Wahrscheinlichkeit handelte es sich dabei um militärische Forschung, denn in Zeiten des Kalten Krieges ging man davon aus, dass die Sowjetunion und China einen Vorsprung
bei der Anwendung effektiver Verhörmethoden, inklusive
Schlafentzug und sensorischer Deprivation, hatten, den es
aufzuholen galt. Bei der sensorischen Deprivation handelt
es sich um eine Foltermethode, bei der Gefangene über längere Zeiträume komplett von Außenreizen abgeschirmt werden, damit sie eher aussagebereit sind. So sagte etwa anläss-
lich eines Symposiums über sensorische Deprivation Milners
Chef, Donald Hepp: »Die Arbeit, die wir an der McGill
University leisteten, setzte sich zu Beginn mit dem Problem
der Gehirnwäsche auseinander. Natürlich durften wir dies
in den ersten Publikationen nicht so nennen. Hauptgrund
hierfür waren die so erlangten ›Geständnisse‹ in Gerichtsver-
fahren gegen russische Kommunisten. Der Begriff ›Gehirnwäsche‹ tauchte später im Zusammenhang mit Methoden
der Chinesen auf. Wir wussten nicht, wie die Methoden der
Russen aussahen. Jedenfalls führten sie zu auffälligen Ver-
haltensänderungen. Wie diese erreicht wurden? Nun, eine
Möglichkeit war die Einschränkung der Wahrnehmungs-
fähigkeit der Befragten. Und genau hierauf konzentrierten
wir uns bei unserer Forschung.«[3]

Ist es nicht zynisch, dass ausgerechnet in jenem Institut, in
dem darüber geforscht wurde, wie sich Gehirne von Gefange-
nen durch Reizabschirmung und Schlafentzug am effektivs-
ten manipulieren ließen, das Glückssystem entdeckt wurde?
Und zwar nicht, weil man bewusst danach gesucht hätte, sondern aus purem Zufall, durch den Fehler eines Anfängers?

Abb. 7.1: James Olds, Entdecker des Belohnungssystems.

Der Anfänger hieß James Olds und wurde 1922 in Chicago geboren. Nach einem dreijährigen Militärdienst am Persischen Golf und in Kairo absolvierte er ein Psychologiestudium an der Harvard University bei Boston. 1953 trat er als junger Wissenschaftler eine Stelle am psychologischen Institut der McGill University in Montreal an. Peter Milner schreibt in seinen Lebenserinnerungen, dass ihm eines Tages Donald Hepp den jungen Psychologen James Olds vorstellte und anregte, dass dieser in Milners Team mitarbeiten sollte. Als Erstes überreichte Milner dem Neuling einen anatomischen Atlas eines Rattengehirns mit der Bemerkung, er solle ihn auswendig lernen. Zu seinem Erstaunen kannte sich Olds binnen einer Woche besser mit den Strukturen eines Nagetiergehirns aus als Milner selber. Dann führte Milner Olds in die Technik ein, Elektroden in einer definierten Hirnregion zu platzieren.

Bei den Elektroden handelte es sich um feine Metallsonden, die im Gehirn platziert und mit einer Zementmasse, wie sie auch Zahnärzte benutzen, an der Schädeloberfläche fixiert wurden. Die Elektroden waren über einen Draht mit einem Stimulator verbunden, der elektrische Impulse aussandte und so das sondierte Hirnareal anregte. Je nachdem, wie sich das Verhalten des Versuchstiers durch die Stimulierung änderte, ließen sich Rückschlüsse auf die Funktion des stimulierten Hirnabschnittes ziehen. Zum damaligen Zeitpunkt waren die Wissenschaftler des Montrealer Instituts vor allem an der Erforschung des »retikulären Systems des Hirnstamms und Mittelhirns« interessiert, um tiefere Einsichten im Hinblick auf die Regulierung des Schlaf-Wach-Rhythmus zu erhalten.

In einem der ersten Experimente, die James Olds eigenständig durchführen durfte, wollte er ebenfalls das retikuläre System sondieren und stimulieren. Doch wie man später feststellte, hielt die Fixierung mit dem Zahnzement auf dem Schädel des Tieres nicht, sodass die Sonde im Schädelinneren verrutschte und einen »falschen« Zielpunkt traf.

Erstaunt stellte Olds nach dem Eingriff fest, dass sich das Tier regelrecht in die Stromstöße verliebt zu haben schien: Wann immer es sich zwischen Nahrung und einem elektrischen Reiz entscheiden konnte, bevorzugte es den Stromstoß ins Gehirn. In einem späteren Versuch konnten ähnlich präparierte Versuchstiere sich selber durch einen Hebeldruck Stromstöße verabreichen. Dies führte dazu, dass sie suchtartig und ohne Unterbrechung bis zur völligen Erschöpfung den Hebel betätigten, oft mehr als 5000-mal in der Stunde. Sie wurden zu Junkies und kümmerten sich weder um Nahrungsaufnahme noch um Sex. Olds nannte die stimulierte Struktur im Bereich der tiefer gelegenen Hirnregionen *pleasure centers* (Zentren der Freude).[4, 5]

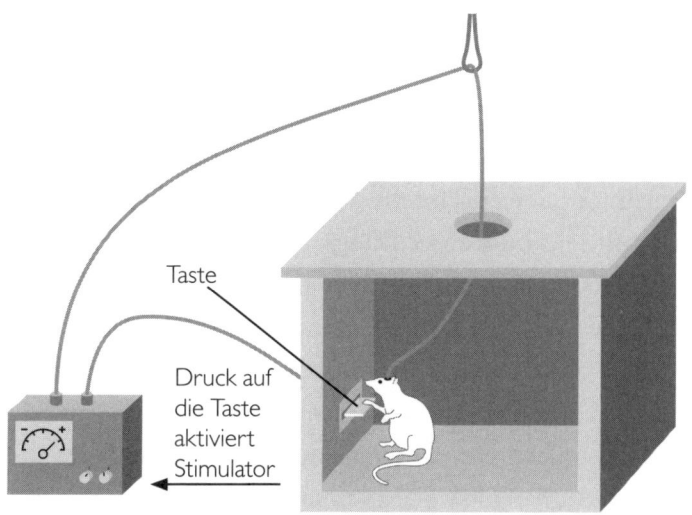

Abb. 7.2: Versuchsaufbau von James Olds und Peter Milner: Das Versuchstier stimuliert durch Tastendruck mithilfe einer im Gehirn implantierten Elektrode sein Glückszentrum.

Natürlich ist das Gehirn eines Nagetiers mit dem menschlichen Gehirn nicht zu vergleichen. Beim Menschen ist das Großhirn als Sitz seiner Intelligenz und der höheren menschlichen Funktionen wie Sprache, Denken und Planen wesentlich stärker ausgebildet. Doch jene Hirnstrukturen, die mit Emotionen und Triebverhalten zu tun haben, sind entwicklungsgeschichtlich sehr alt – und die Befriedigung des Nahrungs- und Sexualtriebs ist keine typisch menschliche Eigenschaft. Deshalb unterscheidet sich *in dieser Hinsicht* das menschliche Gehirn weniger stark vom Rattenhirn, als man gemeinhin denkt. Das Belohnungssystem des Menschen funktioniert ganz ähnlich wie das der Ratte in Dr. Olds Labor: Es macht uns glücklich. Es kann uns aber auch abhängig von Drogen machen.

2. DAS MESOLIMBISCHE BELOHNUNGSSYSTEM: KARUSSELL VON GLÜCK UND MOTIVATION

Das Belohnungssystem wird auch als mesolimbisches System bezeichnet. Der griechische Wortteil *meso* bedeutet »mitten drin, mittig«. Zum Belohnungssystem gehören sowohl Teile der Hirnoberfläche als auch Nervenzellkerne im Gehirninneren, ferner das Stirnhirn mit den präfrontalen Anteilen und der orbitofrontalen Hirnrinde ebenso wie Teile des Schläfenlappens, vor allem das Gedächtniszentrum (der Hippocampus), außerdem das vordere Cingulum. In den Tiefen des Gehirns, subkortikal gelegen, sind es die Kerngebiete der Amygdala, des Nucleus accumbens, des vorderen Pallidum und die Area tegmentalis ventralis (VTA) des Hirnstamms. Der Neurotransmitter, der dieses Karussell der Gefühle sich drehen lässt, ist das Dopamin, welches nicht umsonst auch als Glückshormon bezeichnet wird.

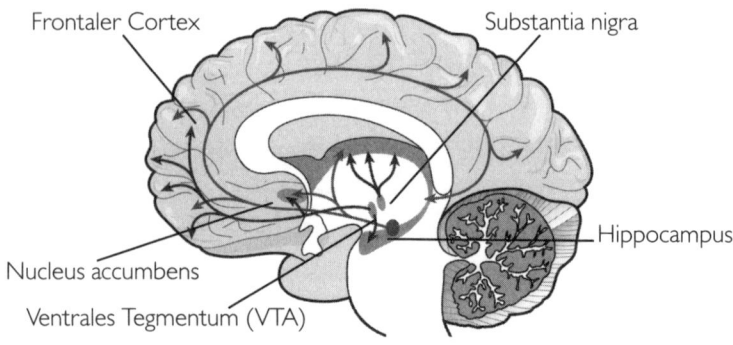

Abb. 7.3: Die wichtigsten Komponenten des Belohnungssystems: ventrales tegmentales Areal (VTA), Hippocampus, präfrontaler Cortex und Nucleus accumbens. Blick auf die Innenseite einer Hirnhälfte.

3. MITTELPUNKT DES BELOHNUNGSSYSTEMS: DIE AREA TEGMENTALIS VENTRALIS (VTA)

Ein wesentlicher Teil des Belohnungssystems ist die *Area tegmentalis ventralis* (VTA) des Hirnstamms. Dabei handelt es sich um ebenjene Ansammlung von Neuronen, in die der junge James Olds bei seiner Laborratte versehentlich hineingerutscht ist. Die VTA erhält Impulse vom präfrontalen Cortex (der Ereignisse emotional bewertet), vom Thalamus (der Autobahn für Sinnesreize) und anderen Teilen des limbischen Systems. Von der VTA wiederum gehen Impulse zu den Kerngebieten des Belohnungssystems aus.

Das funktioniert folgendermaßen: Ein Stück Schokolade liegt auf dem Konferenztisch. Der Erinnerungsspeicher im Hippocampus sendet Signale aus: *Das hast du schon mal gesehen, erinnere dich, das ist lecker, los, greif zu!* Sie stecken es sich in den Mund, der süße Kakaogeschmack breitet sich aus, Sie schlucken die süße Herrlichkeit hinunter. Das Gehirn bekommt das Signal: *Wow!! Das war das Beste, was dir seit Langem passiert ist. Du hast allen Grund, glücklich zu sein!* Für alle, die sich nichts aus Schokolade machen: Das Gleiche gelingt auch mit einer Bratwurst oder einem Glas Wein. Die positive Erfahrung, dass Schokolade, Bratwurst oder Rotwein glücklich machen, wird abgespeichert und dient bei späteren Situationen als Anreiz, wieder Schokolade zu naschen, Bratwurst zu essen oder Rotwein zu trinken. Adieu Strandfigur!

Die VTA ist nicht nur Garant für Glücksgefühle, sondern auch der ideale Ansatzpunkt bei der Entstehung von Süchten, da sie zum Beispiel durch Kokain oder Heroin und andere Drogen direkt stimuliert werden kann und im Rausch die Illusion eines Glücksmoments entsteht.

In der englischsprachigen neurowissenschaftlichen Literatur werden sowohl der Begriff *Pleasure* als auch der Begriff *Happiness* benutzt. *Pleasure* drückt einen momentanen Zustand von Freude oder Lust aus, während *Happiness* ein konstantes und länger andauerndes Gefühl von Glück und Zufriedenheit umschreibt. Dem dänischen Neurowissenschaftler und Glücksforscher Morton Kringelbach zufolge unterscheidet das Gehirn allerdings nicht zwischen der elementaren Triebbefriedigung durch Essen und Sex und dem Glück beim Erreichen abstrakterer Ziele wie zum Beispiel von Reichtum, gesellschaftlichem Ansehen, der Fertigstellung eines künstlerischen Werkes.[6] Ob Sie ein Stück (oder eine ganze Tafel) Schokolade essen oder die Abstimmung um den Vorsitz im Sportverein gewinnen, ist dem Gehirn völlig egal – das Zusammenspiel der unterschiedlichen Hirnzentren bleibt gleich, Sie werden durch ein Glücksgefühl belohnt und haben sofort auf dem Schirm, diesen Moment der Belohnung zu wiederholen.

Auf diese Weise motiviert uns das mesolimbische Belohnungssystem, Neues zu lernen. Es stimuliert uns zu immer neuen Handlungen und Versuchen, das Gefühl der Belohnung und letztendlich des Glücks noch einmal erleben zu können. Es ist unser Motor, unser Allradantrieb, und es ist unglaublich stark. Es sorgt dafür, dass alles, was wir lernen und wonach wir streben, unter dem Aspekt der zu erwartenden Belohnung gesehen wird.

Jeder Mensch kann in die Zukunft denken und ist in der Regel in der Lage zu entscheiden, was er als Nächstes tun wird. Gedanklich werden stets mehrere Alternativen einer Handlung durchgespielt und der zu erwartende Mehrwert abgeschätzt. Dabei versucht unsere Fantasie, den zu erwartenden Gewinn zu optimieren. In der Wirtschaft geht es um die Berechnung der wahrscheinlichen Kosten und des Nutzens einer Transaktion, bei persönlichen Beziehungen um den zu erwartenden Lustgewinn, manchmal auch um höherrangige emotionale Ziele, zum Beispiel finanzielle Sicherheit, gebügelte Hemden oder die Möglichkeit, gemeinsam Museen zu besuchen. Auf jeden Fall dreht sich alles um die Belohnung, die winkt – folgerichtig ist das Belohnungssystem zuständig.

Brian Knutson von der Stanford University in Kalifornien untersuchte mithilfe der fMRT, was im Gehirn vor sich geht, während man sich auf einen Batzen Geld freut.[7] Stichwort: Sechs Richtige im Lotto – aber wo ist der Lottoschein? Vor der Studie wurde den Teilnehmern das Geld gezeigt, das sie gewinnen konnten, wenn sie ohne Fehler und möglichst schnell per Knopfdruck auf Figuren reagierten, die in ihrem Blickfeld auftauchten. Das Experiment funktionierte wie eine Schießbude oder ein Ballerspiel, ein Ziel tauchte auf, die Versuchsperson nahm es ins Visier, dann Knopfdruck – und Treffer oder Ziel verfehlt. Bei Fehlern gab es Geldabzug, bei Treffern kam mehr Geld dazu. Es entstand also eine Situation, in welcher der zu erwartende Wert gesteigert werden konnte. Die fMRT zeigte das Ergebnis, die beteiligten Areale leuchteten gelb und rot auf. Als da wären: die mittlere präfrontale Hirnrinde, die vorderen Anteile des Basalganglien und der Nucleus accumbens. Interessanterweise ist die Intensität der Aktivitätssteigerung umso größer, je mehr Geld auf dem Spiel steht.

Neuere Forschungen haben gezeigt, dass speziell die vorderen Anteile der Basalganglien eine wichtige Rolle innerhalb des neuronalen Netzwerks des Belohnungssystems spielen und die zentrale Struktur bei der Entstehung und Aufrechterhaltung der Motivation sind. Wie Haber und Knutson in einer Übersichtsarbeit erläutern[8], sind die Basalganglien die entscheidende Durchgangsstation jener Hirnfunktionen, die mit zielgerichtetem Verhalten, Emotionen und Motivation zu tun haben.

VIII.

DIE ZERSTÖRUNG
DES GLÜCKS

I. ANTÓNIO CAETANO DE ABREU FREIRE EGAS MONIZ

Man sollte meinen, dass Ärzten das Glück des Menschen grundsätzlich am Herzen liegt und sie durch ihre Arbeit danach streben, es zu mehren. Leider ist dies nicht immer so. Manchmal können sie das Glück eines Menschen auch zerstören.

Als António Caetano de Abreu Freire Egas Moniz im Alter von 81 Jahren starb, lag ein bewegtes Leben hinter ihm. Er war Neurologieprofessor an der Universität von Lissabon und genoss auch als Politiker hohes Ansehen. Sein größter Triumph war, dass ihm 1949 der Nobelpreis für Medizin verliehen wurde. Damit hatte er, der sich nie mit Mittelmaß zufrieden gab und dessen facettenreiches Leben von Ehrgeiz und dem Streben nach Ruhm und Ansehen geprägt war, sein eigentliches Ziel erreicht.

Abb. 8.1: António Egas Moniz (1874–1955), portugiesischer Neurologe und Politiker.

Dutzende von Biographien und Abhandlungen sind seither über seine Person geschrieben worden, und in Lissabon sind mehrere Straßen und ein Platz nach ihm benannt. Vor dem Gebäude der medizinischen Fakultät von Lissabon steht ein imposantes Denkmal von ihm. Nichtsdestotrotz werden sein Wirken und sein medizinisches Erbe zutiefst widersprüchlich beurteilt. Als Vater der Psychochirurgie wird er bis heute gleichsam verehrt wie verachtet – bis hin zu der Forderung, ihm posthum den Nobelpreis abzuerkennen.

Moniz wuchs als Sohn einer Familie von Landadligen auf, wurde im Jesuiteninternat São Fiel erzogen und studierte später Medizin an der Universität von Coimbra. Seine Doktorarbeit schrieb er über das zur damaligen Zeit ungewöhnliche und provokante Thema der »Physiologie des Sexuallebens«. Wegen des als skandalös empfundenen Inhalts – ein Kapitel behandelte beispielsweise die Homosexualität – fand die Abhandlung reißenden Absatz, insgesamt wurden davon 19 Auflagen gedruckt. Schließlich wurde es behördlich verboten. Die Schrift blieb jedoch indirekt im Handel, da sie mit medizinischer Begründung vom Arzt wie ein Medikament auf Rezept verordnet werden konnte!

Nach dem Studium wurde Moniz zum Neurologen ausgebildet. Anschließend war er zunächst Dozent und ab 1911 Lehrstuhlinhaber für das Fach Neurologie an der Universität Lissabon. Er galt als exzellenter und überzeugender Redner und konnte die Menschen faszinieren. Obwohl Neurologe von Beruf, interessierten ihn nicht nur die Funktionen des Gehirns, sondern auch das turbulente politische Geschehen zu Beginn des 20. Jahrhunderts. Tatsächlich wurde er schon bald nach seinem Studium als Abgeordneter in das nationale Parlament gewählt. Es waren politisch unruhige Zeiten für Portugal, die 1910 im Sturz des portugiesischen Königs Emmanuel II. und in der Ausrufung der Republik gipfelten. Immer mittendrin: der Neurologe Moniz, der sogar eine eigene Partei der »Zentristen« gründete und immer mehr politischen Einfluss gewann. 1917 wurde er erster Botschafter der jungen portugiesischen Republik in Spanien, 1918 (bis 1919) portugiesischer Außenminister, der die portugiesische Delegation bei der Pariser Friedenskonferenz nach Beendigung des Ersten Weltkriegs leitete.

In der Neurologie wiederum gilt Moniz als Vater der zerebralen Angiographie, einem bildgebenden Verfahren der Arterien und Venen im Inneren des Gehirns. Wir Ärzte sind heute verwöhnt, wenn wir mehr über den Zustand des Gehirns eines Patienten wissen wollen. Wir schicken ihn einfach in die Röhre. Im MRT oder CT werden Hirntumore, Abszesse und Hirninfarkte sichtbar.

Diese Möglichkeit bestand vor fünfzig Jahren noch nicht. Um beispielsweise einen Hirntumor zu diagnostizieren, musste eine Arteriographie durchgeführt werden – damals eine risikoreiche Methode, bei der mit einer Kanüle die Halsschlagader punktiert und ein Kontrastmittel hineingespritzt wurde. Während dieses Vorganges wurden parallel Serien von Röntgenaufnahmen des Kopfes angefertigt und die Verteilung des Kontrastmittels in den Hirnarterien dokumentiert. So konnte, zum Beispiel bei einem Schlaganfall, die Unterbrechung des Blutflusses in einer der Hirnarterien nachgewiesen werden. Ein Hirntumor wiederum ist – weil er schneller wächst als das normale Hirngewebe – stärker als das übrige Hirngewebe durchblutet und erscheint durch die verstärkte Kontrastmittelaufnahme auf den Röntgenaufnahmen als gräulicher Nebel, der zudem die Blutleiter zur Seite drängt. All das war jedoch nur möglich durch die Darstellung der Blutzirkulation im Gehirn. Moniz war der Erste, dem dies – zunächst im Tierversuch bei Hunden, dann auch bei Menschen – gelungen war. Eine Pioniertat, keine Frage.

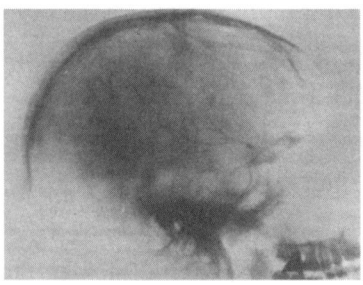 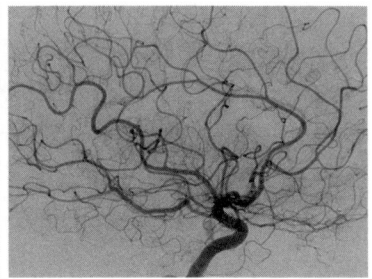

Abb. 8.2 und 8.3: Die erste Arteriographie des Gehirns eines Lebenden vom 28. Juni 1927, durchgeführt von Moniz (links). Dabei wurde eine 25-prozentige Natriumjodidlösung in die Halsschlagader eines 20-jährigen Patienten mit Tumor der Hirnanhangdrüse gespritzt. Man erkennt schemenhaft einige Hirnarterien. Im Vergleich dazu rechts eine moderne Angiographie mit deutlicher Darstellung der Hirnarterien.

Dennoch wurde der Nobelpreis Antonio Moniz 1949 nicht für die großartige wissenschaftliche Leistung der zerebralen Angiographie verliehen, sondern »für die Entdeckung des therapeutischen Wertes der präfrontalen Lobotomie bei gewissen Psychosen«. Denn es gab noch ein zweites Feld, dem sich Moniz als Neurologe widmete: die »Psychochirurgie«. Und damit wären wir beim Thema »Glück« beziehungsweise Gehirnoperationen, die dem Glück eines Menschen bei Weitem nicht immer förderlich sind. Was ist eine Lobotomie? Es handelt sich um einen neurochirurgischen Eingriff, bei dem die Nervenbahnen zwischen dem Thalamus und dem Frontalhirn sowie Teile der grauen Substanz, also des Leitungsbahnsystems, durchtrennt werden. Der Begriff *Lobotomie* bedeutet also: Ein Gehirnlappen wird vom übrigen Gehirn abgetrennt.

Um Gottes willen, werden Sie jetzt empört ausrufen, schließlich haben wir bereits erfahren, wie wichtig das Frontalhirn, insbesondere der präfrontale Cortex für das emotionale Erleben des Menschen ist. Antrieb, Kreativität, Lebensfreude sind hier lokalisiert. Und sie sollen vom Rest des Gehirns abgetrennt werden? Dabei kann doch nichts Gutes herauskommen! Die Begründung, solch weitreichende Eingriffe durchzuführen, muss auch aus ihrer Zeit heraus verstanden werden. Moniz' Wirken fällt in die Ära vor der Entwicklung von Psychopharmaka und Medikamenten, die gegen Psychosen helfen. Die psychiatrischen Kliniken waren überfüllt mit unheilbar kranken »Irren«, die tobten, schrien und sowohl ihre Umgebung als auch sich selbst gefährdeten. In einem Psychiatriemuseum, zum Beispiel in Leipzig, können die Gerätschafen zur Ruhigstellung der bemitleidenswerten damaligen Patienten noch besichtigt werden: Zwangsjacken, Netze und Bottiche für kalte Bäder und Güsse. Man bekommt eine vage Vorstellung des Grauens und Leids, welches in diesen Anstalten herrschte. Die medikamentöse antipsychotische Behandlung der Patienten lag damals noch in weiter Ferne. Die Ära der Neuroleptika sollte erst 1951 mit der Einführung von Chlorpromazin beginnen.

Moniz' primäres Ziel bestand in der Ruhigstellung der psychisch kranken Patienten und deren Integration in die Gesellschaft. In Ermangelung von Alternativen entschlossen sich

Ärzte, chirurgisch einzugreifen und die Teile des Gehirns, die bei Tobsucht und Aggression eine Rolle spielen, auszuschalten. In erster Linie handelt es sich dabei um Operationen am Frontalhirn, das für die Kontrolle der Affekte zuständig ist und uns vor gefährlichen impulsiven Handlungen bewahrt. Leider haben Moniz und seine Anhänger den Eingriff nicht auf Patienten beschränkt, die aus Sicherheitsgründen ruhiggestellt werden mussten, sondern das Anwendungsgebiet willkürlich und exzessiv ausgeweitet – zum Beispiel auf Depressive, Zwangsneurotiker und aggressive Kinder.

Zunächst begann Moniz damit, mit einer Kanüle Alkohol in die weiße Substanz des Frontalhirns zu spritzen, um die dort gelegenen Verbindungsbahnen durch die ätzende Wirkung des Alkohols zu zerstören. Da diese Methode jedoch zu unpräzise war, benutzte er später ein eigens zu diesem Zweck angefertigtes Messer, das »Lobotom«, welches wie ein Stichel aussah und mit einer kleinen schmalen Klinge ausgestattet war. Es wurde durch einen Hautschnitt und eine Bohrung durch den Schädelknochen in den vorderen Teil des Gehirns getrieben. Dann wurden mit Rechts-links-Bewegungen die Leitungsbahnen zum Frontallappen durchtrennt.

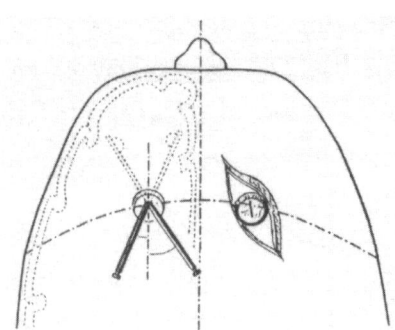

Abb. 8.4: Die Lobotomie bestand aus einer unkontrollierten Zerstörung der Verbindungsbahnen zum Frontallappen. Sie hinterließ unkalkulierbare Schäden am Gehirn des Operierten.

Wenn wir davon ausgehen, dass das Frontalhirn der Bereich ist, in dem das typisch Menschliche beheimatet ist, jener Teil, welcher uns vom Tier unterscheidet, kann durchaus gesagt werden, dass durch die Operation ein nichtmenschlicher, animalischer Zustand hergestellt wurde.

Als Folge der Lobotomie trat eine Persönlichkeitsänderung mit Störung des Antriebs und der Emotionalität auf. Die Patienten wurden ruhig und apathisch. Das war in den psychiatrischen Kliniken der damaligen Zeit – vor Einführung antipsychotischer Medikamente – wie gesagt ein primäres Ziel. In den riesigen »Irrenhäusern«, wie die Kliniken damals genannt wurden, mussten die Insassen vor allem eines: ruhiggestellt werden. So erklärt sich die große Wertschätzung, die Moniz' Verfahren damals erfuhr – allerdings mit der Folge einer gravierenden Zerstörung der Persönlichkeit der Betroffen.

Moniz wählte für den Eingriff vor allem Patienten aus, die an chronischen psychiatrischen Erkrankungen litten. Zum Teil handelte es sich aber auch um Patienten, die aufgrund von Schicksalsschlägen aus dem seelischen Gleichgewicht gekommen waren und zum Beispiel eine Depression entwickelt hatten. Moniz war davon überzeugt, dass seine Methode nicht nur dazu taugte, Tobsüchtige ruhigzustellen, sondern auch viele andere Erkrankungen heilen konnte. Obwohl er eine ganze Menge solcher Eingriffe durchführte, interessierte er sich für das Schicksal seiner Patienten und den Ausgang der Operationen erstaunlich wenig.

Folgende Fallgeschichten zu Moniz stammen aus der Dissertation von Rainer Fortner.[1] Zunächst eine Patientin mit *Mélancolie anxieuse* (Ängstliche Depression): Die 59-jährige Witwe wurde mit oben genannter Diagnose am 16. November 1935 in die Psychiatrieabteilung des Hospital Miguel Bombarda aufgenommen. Sie hatte insgesamt acht Schwangerschaften ausgetragen, unter denen drei Totgeburten waren. Die Krankheit wurde ausgelöst, nachdem eines ihrer Kinder erkrankt war und sie zusehen musste, wie es drei Wochen später starb. Wie den anamnestischen Aufzeichnungen zu entnehmen ist, hatte sie bereits im Alter von 39 Jahren ein halbes Jahr lang traurig im Bett verbracht und ihre Arbeit aufgegeben. Sie machte sich Selbstvorwürfe, nach ihrer Aufnahme in die Psychiatrie wurde sie für die Lobotomieoperation ausgewählt. Die Auswahlkriterien wurden hier, wie bei allen anderen Fällen, nicht dokumentiert. Am folgenden Tag sollte der Eingriff unter Vollnarkose stattfinden, doch die Patientin war so aufgebracht, dass sie sich die Infusionsnadel, über welche die Narkose erfolgen sollte, herausriss. Die Operation wurde kurzerhand unter Verwendung von Novocain in Lokalanästhesie weitergeführt, was die Patientin – wie Moniz anmerkte – ziemlich gut ertragen habe. In dem Moment allerdings, in dem das Lobotom gedreht wurde, habe sie vor Schmerz aufgeschrien. Bei diesem Eingriff wurden mit dem Lobotom insgesamt nur zwei Schnitte ausgeführt.

Nach der Operation sei sie ruhig gewesen und ließ sich gut führen. Doch in den folgenden Tagen entwickelte sie Fieber bis zu 39° C und behauptete, nicht in einem Krankenhaus, sondern in einem Haus zu sein, in dem man Leute töte. Man habe sie schon zweimal umgebracht, doch sei sie immer noch hier. Als sie am folgenden Tag weiterhin sehr agitiert war, verabreichte man ihr Opium und ein Sedativum. Moniz dachte bereits an eine Wiederholung des Eingriffs, doch an den folgenden Tagen besserte sich ihre Unruhe. Die letzte

Beobachtung der Patientin erfolgte erstaunlicherweise bereits sieben Tage nach der Operation. Moniz sah sie als geheilt an und schickte sie zurück in die Psychiatrie.

Die nächste Patientin litt an einer Angstneurose (*névrose d'angoisse*). Es handelte sich um eine erst 31-jährige verheiratete Frau, die seit November 1934 unter Depressionen litt. Vorausgegangen war ein Streit mit ihrer Hausangestellten, den sie im Nachhinein bereute und der dazu führte, dass sie sich Selbstvorwürfe machte. Hinzu kamen »Herzängste«, ein heute ungebräuchlicher Begriff, der auf eine Angstneurose hinweist, und »impressions indéfinissables dans la tête«, was so viel heißt wie unbestimmte Beschwerden des Kopfes. Sie gelangte zur psychotherapeutischen Behandlung in die Klinik von Santa Marta. Da sie recht gut auf die Psychotherapie ansprach, wurde sie als geheilt entlassen. 1935 suchte sie in einer erneuten Krise Moniz auf. Dieser versuchte es zunächst mit anderen Mitteln, unter anderem mit der damals neu aufgekommenen »Elektrotherapie«. Als keine Besserung zu verzeichnen war und Moniz dringend weitere Patienten für seine Operationsversuche benötigte, sprach er mit der Patientin und ihrem Ehemann über sein »nouveau traitement«, das voraussichtlich keinerlei Nachteile für die Kranken mit sich bringe und Angstzustände positiv beeinflusse.

Der Eingriff wurde am 30. Dezember 1935 in Lokalanästhesie durchgeführt. Die Patientin klagte über starke Schmerzen im Moment der Alkoholinjektionen. Bereits drei Tage später wurde sie entlassen. Über den weiteren Verlauf gibt es keine Angaben.

Schon an diesen zwei Beispielen lässt sich erkennen, dass die Auswahl der Patienten mehr oder weniger willkürlich geschah.

Auch das Ausmaß der Schädigung im Bereich der weißen Substanz wurde weitgehend dem Zufall überlassen, und es unterblieb eine systematische Nachuntersuchung der Patienten.

2. DER UNBARMHERZIGE PATRIARCH

Das wohl prominenteste Opfer der oft fatalen Folgen der Lobotomie stammt aus dem berühmten Kennedy-Clan. Wer in Zeiten des US-Präsidenten Donald Trump den Eindruck gewinnt, dass hier nicht nur ein einzelner Mann, sondern gleich eine ganze Familie nach der Macht greift, sollte wissen, dass dies in der amerikanischen Geschichte nichts wirklich Neues ist. Joseph Kennedy, der mächtige Patriarch einer weit verzweigten Familie, die nach seinem Willen Amerika regieren sollte, war erzkonservativ und hatte eherne Grundsätze. Er und seine Frau Elisabeth hatten neun Kinder, darunter der Präsident John F. Kennedy, dessen Bruder und Justizminister Robert F. Kennedy sowie der langjährige Senator von Massachusetts, Edward (»Ted«) Kennedy.

Abb. 8.5: Der Patriarch des Kennedy-Clans: Joseph P. Kennedy Sr. (1888–1969)

Ein Mitglied der Familie wird jedoch häufig vergessen: Rosemary Kennedy[2], deren Existenz lange Zeit sogar verheimlicht wurde. Sie passte nicht in das Schema dieser extrem leistungsorientierten Familie, deren Kinder clever und smart zu sein hatten. Denn das war Rosemary nicht. Sie hatte eine Lese- und Rechtschreibschwäche und Schwierigkeiten, dem Unterricht in der Schule zu folgen. Da nützte es in den Augen des Vaters auch nichts, dass Rosemary gern Theater- und Opernvorstellungen besuchte, ein sonniges Gemüt hatte und ihr überhaupt ein lebhaftes, strahlendes Wesen nachgesagt wurde. Als Rosemary zur jungen Frau heranwuchs, beobachtete der streng katholische Vater (der übrigens selbst als Casanova galt und mehrere außereheliche Verhältnisse unterhielt) zunehmend mit Sorge, dass sich Männer für seine Tochter zu interessieren begannen, und befürchtete, ein uneheliches Kind würde die Reputation der gesamten Familie gefährden.

Bei der Suche nach einer Möglichkeit, einen solchen Makel zu verhindern, stieß er auf die Lobotomie, die damals als harmloser Eingriff galt. Kennedy interessierte sich für das Verfahren, von dem er sich wohl eine Art Dämpfung der Lebhaftigkeit seiner Tochter versprach, und holte den Rat von Dr. Walter Jackson Freeman ein – einem Arzt, der in dem zweifelhaften Ruf stand, »Lobotomist« zu sein. Freeman hatte während seiner Laufbahn bei insgesamt mehr als 3000 Patienten diesen verstümmelnden Eingriff vorgenommen, welcher den Glückskreislauf und die Schaltkreise für Antrieb und Kreativität vom Rest des Gehirns abkoppelt. Der Einfachheit halber benutzte Freeman eine Art Eispickel. Er quälte sich nicht mehr durch den dicken Schädelknochen, um das Frontalhirn zu zerstören, sondern manövrierte das spitze Gerät in die Augenhöhle hinein, direkt zwischen Augapfel und dem Dach der knöchernen Augenhöhle hindurch, und klopfte mit einem Hämmerchen die Spitze des Geräts von dort aus, in das Vorderhirn. Dann führte er zwei vertikale Bewegungen aus, um die Verbindungen des Vorderhirns zum übrigen Nervensystem zu durchtrennen. Der Einfachheit halber operierte er auch schon mal in seinem Büro oder ambulant auf dem Küchentisch der Patienten. Dazu brauchte er weder sterile Handschuhe noch Gesichtsmaske oder Kittel, denn alles musste schnell gehen.

Abb. 8.6: Rosemary Kennedy (rechts) mit ihrer Mutter Rose (Mitte) und ihrer Schwester Kathleen 1938, drei Jahre vor der Lobotomie.

Ohne seine Frau zu informieren, entschied Joseph Kennedy, den Eingriff bei Rosemary vornehmen zu lassen. Im November 1941 schließlich führten Freeman und sein Kollege

James Watts die Lobotomie bei der Kennedy-Tochter durch. Unter lokaler Betäubung durchtrennen sie mit einem Spatel die Nervenbahnen, die zu ihrem Frontalhirn führten.

Die Operation missglückte auf dramatische Weise. Rosemary konnte nach dem Eingriff weder gehen noch sprechen. Es dauert Jahre, bis sie diese Fähigkeiten zumindest teilweise wiedererlangt hatte. Es ist davon auszugehen, dass Freeman während dieses blinden Herumstocherns in Rosemarys Gehirn eine Hirnarterie verletzt hatte und es zu einer Einblutung in das Operationsgebiet gekommen ist – keine seltene Komplikation bei diesem Eingriff.

Anschließend wurde Rosemary schwer behindert in einem Pflegeheim untergebracht beziehungsweise versteckt, zunächst in der Nähe von New York, dann 57 Jahre lang in Wisconsin, so weit weg wie möglich von der heilen Welt der Kennedys, denn ihre Existenz durfte den ambitionierten Zielen des Patriarchen nicht im Wege stehen.[3] Angeblich wusste nicht einmal das FBI, wo sich die Schwester des Präsidenten befand. Erst Jahrzehnte später, nachdem Joseph Kennedy selbst einen Schlaganfall erlitten hatte und behindert im Rollstuhl saß, näherte sich die Familie der verstoßenen Tochter wieder etwas an. Als Rosemarys Mutter Rose Kennedy ihre Tochter nach mehr als 20 Jahren zum ersten Mal überhaupt im Pflegeheim besuchte, kam es zu einem emotionalen Ausbruch der behinderten Tochter. Sie schlug verzweifelt und in Rage auf ihre Mutter ein. Am 7. Januar 2005 starb Rosemary Kennedy, nachdem sie mehr als 60 Jahre im Pflegeheim verbracht hatte, im Alter von 86 Jahren als Opfer der Lobotomie, von denen viele bis heute unbekannt sind.

Erst als nach und nach Neuroleptika entwickelt wurden,

mit deren Hilfe Halluzinationen und Wahnvorstellungen im Zuge einer Psychose unterdrückt werden und tobende und schreiende Patienten ruhiggestellt werden können, war die Kunst des Gehirnschlitzers nicht mehr gefragt und die Zeit der Lobotomie ging – glücklicherweise – zu Ende.

Retrospektiv betrachtet handelte es sich bei der Lobotomie um eine Methode, die zum Ziel hatte, Menschen zu verstümmeln. Damals mag ihre Anwendung bei einigen wenigen Patienten mit unheilbaren Psychosen angezeigt gewesen sein. Dass sie über Jahrzehnte an Menschen ausgeführt wurde, um sie ruhigzustellen und ihnen ihr Glücksempfinden, ihre Spontanität und Menschlichkeit zu rauben, ist ein Verbrechen, das beim Namen genannt werden muss und nicht den Nobelpreis verdient.

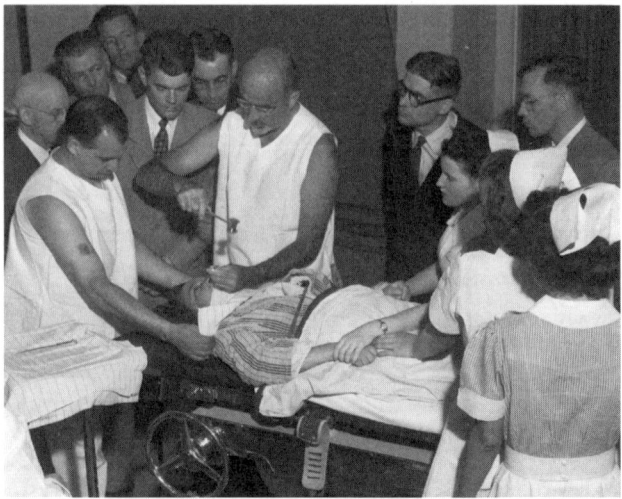

Abb. 8.7: Walter Freeman bei einem seiner Eingriffe. Er durchschlug mit einem eigens konstruierten Spatel unterhalb der Augenbraue den knöchernen Schädel, um Strukturen des frontalen Gehirns zu zerstören.

Wer mehr über die Zustände in den damaligen Psychiatrien wissen möchte, dem sei Ken Keseys Roman *Einer flog über das Kuckucksnest*[4] empfohlen, der später mit dem jungen Jack Nicholson verfilmt wurde. Es kommt nicht häufig vor, dass ein Roman eine so intensive Diskussion über gesellschaftliche Missstände auslöst – bei diesem Buch war es so. Darin werden – sehr drastisch – die Zustände in einer psychiatrischen Anstalt in den USA geschildert, in der – neben der Elektrokrampftherapie – die Lobotomie als Disziplinierungsmittel regelmäßig angewendet wurde, um aufsässige Anstaltsinsassen ruhigzustellen. Roman und Film haben eine breite Diskussion über das Schicksal von Insassen von psychiatrischen Einrichtungen losgetreten und mit dazu beigetragen, dass die Lobotomie aus dem Repertoire der Psychochirurgie verschwunden ist.

Dies bedeutete jedoch nicht das Ende der Psychochirurgie als solcher – im Gegenteil. Allerdings schneidet man heute nicht mehr relativ wahllos mit spitzen Geräten im Gehirn herum, sondern nimmt inzwischen weit subtilere und gezieltere Eingriffe vor. Patienten mit Depressionen oder Zwangsstörungen zum Beispiel werden heute gezielt mithilfe der Stereotaxie behandelt.

3. WAS IST STEREOTAXIE?

Unter Stereotaxie versteht man eine minimalinvasive Methode, bei der eine Sonde in ein vorher exakt definiertes Zielgebiet eingeführt wird, für das der Computertomograph genaue Koordinaten errechnet. So ist es möglich, die Sonde mikrometergenau im Zielgebiet zu platzieren.

Der Kopf des Patienten wird dabei in einem Rahmen festgeschraubt. Um den Kopf bestmöglich zu fixieren, werden die Schrauben durch die Kopfhaut bis in den Schädelknochen hineingetrieben. Das Unheimliche daran: Der Patient ist während der Operation hellwach. Das Nervengewebe des Gehirns ist nämlich schmerzfrei, sodass die Operation bei vollem Bewusstsein des Patienten durchgeführt werden kann, der die Schnitte und Stiche im Hirngewebe nicht spürt. Das hat den Vorteil, dass er während der Operation dem Chirurgen Auskunft geben kann, ob Hirnareale im Zielgebiet durch den Eingriff unbeabsichtigt gestört werden, etwa diejenigen, die für Sprache, Sehen oder Rechnen zuständig sind. In diesem Fall kann der Chirurg sein Vorgehen korrigieren, was eine enorme Verringerung des Risikos bleibender Schäden bedeutet. Gleichzeitig ist es natürlich eine enorme Belastung, mit festgeschraubtem Kopf hellwach zu sein und ruhig liegen zu müssen. Schließlich kann eine stereotaxische Operation am Gehirn zwischen sechs und zehn Stunden dauern.

Während der Visite befragte ich eine Patientin, die aufgrund eines essenziellen Tremors stereotaktisch operiert worden war und einen Hirnstimulator implantiert bekommen hatte, wie sie die Wachoperation erlebt habe. Die 58-jährige Patientin sah mich mit weit aufgerissenen Augen an: »Es war grausam! Man liegt da und kann sich nicht rühren. Mich hat lediglich die Aussicht darauf, dass ich diesen verdammten Tremor loswerde, am Leben gehalten.«

Der essenzielle Tremor ist eine Bewegungsstörung, die

sich durch ein Zittern der Hände, seltener auch der Beine oder des Kopfes, äußert. Häufig sind die Symptome milde und können gut mit Medikamenten behandelt werden. Die meisten Betroffenen sprechen auf Betablocker gut an. Aber es gibt auch bedauernswerte Patienten, die unter einem so starken Zittern leiden, dass selbst alltägliche Verrichtungen immer schwieriger werden. Die operierte Patientin hatte vor der OP berichtet: »Ich habe ganz aufgehört, Suppe zu essen, weil sie mir vom Löffel schwappt. Und auf mein Kaffeekränzchen verzichte ich auch: Je näher die Kaffeetasse an meinen Mund kommt, desto stärker wird das Zittern. Die Menschen dachten, ich sei dem Alkohol verfallen!«

»Heben Sie bitte die Hände«, sagte ich ihr nach der Operation, und es war tatsächlich nur noch ein ganz leichtes Zittern der gespreizten Finger zu sehen. Der Hirnschrittmacher hatte ganz offensichtlich geholfen. In schweren Fällen ist er eine sehr gute Methode, um das Händezittern in den Griff zu bekommen. Die Elektroden werden auf ein Hundertstel Millimeter genau in den *Nucleus ventralis intermedius* implantiert, einen Teil des Thalamus. Durch die ständige elektrische Stimulation mit einer festen Frequenz werden die pathologischen Signale, die zum Muskelzittern führen, überdeckt. Die häufigste Anwendung der tiefen Hirnstimulation, wie diese Methode auch genannt wird, ist jedoch die Behandlung von Parkinson-Patienten, die auf Medikamente nicht mehr ansprechen. Der Gießener Soziologieprofessor Helmut Dubiel, der an Parkinson erkrankt und an dem ein stereotaxischer Eingriff durchgeführt worden war, hat seine Erlebnisse während der Operation sehr eindrucksvoll in dem Buch *Tief im Hirn* beschrieben[5]: »Die Operation war unendlich schwer. Sie dauerte insgesamt zehn Stunden. Der schwierigste Teil des Eingriffs, das Bohren im Kopf, bei vollem Bewusstsein, muss schlimm gewesen sein, ich kann mich kaum daran erinnern.«

Die heutige Stereotaxie hat drei wichtige Domänen. Erstens die stereotaktische Punktion von Hirntumoren zu diagnostischen Zwecken bei unklaren Wucherungen im Gehirn. Mithilfe der Stereotaxie kann der Chirurg histologisches Material entnehmen. Dieses wird unter dem Mikroskop und mit speziellen Färbemethoden untersucht, um zu klären, ob ein Tumor, eine Entzündung oder eine anderweitige Veränderung vorliegt.

Zweitens die stereotaktisch ausschaltende Operation: Hierbei werden gezielt umschriebene Hirnareale angesteuert und durch Erhitzen oder Bestrahlung zerstört. Ein Beispiel für eine ausschaltende Operation ist die beidseitige Cingulotomie.[6] Sie erinnern sich – das Cingulum ist die gürtelförmige Hirnfurche, die sich rechts und links um den Balken schlingt und Teil des Glücks- und Belohnungssystems ist. Es handelt sich um jene Hirnregion, die negative Erfahrungen verarbeitet und uns dabei hilft, Pläne zu schmieden, von deren Umsetzung wir uns positive Folgen versprechen. Ferner hat das Cingulum etwas mit unserer Motivation, unserem Antrieb und unserem Interesse an der Umwelt zu tun. Bleibe ich auf der Couch sitzen und schaue mir die 1001. Folge von »In aller Freundschaft« an oder gehe ich ins Fitnesscenter und danach mit Freunden noch auf ein Bier in die Kneipe? Frage dein Cingulum, denn es hat bei der Entscheidungsfindung ein wichtiges Wort mitzureden.

Lange Zeit hat man geglaubt, dass die stereotaktische Zerstörung des Cingulums bei der Behandlung von Depressionen hilfreich ist. Diese Hoffnung hat sich allerdings nicht bestätigt. Hingegen kann dieser Eingriff bei Menschen, die unter einer Zwangserkrankung leiden, segensreich sein.[7]

Eine Hirnoperation bei Zwangserkrankung? Hieße das nicht, mit Kanonen auf Spatzen schießen? Zum Teil ist diese Ansicht richtig, ein wenig zwanghaft sind wir schließlich alle. »Ordnung ist das halbe Leben«, hat nicht nur meine Mutter mir immer wieder gesagt. Wir alle sind, wenn auch in geringem Maße, oft kleinen Kontrollzwängen unterworfen. Ist der Elektroherd auch wirklich ausgeschaltet? Die Haustür zu? Die Alarmanlage an?

In ihrer vollen Ausprägung ist die Zwangserkrankung freilich ein fürchterlicher Zustand, bei dem Menschen sich selbst schaden und sich etwa beim Waschzwang so lange die Hände waschen, bis sich die Haut in Fetzen vom Fleisch löst. Oder sie können aufgrund anderer ritualisierter Zwänge kein normales Leben mit Beruf oder Familie mehr führen.

Die bilaterale Cingulotomie soll angeblich gegen die Zwangserkrankung helfen. In Skandinavien und den USA wird sie bei Zwangserkrankungen nach wie vor häufig angewendet. Einen eindeutigen wissenschaftlichen Beweis für die Wirksamkeit dieses Eingriffs gibt es allerdings bis heute nicht. In den deutschen »Leitlinien zur Behandlung von Zwangskrankheiten«[8] wird aus diesem Grund diese Methode auch nicht uneingeschränkt empfohlen. Wörtlich heißt es darin: »Eine Beurteilung der vorliegenden Ergebnisse ist extrem schwierig. Es fehlen einheitliche Auswahlkriterien, die gesetzten Läsionen waren unterschiedlich groß, und teilweise wurde auch nachbehandelt, indem sich zweite

Operationen anschlossen. … Die Nebenwirkungen Antriebs-störung, psychische Enthemmung und massive Gewichts-zunahme werden zu wenig beachtet, sodass keine generelle Empfehlung für diesen Eingriff auch bei schwerwiegender Zwangserkrankung ausgesprochen werden kann.«

In einem viel beachteten Beitrag im *Deutschen Ärzteblatt* vertrat der Hamburger Arzt Ulrich Ehebald[9] in diesem Zu-sammenhang die Auffassung, dass die Neurochirurgie sich generell immer stärker in das Gebiet der neurotischen Er-krankungen dränge und »in aller Stille« auch solche Erkran-kungen »stereotaktisch« hirnoperiert würden, bei denen die psychische Problematik nicht durch eine Funktionsstörung des Gehirns verursacht worden, sondern lebensgeschicht-lich entstanden sei. Das bedeute, dass in solchen Fällen keine neurophysiologische Grundlage im Zentralnerven-system vorhanden sei, die man operieren könne. Anders ge-sagt: Viele psychische Krankheiten haben ihre Ursache nur sehr selten in einem fehlerhaften Gehirn. Deswegen können, so Ehebald, Operationen nur bei ansonsten aussichtslosen Fällen in Betracht gezogen werden.

In einem Bericht des Nachrichtenmagazins *Der Spiegel* aus dem Jahre 1975[10] heißt es, dass sich Neurochirurgen mit der Stereotaxie auch an »Homosexuelle und Selbstmordkan-didaten, Männer mit Platzangst und Hausfrauen mit Putz-zwang, notorische Spieler und Nymphomaninnen« wagten. »Ihnen allen soll die Sonde ihre Ticks und Zwänge aus dem Hirn brennen. Selbst »Fixer und LSD-Schlucker« könnten, wie der Göttinger Neurochirurg Fritz Douglas Roeder be-hauptete, »von ihrer Rauschgier auf dem Operationstisch ge-heilt werden«.

Abb. 8.8: Titelbild der *Spiegel*-Ausgabe 33/1975.

Diese Indikationsliste für psychochirurgische Eingriffe lässt aufhorchen, denn sie ist nahezu identisch mit der Palette an psychischen Krankheiten und individuellen Eigenarten, die der reisende Lobotomist Walter Freeman mit dem Eispickel zu behandeln vorgab. Roeder hat übrigens tatsächlich stereotaktische Eingriffe bei Homosexuellen vorgenommen, um deren angeblich »fehlgeleitete« sexuelle Orientierung zu korrigieren. Bis in die 1970er-Jahre hinein wurde die Psychochirurgie bisweilen auch bei Sexualstraftätern, Vergewaltigern, Pädophilen und Exhibitionisten angewandt. Erst 1978 setzte eine beim Bundesgesundheitsamt installierte Kommission über »Stereotaktische Hirnoperationen bei abweichendem Sexualverhalten« der operativen Intervention in diesem Bereich deutliche Schranken.

4. MIT STROM GEGEN HIRNKRANKHEITEN

Das dritte und wohl sinnvollste Anwendungsgebiet der Stereotaxie ist die bereits erwähnte tiefe Hirnstimulation (engl. *Deep Brain Stimulation*). Diese ist eine heute häufig, zum Beispiel bei Parkinson, angewandte Weiterentwicklung der stereotaktischen Operation – allgemein auch als Operation mit Hirnschrittmacher bezeichnet. Bei diesem neurochirurgischen Eingriff werden Elektroden mit einem Durchmesser von 1,3 Millimetern in ein Zielgebiet in den tiefen Bereichen des Gehirns eingeführt. Entsprechend der Symptomatik wird bei Parkinson-Patienten die Substantia nigra oder der Stammganglienbereich angesteuert. Die Elektroden sind durch Drähte mit einem Hirnschrittmacher verbunden, der operativ unterhalb des Schlüsselbeins implantiert wird. Ist der Stimulator eingeschaltet, werden über Sonden elektrische Impulse in das Zielgebiet im Gehirn abgegeben.

Wie und warum der Hirnschrittmacher wirkt, ist im Prinzip nicht zu 100 Prozent geklärt. Fest steht, dass die ständige elektrische Stimulation der angesteuerten Hirnareale auf die sich dort befindlichen Neuronen hemmend wirkt, sodass überaktive Regelkreise ausgeschaltet werden und das neuronale Netzwerk besser funktioniert. Der Effekt ist verblüffend: Patienten, die vorher ganz und gar steif und unbeweglich waren, können sich bei eingeschaltetem Schrittmacher bewegen und ganz normal laufen. Auch das Zittern bei einem Tremor verschwindet. Dabei wird der Eingriff in das neuronale Netzwerk in den meisten Fällen sehr gut vertragen und hat den Vorteil, dass er reversibel ist, das heißt, die Elektroden können jederzeit durch einen kleinen Eingriff wieder entfernt werden.

90 Prozent der Parkinson-Patienten sprechen auf die tiefe Hirnstimulation positiv an. Aber Vorsicht: Bei einigen wenigen Patienten kommt es infolge des Eingriffs zu psychischen Veränderungen, die sich vor allem als übersteigerte manische Zustände wie Logorrhö (ununterbrochener Sprachantrieb), reduzierte Kritikfähigkeit, Aggressivität und Hypersexualität äußern können. Bei anderen Patienten hingegen treten Apathie und Depression auf.[11]

So beschrieb etwa der französische Neurologe Miguel Ulla[12] eine 55-jährige Patientin, bei der nach jahrelanger Parkinson-Erkrankung die medikamentöse Therapie wirkungslos wurde. Daraufhin begann man mit einer Behandlung durch tiefe Hirnstimulation, bei der Elektroden in den Nucleus subthalamicus implantiert wurden, ein Kerngebiet unterhalb des Thalamus. Zwar hatte sich die Parkinson-Symptomatik unter der Stimulation deutlich verbessert, doch fiel bei der Patientin sehr rasch eine Verhaltensänderung auf, die mit sprunghafter Gedankenflucht, Unkonzentriertheit, erhöhtem Sprachantrieb einherging. Die Patientin redete ununterbrochen über unzusammenhängende Themen und war motorisch unruhig. Anders gesagt: Es handelte sich um das Vollbild einer ausgeprägten Manie. Zum Glück jedoch konnte diese durch Veränderung der Stimulationsparameter behoben werden.

Wir fassen zusammen: Das Gehirn funktioniert als Netzwerk und steuert nicht nur einzelne Funktionen wie Motorik oder den Empfang der Sinneseindrücke, sondern auch übergreifende psychische Vorgänge. Ob und wie ein neurochirurgischer Eingriff diese Vorgänge beeinflusst, kann kaum vorhergesehen werden. Deshalb muss bei der Indikationsstellung für eine tiefe Hirnstimulation die Möglichkeit seelischer Veränderungen immer mit ins Kalkül gezogen und eine entsprechende Nutzen-Risiko-Abwägung vorgenommen werden.

5. HIRNSCHRITTMACHER GEGEN DEPRESSION

Denken wir zurück an die Ratte im Käfig des Psychologen James Olds, die sich über eine Elektrode in ihrem Kopf unentwegt selbst stimulierte, um ein permanentes Glücksgefühl zu erleben. Die elektrischen Impulse, die sie damals durch das Niederdrücken eines kleinen Hebels auslöste, gingen direkt ins ventrale tegmentale Areal (VTA), das ein Teil des Belohnungssystems ist. Die wichtigste neuronale Verbindung unterhält das VTA zum Nucleus accumbens, welcher die Ausschüttung des Glücksüberträgerstoffes Dopamin reguliert und bei Erfolgserlebnissen oder Glücksempfindungen aktiviert wird. Das Gehirn von Olds' Ratte wurde also konstant mit Dopamin geflutet – es muss der absolute Glückskick gewesen sein.

Die Frage drängt sich auf: Lässt sich mithilfe der tiefen Hirnstimulation womöglich auch das Belohnungssystem des Menschen stimulieren? Und wäre das nicht ein perfektes Mittel gegen Depressionen? Gegen Unglücklichsein überhaupt? Diese Frage muss eindeutig mit Ja beantwortet werden. 2006 veröffentlichte die Kölner Stereotaxie-Arbeitsgruppe von Volker Sturm Ergebnisse einer tiefen Hirnstimulation, welche den Nucleus accumbens als Zielgebiet hatte.[13] Drei Patienten mit einer schweren Depression, bei denen weder medikamentöse noch Psychotherapie half, wurden auf diese Weise stimuliert. Die Stimulation des Nucleus accumbens bewirkte eine deutliche Verbesserung ihrer Stimmung, was sich auch in standardisierten psychologischen Tests bestätigte. Bei ausgeschaltetem Stimulator trübte sich die Stimmung hingegen wieder ein, und die Depression kehrte zurück.

Seither gibt es eine ganze Menge von Berichten und Studien, die sich mit der tiefen Hirnstimulation bei Depression beschäftigen. Die Volkskrankheit mit den Symptomen Niedergeschlagenheit, Antriebs- und Interesselosigkeit ist immerhin die häufigste psychiatrische Erkrankung. Es gibt schwere Verläufe, die weder auf Psychotherapie noch auf medikamentöse Behandlung ansprechen. In diesen Fällen kann die tiefe Hirnstimulation sinnvoll sein. Bei Stimulation des Nucleus accumbens lässt sich noch zwölf Monate nach der Behandlung eine signifikante Zunahme von freudigen Erlebnissen, Kinobesuchen, Treffen mit Freunden oder familiären Kontakten nachweisen. Anscheinend stellt die Stimulation des Nucleus accumbens die Balance zwischen dem Belohnungssystem und dem frontalen Cortex wieder her. Die Stimulation wirkt dabei vor allem auf die *Area sublingualis*, ein unter dem Balken gelegenes Areal, das eine Schlüsselregion für positive Erlebnisse ist und außerdem Schlaf, Appetit, Libido und Wohlbefinden reguliert. Bei einer schweren Depression ist sie überaktiv und zugleich blockiert und somit ein lohnendes Ziel für die tiefe Hirnstimulation. Helen Mayberg und ein Team von Neurochirurgen der Universität Toronto haben bei sechs schwer depressiven Patienten die auf keine Behandlung mehr ansprachen, Elektroden in dem Areal Cg25 der Area sublingualis platziert und es permanent elektrisch stimuliert.[14] Das Ergebnis war eindeutig: Bei allen sechs Patienten stellte sich eine erhebliche Besserung ihres Zustandes ein, die auch bei einer Nachuntersuchung ein Jahr später stabil geblieben war. Vielversprechende Ergebnisse, ohne Frage – allerdings befindet sich die Methode der tiefen Hirnstimulation im Hinblick auf die Behandlung von Depressionen noch im Versuchsstadium. Weltweit sind bisher (Stand Februar 2017) lediglich 140 Berichte von depressiven Patienten veröffentlicht worden, die auf diese Weise stimuliert wurden. Zurzeit wird diese Methode im Rahmen kontrollierter Studien an spezialisierten Zentren weiterentwickelt und erprobt.

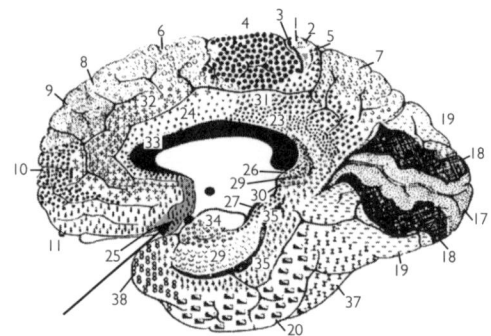

Abb. 8.9: Das Brodmann-Areal 25, auch *Area sublingualis* genannt, in einer Zeichnung von Brodmann. Der vordere Teil wird als Cg25 bezeichnet und ist an der Entstehung der Depression und der Regulation von Schlaf, Appetit, Libido und Wohlbefinden beteiligt (siehe Pfeil).

6. TIEFE HIRNSTIMULATION UND DER ZWANG IM KOPF

Ärzten wird nachgesagt, dass sie sich eher selten in Chatrooms aufhalten – schon gar nicht in solchen, wo Patienten über ihre Krankheiten diskutieren. Irgendwann will man ja schließlich auch einmal seine Ruhe. Dabei stößt man dort häufig auf sehr anschauliche Fallgeschichten. In einem Chatroom, in dem sich Patienten über Erfahrungen mit der tiefen Hirnstimulation austauschen, schildert zum Beispiel ein 50-jähriger Mann, wie er seit seinem 14. Lebensjahr an Zwangssymptomen leidet. Es habe mit Wachzwängen begonnen und sich zu Kontrollzwängen, Zwangsgedanken und Wiederholungszwängen ausgeweitet. »Ich konnte nicht mehr joggen, brauchte morgens über eine Stunde zum Anziehen, weil alles ohne ›falsche Gedanken‹ erfolgen musste. Ich litt täglich 18 bis 20 Stunden lang unter Zwängen: Auf 200 Metern Fußstrecke zum Beispiel ›kniete‹ ich mich bis zu 50-mal hin oder kehrte um. Beim Ankleiden morgens vor der Arbeit musste ich Kleidungsstücke zum Teil 20-mal an- und wieder ausziehen. Irgendwann gab es auch fast nur noch ›verbotene‹ Lebensmittel.«

Ein schrecklicher Zustand, den der Patient hier beschreibt und der ein normales Leben fraglos unmöglich macht. Zwei Prozent der Bevölkerung sollen in unterschiedlichem Ausmaß ständig oder vorübergehend an einer Zwangserkrankung leiden. Über die Symptome haben wir von dem Patienten im Chat bereits einiges erfahren: Im Vordergrund stehen Zwangsgedanken und Zwangshandlungen, die zum Teil ritualisiert sind. Man geht davon aus, dass die neurologische Ursache in einer Störung des Funktionskreises zwischen Impulsen der Hirnrinde, dem Thalamus, wo die sensiblen Reize verarbeitet werden, und den Basalganglien liegt. Die meisten Patienten mit einer Zwangskrankheit können mit einer Kombination aus Medikamenten mit Verhaltenstherapie behandelt werden. Einige Patienten sprechen darauf aber nicht an, und ihre Krankheit nimmt einen so schweren Verlauf an, dass ein normales Leben praktisch nicht mehr möglich ist.

In solchen Fällen kann – wir haben es bereits erwähnt – die tiefe Hirnstimulation zur Anwendung kommen. In den USA ist sie als Behandlungsoption von der Gesundheitsbehörde anerkannt. Erstaunlicherweise ist für den Eingriff bei Zwangskrankheit das gleiche Zielgebiet vorgesehen wie bei der Parkinson-Erkrankung – nämlich die Stimulation des Nucleus subthalamicus.[15]

Unser Patient aus dem Chatroom beschreibt, wie sich sein Zustand nach dem Eingriff entwickelt hat: »Das Nächste war, dass ich Speisen ohne Zwangsgedanken essen konnte. Etwas später konnte ich auch wieder TV-Sendungen anschauen, die vorher sofort einen Zwangsreiz ausgelöst hätten. Am längsten benötigte ich, die Wiederholungen auf offener Straße unter Kontrolle zu bekommen. Das Seltsamste an der Besserung war, dass sich einzelne Lebensbereiche in relativ kurzer Zeit – teilweise innerhalb weniger Wochen – vom Zwang befreiten, während andere weiter von Zwängen behaftet waren.« Er schreibt weiter: »Häufig bekomme ich die Frage gestellt, ob sich durch den Eingriff meine ›Persönlichkeit‹ verändert habe. Dies kann ich voll und ganz verneinen. Der heutige ›Ist‹-Zustand sieht so aus, dass ich zu 75 Prozent zwangsfrei bin.«

Die Operation ist also kein Wundermittel. Zur relevanten Besserung der Symptome wird viel Zeit und Energie benötigt. Im Endeffekt muss noch abgewartet werden, wie die Ergebnisse bei einer größeren Anzahl von Patienten ausfallen. Auf jeden Fall müssen jedoch vor dem stereotaktischen Eingriff alle anderen Behandlungsoptionen ausgeschöpft werden, und bei der Häufigkeit der Zwangserkrankung in der Bevölkerung kann die Stereotaxie natürlich nur in besonders schweren Fällen infrage kommen.

7. TIEFE HIRNSTIMULATION BEI ALKOHOLIKERN?

Die tiefe Hirnstimulation scheint darüber hinaus noch bei anderen Krankheiten die Aussicht auf Besserung zu eröffnen. Unter der Leitung des Neurologen Hajo Heinze wurde 2009 der erste Bericht über die Behandlung von Patienten, die an chronischem Alkoholismus leiden, mit tiefer Hirnstimulation veröffentlicht.[16] Heinzes Team setzte den Hirnschrittmacher bei fünf Patienten mit schwerer Alkoholsucht ein. Zielpunkt der Stimulation war der Hauptknotenpunkt des Glücks- und Belohnungssystems: der Nucleus accumbens. Bei allen fünf implantierten Patienten kam es zu einer Besserung der Sucht, insbesondere zu einem Nachlassen des *Cravings*, des Verlangens nach Alkohol. Zwei der fünf Patienten blieben fünf Jahre nach dem Eingriff komplett abstinent.

Wenn die tiefe Hirnstimulation bei der Alkoholsucht hilft, dann müsste sie doch auch bei anderen Suchtformen wirksam sein, etwa bei der Heroinsucht. Hier gibt es einige positive Ergebnisse, aber noch keine Gewissheit. In einem Beitrag des Deutschlandfunks vom November 2016[17] berichtete der Psychiater und Stereotaxie-Experte Ernst Kuhn: »Wir haben bei einem Patienten, dessen Nucleus accumbens wegen einer anderen psychiatrischen Erkrankung stimuliert wurde, zufälligerweise festgestellt, dass er sein zusätzliches Suchtverhalten nach der Operation wenn nicht eingestellt, so doch zumindest modifiziert hat. Und das, obwohl sich die primäre psychiatrische Erkrankung nicht gebessert hat. Und das ließ uns über die Frage nachdenken: Kann die tiefe Hirnstimulation Suchtverhalten beeinflussen? Seitdem wurden allerdings erst bei wenigen Patienten mit Heroin- oder Alkoholsucht die Elektroden eingesetzt. Die Untersuchungen, wie wirksam diese Behandlung ist, und die Beobachtung der Langzeitverläufe sind daher noch nicht abgeschlossen.«

Eines darf bei aller Euphorie um das vermeintliche Potenzial der tiefen Hirnstimulation jedoch nicht vergessen werden: Es handelt sich um Eingriffe am Gehirn, welche die Persönlichkeit des Patienten verändern können. Die holländische Medizinethikerin Maartje Schermer[18] mahnt zu einem bedachtsamen Vorgehen; am wichtigsten sei es, die Balance zwischen einem potenziellen Nutzen und den Risiken solch einer Operation im Blick zu behalten. Dabei muss die autonome Entscheidung des Patienten stets respektiert werden. Die Patienten müssen sorgfältig unter Beachtung aller psychosozialen Gegebenheiten ausgewählt und die psychischen Folgen der Operation mit dem Patienten und dessen Angehörigen sorgfältig besprochen werden.

Als besonderes schillerndes Beispiel für fragwürdige Eingriffe mit tiefer Hirnstimulation gilt beispielsweise das Wir-

Abb. 8.10: Der spanische Neurologe José Delgado 1963 in einer Übungs-
arena bei Córdoba, als er in einem aufsehenerregenden Experiment einen
Kampfstier mit dem roten Tuch erst reizte und ihn dann stoppte, indem
er über ein Funksignal eine Sonde im Hirn des Stieres stimulierte.

ken des spanisch-amerikanischen Neurochirurgen José Ma-
nuel Rodríguez Delgado (1915–2011). Er war Professor für
Neurophysiologie, zunächst an der Yale University, später an
der Universidad Autónoma de Madrid. Er gilt als Pionier der
elektronischen Hirnimplantate und damit als Vater der tiefen Hirnstimulation. Zunächst experimentierte er mit Hunden und Katzen. Dann machte ihn 1963 ein Experiment
weltberühmt, mit dem er es auf die Titelseiten der einfluss-
reichsten US-Gazetten schaffte – und das als Neurowissenschaftler! Er implantierte eine Elektrode in das Gehirn eines
Kampfstieres. Dann stellte sich Delgado in eine Übungs-
arena bei Córdoba und reizte mit dem roten Tuch des To-
reros den Stier, um ihn in Rage zu bringen. Der riesige Stier
mit seinen spitzen Hörnern ging auch tatsächlich auf ihn los.
Der schmächtig wirkende Wissenschaftler stand jedoch ruhig da und schien keine Angst zu haben. Als der entfesselte
Stier keine zehn Meter mehr entfernt war, ließ Delgado das
rote Tuch fallen und betätigte einen Knopf an einem Funk-
gerät, welches mit der Antenne einer Sonde im Basalgang-

lienbereich des Stierhirns in Verbindung stand. Und siehe da: Der Stier blieb mitten im Lauf wie angewurzelt kurz vor dem Professor stehen, drehte friedlich ab und trollte sich.

Delgado experimentierte intensiv mit dieser Methode, zunächst an Tieren, später auch an Menschen mit unterschiedlichen psychiatrischen Erkrankungen. Er begann damit, bei Patienten elektrische Sonden einzubauen, die ebenfalls von außen reguliert werden konnten und in der Lage waren, das Verhalten von Menschen zu manipulieren. In seinem Buch *Physical Control of the Mind*[19] erklärte Delgado, dass seine Methode geeignet sei, menschliches Verhalten an die Fortschritte der Zivilisation anzupassen; mit einer Elektrode im Kopf ließen sich Konflikte und Aggressionen zwischen Menschen trefflich von außen kontrollieren. Delgados umstrittene Versuche führten zu einer ernsthaften Diskussion darüber, ob die Neuromedizin tatsächlich in der Lage sei, zum Beispiel das Verhalten von politischen Oppositionellen oder die sexuelle Orientierung von Homosexuellen zu beeinflussen – was ohne Frage ein unmenschlicher Eingriff in die Selbstbestimmung des Menschen wäre.

Wie man auch zu ihr stehen mag: Es wird weiter zur tiefen Hirnstimulation geforscht, und die Entwicklungen gehen weiter – hoffentlich nicht in die gleiche Richtung wie seinerzeit die Lobotomie. Die Problematik von Eingriffen in das Gehirn eines Patienten muss stets im Auge behalten werden und durch Ethikkommissionen überwacht werden. Das Beispiel der Stereotaxie bei der Parkinson-Krankheit zeigt jedoch, dass von dieser aufwendigen Operationsmethode auch zahlreiche Patienten profitieren können und sich ihre Lebensqualität deutlich erhöht.

IX.

BRAIN FOOD ODER DIE LUST AM ESSEN

»Wir waren schon immer alle so dick. Tante Inge wog in ihren besten Tagen 150 Kilo, dabei war sie winzig klein, 1 Meter 62. Meine Schwester braucht im Flugzeug Kingsize-Plätze und besitzt eine extra Versicherungskarte, die ihr dieses Recht garantiert. Und ich? Bin zwar ein erfolgreicher Geschäftsmann, aber wenn ich dasitze und arbeite, denke ich nur ans Essen. Einer meiner Running Gags lautet: Wenn ich all das, worauf ich Lust habe, auch essen würde, müsste man mich mit einem Lift aus der Wohnung hieven.«

So oder ähnlich sprechen viele Patienten zu mir, die unter starkem Übergewicht leiden. Sie kommen zum jährlichen Gesundheitscheck, unter dem Jackett spannt das Hemd, und der Bauch wölbt sich über die Gürtelschnalle.

Folge ich der Klassifikation der Deutschen Gesellschaft für Ernährung, leidet ein Patient mit einem Body-Mass-Index (Körpergewicht in Kilogramm geteilt durch das Quadrat der Körpergröße in Metern) über 30 an Adipositas, also krankhaftem Übergewicht. Hauptursachen dieser Krankheit sind der Konsum energiereicher Nahrung in Form von Fast Food sowie ein zu hoher Konsum von Alkohol und zuckerhaltigen Softdrinks.

Heutzutage begegnen uns diese drei Verführungen im Alltag immer und überall, und wir müssen damit klarkommen, ihnen ständig ausgesetzt zu sein. Das ist gar nicht so einfach, zumal immer noch sehr viel Unkenntnis darüber herrscht, wie schädlich Fast Food und Junk Food tatsächlich sind.

Zur Veranschaulichung empfehle ich Ihnen den Film »Super Size me« des Journalisten und Dokumentarfilmers Morgan Spurlock.[1] Darin erprobt Spurlock die Auswirkungen von Fast Food am eigenen Leib. In einem nicht nachahmenswerten Experiment ließ er sich 30 Tage lang dabei filmen, wie er sämtliche Mahlzeiten bei McDonald's zu sich nahm. Frühstück, Mittagessen und Abendbrot in Supersize-Portionen – Fast Food total!

Während der Dreharbeiten verschlechterte sich Spurlocks Gesundheitszustand rapide. In den 30 Tagen nahm er 13 Kilogramm zu, dabei verschlechterten sich auch seine Leberwerte. Sein Lebensgefühl ging in den Keller, er entwickelte eine gereizte Stimmung mit depressiven Phasen. Spurlock brauchte nach Beendigung des Experiments über ein halbes Jahr, um das angefutterte Übergewicht wieder loszuwerden. Kurz: Fast Food machte aus Spurlock vor laufender Kamera einen dicken und unglücklichen Menschen.

Dass Hamburger, Chicken McNuggets und Milchshakes neben Übergewicht auch für Reizbarkeit und Depressionen sorgen, war bisher noch nicht so bekannt, lässt sich aber durch wissenschaftliche Untersuchungen belegen.

1993 wurde im Auftrag des US-amerikanischen National Heart, Lung, and Blood Institute (NHLBI) eine sehr umfangreiche Studie zur Frauengesundheit begonnen. Dabei wurden 93 676 Frauen mit unterschiedlichen Berufen und sozialem Staus in regelmäßigen Abständen Gesundheitsfragebögen vorgelegt, mit dem Ziel, die Ursachen von Erkrankungen und deren Verlauf zu erforschen.[2]

Abb. 9.1: Fast Food macht nicht nur dick, sondern fördert auch Depressionen.

Abgefragt wurden auch Ernährungsgewohnheiten. Auf Basis der dabei gemachten Angaben berechneten die Wissenschaftler bei jeder Probandin die Höhe des glykämischen Index der konsumierten Lebensmittel. Der glykämische Index ist ein Maß für den Einfluss kohlehydrathaltiger Lebensmittel auf den Blutzuckerspiegel. Je mehr der Blutzucker nach Verzehr eines spezifischen Nahrungsmittels ansteigt, desto höher ist sein glykämischer Index. Ferner wurde in dieser Frauen-Gesundheitsstudie die Menge von konsumiertem Zucker – auch in versteckter Form als Zugabe zu Lebensmitteln – in den jeweils präferierten Speisen gemessen. Die Teilnehmerinnen füllten zusätzlich einen weiteren Fragebogen aus, mit dessen Hilfe die Wahrscheinlichkeit von Depressionen und ihr tatsächliches Vorliegen gemessen werden konnten – und zwar zu Beginn der Studie und drei Jahre später.

Die unter der Leitung des Epidemiologen James G. Gangwisch erfolgte Auswertung der Fragebögen ergab ein eindeu-
tiges Ergebnis: Je höher der glykämische Index der im Alltag
konsumierten Nahrungsmittel war, desto depressiver waren
die Frauen im Durchschnitt. Jene, die ihre Nahrung stark
süßten, waren zudem häufiger und stärker depressiv. Im Gegensatz dazu waren eine faserreiche Ernährung mit Obst und
Gemüse sowie der Konsum der in Milchprodukten vorkommenden Laktose mit einem geringeren Auftreten von Depressionen korreliert.

Wer also dauerhaft glücklich oder zumindest nicht depressiv sein möchte, der sollte die Finger von Fast Food und zu
viel Zucker lassen. Zucker macht außerdem nicht nur traurig, sondern auch noch abhängig.

I. DIE GIFTIGE WAHRHEIT ÜBER ZUCKER

Im Jahr 2002 veröffentlichte ein Forscherteam der University of California, San Francisco, einen provokanten Artikel in der angesehenen Zeitschrift *Nature* mit dem Titel:
»The toxic truth about sugar« (Die giftige Wahrheit über
Zucker).[3] Darin hieß es, Zucker sei in seinem gesundheits-
gefährdenden Potenzial Alkohol und Nikotin gleichzusetzen,
ja, er sei sogar noch gefährlicher, da er nicht nur dick mache,
sondern auch zu Diabetes, Lebererkrankungen, Krebs und
psychischen Störungen führe. Zucker mache süchtig und sei
eine der Hauptursachen von Depressionen in unserer Gesellschaft. Darüber hinaus wurde er mit dem Auftreten von

Demenz in Verbindung gebracht. Freilich müsse zwischen dem natürlichen, in Früchten (Fruktose) und Milch (Laktose) vorkommenden Zucker, der ungefährlich sei, und dem industriell gefertigten, hochschädlichen zugesetzten Zucker in Speisen und Getränken unterschieden werden.

Das wirklich Erschreckende an dieser Publikation war jedoch die Erkenntnis, dass künstlicher Zucker in versteckter Form praktisch allen industriell gefertigten Lebensmitteln hinzugefügt wird. Der Grund: Unsere Geschmacksgewohnheiten haben sich an den süßen Geschmack der Lebensmittel so sehr gewöhnt, dass wir nicht darauf verzichten können. Dies wiederum sei ein gigantisches Geschäft für die Nahrungsmittelkonzerne. Kurz: Wir werden zuckerabhängig. Und diese Abhängigkeit mache uns fett und unglücklich.

Dazu passend erinnere ich mich an die Ausgabe der Talkshow »Hart aber fair« vom 29. August 2016 zum Thema »Der Feind in meinem Essen – wie ungesund sind Zucker und Co.?«. Welchen Argumenten man in der aufgeregten Diskussion, an der unter anderem ein Sterne-Koch, der Hauptgeschäftsführer der Wirtschaftlichen Vereinigung Zucker und der Bundesagrarminister beteiligt waren, auch folgen mochte – eines ist mir während dieser Runde klar geworden: Praktisch alle Lebensmittel werden industriell mit Zucker »nachgesüßt«. Nicht nur Cornflakes, Brot oder Säfte, sondern auch Lebensmittel, in denen man es nicht vermuten würde: Wurst, Käse oder Joghurt zum Beispiel. Als besonders fatal empfand ich die Tatsache, dass die Zuckerindustrie sich Kinder als spezielle Zielgruppe auserwählt hat und – zumindest in den USA – massiven Einfluss auf die Essensversorgung in Schulen nimmt, um auf diese Weise möglichst viele Zuckerabhängige zu produzieren. Zum Beispiel, indem der Schulkakao besonders stark mit Zucker versetzt wird.

Wie haben wir uns doch als Kind über jedes Stück Schokolade gefreut! Welch ein Hochgenuss war es, ein Sahnebonbon auf der Zunge zergehen zu lassen! Und jetzt soll wissenschaftlich belegt sein, dass Süßigkeiten nicht nur traurig und dick, sondern auch noch süchtig machen?

Nun, ganz so katastrophal ist die Lage nicht. Es kommt wie immer auf die Dosis an. Wir erinnern uns an das Glücks- und Harmoniehormon Serotonin. Es ist tatsächlich erwiesen, dass das Verzehren von Süßigkeiten den Gehalt von Tryptophan – eine Vorstufe des Glückshormons Serotonin – im Gehirn erhöht und damit zum Abbau von Stress und Depression beiträgt. Aber eben nur in kleinen Dosen. Das Forscherehepaar Richard und Judith Wurtman aus Cambridge (Massachusetts) hat festgestellt, dass der positive, Stress und Depressionen lindernde Effekt des Zuckers beim Konsum großer Mengen von Kohlehydraten und Eiweiß mit der Zeit immer schwächer ausfällt und eine seelische Entspannung bald nur noch dann eintritt, wenn man mehr und mehr Zucker zu sich nimmt.[4] Ein Teufelskreis: Wer Zucker isst, um sich gut zu fühlen, muss bald immer mehr davon essen, um den gleichen Effekt zu erzielen. Die Toleranzgrenze steigt – ganz wie bei einer klassischen Droge.

James Gangwisch und seine Mitarbeiter, die den Zusammenhang zwischen glykämischem Index von Nahrungsmitteln und Depressionen entdeckt haben, erklären diesen Zusammenhang mit dem bei Konsumenten von Fast Food häufig auftretenden Phänomen der »Insulinresistenz«. Nach jeder zuckerhaltigen Mahlzeit schüttet die Bauchspeicheldrüse das Hormon Insulin aus. Dieses sorgt dafür, dass die Zuckermoleküle, welche mit der Nahrung ins Blut gelangt sind, wieder abgebaut und die wertvollen Energieträger gerecht auf die Körperzellen verteilt werden. An sich ein ausgefuchster und lebenswichtiger Mechanismus.

Wenn nun aber der Mensch praktisch ausschließlich Lebensmittel zu sich nimmt, die zu einem hohen Anteil aus Zucker bestehen, dann funktioniert dieser Mechanismus nicht mehr. Denn dann muss die Bauchspeicheldrüse immer mehr Insulin produzieren, um der permanent hohen Zuckerkonzentration im Blut Herr zu werden. Irgendwann kommt der Punkt, an dem sie so erschöpft ist, dass sie auf den Zuckeransturm nicht mehr reagieren kann. Wie der Sachbearbeiter bei der Baubehörde, der immer mehr Akten auf den Tisch bekommt, die ersten fein säuberlich abarbeitet, bald jedoch nicht mehr hinterherkommt und zum Schluss vollends erschöpft die Vorgänge einfach unbearbeitet liegen lässt. Pausenlos pumpt die Bauchspeicheldrüse Insulin ins Blut, doch die Zuckerkonzentration sinkt nicht mehr. Der Zucker im Blut ist dann so hoch konzentriert, dass er mit dem Urin ausgeschieden wird. Dadurch wiederum fehlt er in den Zellen, zum Beispiel in Muskeln und Gehirn. Die Folge ist, dass der Betroffene immer Hunger hat und immer mehr essen muss, um den Verlust des Zuckers auszugleichen. Inklusive Heißhungerattacken: nach Hause kommen, sofort zum Kühlschrank stürzen, um eine zusammengerollte Scheibe Salami oder den Rest des Kartoffelsalats hinunterzuschlingen. Und dies alles nur, weil die Insulinproduktion nicht funktioniert.

Gangwisch erklärt den Zusammenhang zwischen Nahrungsmitteln mit hohem glykämischen Index (Zucker, Weiß-mehlprodukte, Fast Food) und Depressionen mit den Folgen der Insulinresistenz. Er geht davon aus, dass es nach übermäßigen und häufigen Mahlzeiten zu einer Hyperglykämie, das heißt Überzuckerung des Blutes, kommt, was speziell für Gehirnzellen schädlich ist. Sie kann zu eingeschränkter Funktion oder gar zum Untergang von Hirnzellen führen. Wer also oft und gerne (zu) viel und (zu) ungesund isst, tut seinem Gehirn nichts Gutes an.

2. FALSCHE ERNÄHRUNG DRÜCKT AUF DIE STIMMUNG

Laut Gesundheitsberichterstattung des Bundes leiden mehr als 10 Prozent der deutschen Bevölkerung an einer manifesten Depression.[5] Die Zahl der an einer Depression erkrankten Menschen und der Umsatz von Antidepressiva nehmen von Jahr zu Jahr zu. Was ist der Grund für das Auftreten des »schwarzen Hundes«, wie Churchill die depressiven Phasen bei ihm nannte? Zugegeben, wir verbringen weniger Zeit mit unseren Mitmenschen, surfen stundenlang im Internet oder sind mit dem Tablet oder Smartphone beschäftigt. Wir bewegen uns immer weniger, sind seltener dem Sonnenlicht ausgesetzt und schlafen immer kürzer und schlechter.

Der Hauptgrund für die Zunahme von Depressionen jedoch, behauptet neben Gangwisch auch die spanische Wissenschaftlerin Almudena Sánchez-Villegas von der Universidad de las Palmas de Gran Canaria, ist die dramatische Umstellung der Ernährung in den westlichen Industrieländern von Mahlzeiten mit selbst gekochten traditionellen Produkten auf industriell hergestellte Massenware. Sánchez-Villegas muss es wissen, denn sie leitete eine große Studie, das Sun-Projekt, bei dem die Lebens- und Ernährungsgewohnheiten von 12 000 Angestellten der Universidad de Navarra, an der sie lange tätig war, acht Jahre lang wissenschaftlich begleitet wurden.[6] Von allen Teilnehmern wurde ein ausführlicher Fragebogen zu ihren Essgewohnheiten erhoben. Besonderes Augenmerk wurde auf den Fettkonsum und hier vor allem auf die Unterscheidung zwischen gesättigten und ungesättigten Fettsäuren gelegt.

Gesättigte Fettsäuren sind in Fleisch, Wurstwaren und Milchprodukten enthalten. Sie gelten als ungesund, da sie den Cholesterinspiegel im Blut in die Höhe treiben, die Arterien verstopfen und damit zu Herz-Kreislauf-Erkrankungen wie Herzinfarkt und Schlaganfall führen. Noch schädlicher allerdings sind künstlich hergestellte Transfettsäuren. Darunter versteht man billige Pflanzenöle, die durch industrielle Prozeduren gehärtet werden, um zu Margarine oder billigem Kochfett verarbeitet zu werden. Sie füllen die Fritteusen der Imbissstände und sorgen dafür, dass die Pommes schön braun und knusprig werden. Auch bei der Chips-Verarbeitung spielen sie eine wichtige Rolle. Generell sind sie in den meisten frittierten Lebensmitteln wie zum Beispiel Chicken Wings oder Croissants enthalten. Aber sie finden sich auch in Fertigsuppen, Bratensoßen, Müsliriegeln oder Frühstücksflocken. Von diesen Transfetten ist bekannt, dass sie besonders giftig für das Herz-Kreislauf-System sind und letztlich für viele Todesfälle aufgrund von Herzinfarkt oder

Schlaganfall verantwortlich sind. Konsequenterweise wurden Transfette 1994 in Dänemark verboten, sodass die Lebensmittel- und Fast-Food-Industrie dort gezwungen war, gesündere Fette in die Fritteuse kippen zu lassen.

Im spanischen Sun-Projekt haben die Wissenschaftler aber auch den Konsum von einfach ungesättigten Fettsäuren erfragt. Hierbei handelt es sich um jene Fette, die in Oliven- oder Rapsöl, in Nüssen oder Avocados, also vor allem in pflanzlichen Lebensmitteln, enthalten sind. Ferner wurde nach mehrfach ungesättigten Fettsäuren gefragt. Diese sind für den menschlichen Organismus immens wichtig, können jedoch von diesem nicht produziert werden. Sie kommen in Sojaöl, Distel- oder Sonnenblumenöl, vor allem aber in Fisch, besonders in Lachs, Hering oder Thunfisch vor. Sie wirken entzündungshemmend und sind für die Zellentwicklung und insbesondere die Entwicklung von Gehirnzellen von ausschlaggebender Bedeutung.

Zurück zur spanischen Sun-Studie: Die Versuchspersonen wurden in den auf die Ersterhebung folgenden acht Jahren regelmäßig von einem Arzt nach dem Vorliegen depressiver Symptome und ihren Essgewohnheiten befragt, vor allem in Hinblick auf den Fettkonsum, und parallel dazu auch regelmäßig gesundheitlich untersucht. Im Verlauf der Studie trat bei 657 Studienteilnehmern eine ärztlich bestätigte Depression auf. Es zeigte sich, dass Depressionen am häufigsten bei denen auftraten, die regelmäßig synthetische Transfette zu sich nahmen, während die Ernährung mit einfach oder mehrfach ungesättigten Fettsäuren statistisch signifikant vor Depressionen schützte.

Was nun macht die synthetischen Transfettsäuren für unser Gehirn so gefährlich? Und die ungesättigten Fettsäuren so wertvoll? Wenn Ihnen nicht wohl ist, Sie Husten und Gliederschmerzen haben, gehen Sie zum Hausarzt. Dann wird Ihnen vielleicht Blut abgenommen, um es auf »Entzündungsmarker« zu untersuchen. Es wird ein Blutbild erstellt, bei dem vor allem die weißen Blutkörperchen von Interesse sind: Wenn sie in hoher Anzahl vorliegen, hat der Körper es mit angreifenden Bakterien oder Viren zu tun. Ferner wird auf das sogenannte C-reaktive Protein, kurz CRP, geachtet. Hierbei handelt es sich um ein Eiweiß, welches an der Immunabwehr beteiligt ist und bei Entzündungen im Körper zu hohen Konzentrationen ansteigt. Bei schwerkranken Patienten auf der Intensivstation messen wir täglich das CRP, um zum Beispiel eine Lungenentzündung oder eine Blasenentzündung schon sehr früh feststellen zu können.

In mehreren epidemiologischen Untersuchungen konnte nachgewiesen werden, dass Menschen mit den Symptomen einer Depression sehr häufig auch einen erhöhten CRP-Wert haben.[7,8] Ganz so, als wäre die Depression die noch nicht erforschte Form einer Entzündungskrankheit des Gehirns. Aus Tierversuchen wissen wir bereits, dass fettreiche Nahrung Entzündungsreaktionen im Gehirn hervorruft. Vor allem die Transfettsäuren und die tierischen gesättigten Fettsäuren spielen bei diesen Vorgängen eine entscheidende Rolle.

Ferner wird bei vielen Menschen mit Dauerstress in Berufsleben, Familie oder Beziehung eine chronische Entzündungsreaktion unterhalten.[9] Sie verhindert die Ausschüttung der Glückshormone Serotonin und Dopamin, deshalb werden die davon Betroffenen von Traurigkeit und Melancholie überflutet. Es kommt zu einer Blockierung des frontalen

Gehirns, in dem zukunftsweisende Projekte, die freudige Erwartung und die Vorfreude auf das Morgen beheimatet sind. Die Entzündungsreaktion wiederum wird vermutlich unter anderem durch schädliche Fette hervorgerufen. Umgekehrt, und das ist unbestritten, hemmen und regulieren Olivenöl und die ungesättigten Fettsäuren in Fischen diese depressionsfördernden Entzündungsvorgänge und führen zu einer erhöhten Ausschüttung von Glückshormonen.

Wir fassen zusammen: Die Analyse der Women Health Initiative von Gangwisch zeigt, dass ein ungebremster Zuckerkonsum das Auftreten von Depressionen fördert. Und die spanische Sun-Studie weist nach, dass außerdem schlechte Fette nicht gut für unsere Stimmungslage sind. Schlechte Fette und viel Zucker – wer denkt da nicht an Hamburger, Hotdog und andere Fast-Food-Produkte?

3. MEDITERRANE KOST HEBT DIE STIMMUNG

Glücklicherweise gibt es eine Küche, die auf die Bedürfnisse unseres Gehirns wesentlich besser als Fast Food zugeschnitten ist: die mediterrane Küche. Sie kombiniert die Ernährungsbestandteile Fisch, Gemüse und Früchte mit Bohnen, Nüssen, Hülsenfrüchten und gesunden Fetten. Über die Vorteile mediterraner Ernährung in Bezug auf unsere körperliche und seelische Verfassung gibt es zahlreiche Untersuchungen:[10] Dem zufolge schützt sie nicht nur vor Depressionen und hebt unsere Lebenszufriedenheit, sondern vermindert auch das Risiko von Krebserkrankungen, verzö-

gert altersbedingten Hirnabbau – die Alzheimer-Demenz –
und beschützt uns vor Herzinfarkt und Schlaganfall.

Warum aber ist die mediterrane Ernährung so gesund?
Ein Grund ist ihr hoher Anteil an Antioxydantien. Hierbei
handelt es sich um Inhaltsstoffe, die in der Lage sind, gefährliche freie Radikale einzufangen und zu neutralisieren. Unter
freien Radikalen verstehen wir hier keine potenziell gewalt-
bereiten Mitbürger mit gefährlichen politischen Ansichten,
die frei herumlaufen, sondern Abfallprodukte untergehender
Moleküle. Das ist schwer zu erklären, ich versuche es trotzdem: Der Körper eines Erwachsenen besteht aus 80 Billionen Zellen: Nerven-, Haut-, Muskel- oder Blutzellen zum
Beispiel. Jede dieser Körperzellen ist eine eigene biochemische Fabrik, deren Stoffwechsel vor allem der Energiegewin-
nung dient. Die Zellen bestehen aus Eiweißmolekülen, die
aus mehreren Atomen zusammengesetzt sind. Jedes Atom
besteht wiederum aus einem Atomkern und den um ihn
herum schwirrenden Elektronen. Durch äußere Einwirkun-
gen wie Nikotin, Sonneneinstrahlung oder falsche Ernährung können inkomplette Moleküle entstehen, denen ein
Elektron fehlt. Meistens handelt es sich dabei um unfertige
Sauerstoffmoleküle: Das sind die freien Radikale. Sie ent-
reißen intakten Molekülen dringend gebrauchte Elektronen,
um selber wieder komplett zu werden, und richten dadurch
erheblichen Schaden an.

So können freie Radikale unsere Erbsubstanz ramponieren
und sind mitverantwortlich für die Entstehung von Krebs
und Arterienverkalkung. Ferner bewirken freie Radikale Bin-
degewebsschwäche, die zu Krampfadern und einer faltigen
Haut führt. Selbstverständlich werden durch diesen Mecha-

nismus auch Hirnzellen geschädigt – die Folgen sind vorzeitiger Hirnabbau und Depressionen.

Freie Radikale sind also Stress für die Zellen. Ein besonders schlimmer Produzent von freien Radikalen in unserem Körper ist das Nikotin. Man schätzt, dass mit jedem Zug an einer Zigarette 100 Billionen freie Radikale inhaliert werden. Das erklärt auch, warum die Haut von Rauchern und Raucherinnen im Laufe der Zeit so faltig wird, denn freie Radikale killen das Bindewebe: Alles wird schlaff und faltig. Andere Ursachen für die Entstehung von freien Radikalen sind eine verpestete Umwelt und UV-Strahlung, zum Beispiel bei intensiver Sonnenbestrahlung. Raten Sie einmal, warum die braun gegrillten Sonnenanbeter vom Strand mit der Zeit ganz faltig werden?

Die positive Wirkung mediterraner Ernährung besteht nun darin, dass sie ein hohes »antioxidatives Potenzial« besitzt. Die freien Radikale werden durch die in der Nahrung aufgenommenen Antioxidantien weggefangen. Speziell die in Gemüse, Früchten, Fisch und Nüssen in hoher Konzentration enthaltenen Vitamine und andere Radikalenfänger wie zum Beispiel das in der Tomate enthaltene Lycopin bewachen die Zellen. Sie geben in dem Augenblick, in dem die freien Radikale sich eines Elektrons bemächtigen, den Zellen freiwillig eines ihrer Elektronen ab, neutralisieren sie damit und verhindern einen Schaden an der Zelle.

Wer sich mediterran ernährt, bewahrt also seine Hirnzellen vor Stress. Und auch wenn man deswegen nicht unbedingt glücklicher ist, so schützt man sich doch zumindest davor, unglücklich zu sein. Und das ist doch schon einmal ein Anfang.

4. UNGESÄTTIGTE FETTSÄUREN MACHEN DICH ZUM SCHLAUMEIER

Mediterrane Ernährung kann aber noch viel mehr. Zwei Autostunden von Greifswald entfernt liegt die Insel Hiddensee. Autos sind dort verboten, fortbewegen kann man sich dort lediglich zu Fuß, mit dem Fahrrad oder einer Kutsche. Das Besondere auf Hiddensee ist die Gastronomie, es gibt fast ausschließlich Fischrestaurants. Kein McDonald's, kein Steakhaus, keine Imbissbude. Die meisten Menschen dort essen Fisch, und im Restaurant steht lediglich die Entscheidung an: Lachs, Dorsch oder Zander?

Warum erzähle ich das? Meiner subjektiven Beobachtung zufolge machen die Menschen, denen man dort begegnet, nahezu ausnahmslos einen entspannten und glücklichen Eindruck. Es wird viel gelacht, die Kinder quengeln nicht, und niemand schaut böse oder depressiv drein. Ich bin fest davon überzeugt, dass dies mit dem hohen Fischkonsum auf der Insel Hiddensee zusammenhängt. Natürlich müssen auch andere Faktoren wie Urlaubsstimmung, Strand und Sonne und vor allem die Autofreiheit berücksichtigt werden. Aber die gibt es auf anderen Ferieninseln (ich nenne keine Namen), wo der Fischkonsum weniger ausgeprägt und das Angebot der Gastronomie größer ist, auch. Und doch kommen mir die Menschen dort weniger glücklich als auf Hiddensee vor.

Also: Fischessen macht glücklich. Und das sage ich nicht nur, weil mir auf Hiddensee viele lächelnde Menschen entgegengekommen sind, sondern weil es mittlerweile auch wissenschaftlich belegt ist.

Der positive Effekt der mediterranen Kost ist nämlich

nicht ausschließlich auf das Vorhandensein der Radikalen-fänger zurückzuführen, sondern auch auf die im Fisch und Olivenöl enthaltenen Omega-3-Fettsäuren.[11] Obwohl sie »essenziell« sind, das heißt vom Körper für Aufbau und Erhalt wichtiger Zellstrukturen unbedingt gebraucht werden, kann der Mensch diese gesunden Fettsäuren nicht selber herstellen. Der Effekt der Omega-3-Fettsäuren wird aktuell erst erforscht, doch eines steht fest: Sie werden nicht nur gebraucht, um Herz-Kreislauf-Erkrankungen zu verhindern, sondern spielen auch bei der Stärkung der immunologischen Abwehr, der Eindämmung von Rheuma und der Krebsprävention eine wichtige Rolle. Außerdem, und das ist wichtig fürs Glücklichsein, sind sie für den Aufbau des Gehirns unentbehrlich.

Ungesättigte Fettsäuren, speziell die ungesättigten Omega-3-Fettsäuren, haben also bei vielen Erkrankungen einen positiven Effekt, sind aber auch für die Hirnentwicklung und unsere Stimmung relevant. Es ist erwiesen, dass ungesättigte Fettsäuren die Funktion des Glückshormons Dopamin verstärken. Durch ihren Einfluss können neue Axone und Dendriten entstehen; sowohl die Qualität der Verbindungen zwischen den Zellen als auch die Intensität der Kommunikation zwischen ihnen wird verbessert. Das Gehirn wird somit flexibler, Denkfähigkeit, Kombinationsgabe und Gedächtnis verbessern sich. Gleich mehrere sorgfältig durchgeführte Studien belegen, dass Omega-3-Fettsäuren sowohl einen positiven Einfluss auf den Verlauf der Alzheimer-Demenz haben als auch Schutz gegen Depression bieten.

Wenn nun aber der Körper diesen Gesundheitsbooster nicht selber herstellen kann, woher bekommt man ihn dann? Es gibt Omega-3-Fettsäuren, die aus pflanzlichen, und solche, die aus tierischen Lebensmitteln stammen. Fettsäuren mit den komplizierten Bezeichnungen Docosahexaensäure (DHA) und Eicosapentaensäure (EPA) zum Beispiel sind Unterformen der Omega-3-Fettsäure. Sie werden in den Ozeanen von Algen synthetisiert. Da Algen wiederum das Festmahl von Fischen sind, stehen sie uns vor allem in Form von Fischmahlzeiten zur Verfügung. Mit jedem fetten Fisch, den wir uns in der Pfanne brutzeln, nehmen wir also eine Menge von Omega-3-Fettsäuren auf, welche die Ozeane für uns produziert haben. Vor allem Lachs, Hering und Makrele sind Omega-3-Fettsäure-Lieferanten. Einen kleinen Teil der DHA wiederum kann der Mensch selber herstellen, und zwar, indem er sie aus der α-Linolensäure synthetisiert, die in Raps-, Hanf-, Lein- und Haselnussöl enthalten ist. Andere pflanzliche Öle und Fette wiederum, zum Beispiel das Kokos- oder Palmöl, sind eher kontraproduktiv, weil sie die Umwandlung der α-Linolensäure abbremsen. Sie sollten in Maßen konsumiert werden.

Kommen wir zurück zum Glück. Der kalifornische Neurowissenschaftler Fernando Gómez-Pinilla[12], der sich mit dem Effekt von Nahrungsmitteln auf die Entwicklung des Gehirns beschäftigt, vertritt die Ansicht, dass unsere Nahrungsmittel nicht nur als bloßer Energielieferant dienen, sondern auch Substanzen enthalten, die geholfen haben, dass sich das menschliche Gehirn über Jahrhunderttausende vom Gehirn eines kleinwüchsigen und flachstirnigen primatenähnlichen Savannenbewohners zur heutigen Gattung Mensch, dem Homo sapiens, entwickeln konnte. Gómez-Pinilla geht davon aus, dass der wesentliche Faktor, der diese Hirnentwicklung ermöglichte, ein zunehmender Konsum von Fisch und Omega-3-Fettsäuren gewesen ist. Er hat nachgewiesen, dass die geringen Mengen an Docosahexaensäure (DHA), die unser Körper aus Pflanzen und Ölen synthetisieren kann, bei Weitem nicht ausgereicht hätten, um das überwiegend aus Fett bestehende Gehirn so eindrucksvoll wachsen zu lassen. Die Hirnentwicklung unserer Urväter und Urmütter startete also erst so richtig, als genügend Fisch gegessen wurde und Omega-3-Fettsäuren in größeren Mengen zur Verfügung standen. Aus den Fettsäuren konnten die myelinhaltigen Zellmembranen der Nervenzellen und die Isolierschicht der Zellausläufer gebildet werden – und unser Gehirn erst so richtig fit gemacht werden.

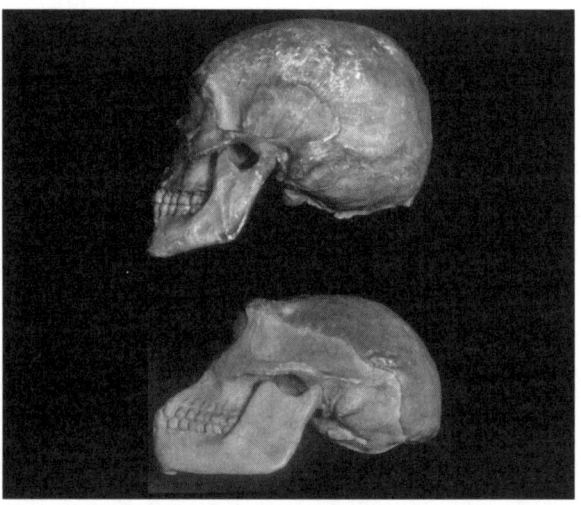

Abb. 9.2: Die Urmenschen der Savanne hatten einen kleineren Schädel (unten) als die Menschen der Jetztzeit (oben) und folglich auch ein geringer entwickeltes Gehirn. Man vermutet, dass durch zunehmenden Konsum von Fisch und Omega-3-Fettsäuren eine Volumenzunahme des Gehirns ermöglicht wurde.

In der Savanne ernährten sich die Urmenschen von Gras, Beeren, Antilopenfleisch, Kleintieren, Maden, Käfern und Würmern. Wie die Abbildung aus der Übersichtsarbeit von Gómez-Pinilla zeigt, hatten unsere Urahnen einen kleinen Schädel und folglich ein lediglich gering entwickeltes Gehirn. Es fehlten die guten Fette. Der Londoner Hirnforscher Michael Crawford[13] fand ebenfalls heraus, dass das Savannenleben für die Entwicklung des menschlichen Gehirns nicht besonders vorteilhaft war. Es war wie in mancher Disko: Nicht Hirn, sondern Muskeln waren gefragt. Unsere Vorfahren aus der Savanne mussten vor allem möglichst gut zu Fuß und körperlich fit sein, um ihre Beutetiere zu erjagen. Für diese geistig eher unterkomplexen Anforderungen reichte die körpereigene Produktion an essenziellen Fettsäuren hinlänglich aus. Um mehr auf dem Kasten zu haben, um zu planen, über die Zukunft nachzudenken, Vergangenes zu reflektieren, um Gefühle wie Glück und Liebe auch unabhängig von Trieben und Instinkten erleben zu können, mussten jedoch zusätzliche Quellen ungesättigter Fettsäuren erschlossen werden. Denn nur mit ihrer Hilfe konnte sich das Gehirn weiterentwickeln.

Die reichste Quelle für Omega-3-Fettsäuren ist Fisch. Crawford schlussfolgert daher, dass sich der heutige Homo sapiens, der im Vergleich zu anderen humanoiden Gattungen ein vergleichsweise großes und weit entwickeltes Gehirn besitzt, sich unmöglich in der Savanne entwickeln konnte. Tatsächlich belegen fossile Funde den Konsum von Muscheln, Fischen und anderen Seeprodukten durch den Homo sapiens eben in jener Phase, in der die stärkste Entwicklung seines Gehirns stattfand.

Auch der US-amerikanische Forscher Joseph Hibbeln[14] konnte nachweisen, dass die ungesättigten Fettsäuren großen Einfluss auf unser seelisches Gleichgewicht haben. Denn Menschen, bei denen nur geringe Mengen der Docosahexaensäure (DHA) im Blut nachzuweisen sind, also Zeitgenossen, die Fisch, Nüsse und gesunde Öle verschmähen, haben gleichzeitig auch sehr niedrige Spiegel von Serotonin im Nervenwasser. Wir erinnern uns: Serotonin ist ein wichtiges Glückshormon und sorgt für seelische Ausgeglichenheit und innere Zufriedenheit. Bei Depressionen wirken Medikamente, welche die Konzentration von Serotonin im Blut erhöhen, antidepressiv.

Identische Effekte sind auch bei der Ernährung mit fischreicher Nahrung nachgewiesen. In Ländern, in denen wenig Fisch gegessen wird, sind die Menschen unglücklicher und depressiver, wohingegen in Gegenden, wo Fisch die Hauptnahrungsquelle darstellt, Depressionen nahezu unbekannt sind.

Um die spezifischen gesundheitlichen und glücksfördernden Effekte zu erreichen, wird empfohlen, wöchentlich zwei Mahlzeiten Fisch zu essen. Auch wenn nicht alle Fischsorten reich an Omega-3-Fettsäuren sind, kann regelmäßiger Fischverzehr ein erhebliches Maß dieser Fettsäuren beisteuern. Die folgende Tabelle gibt einen allgemeinen Überblick über Fischsorten und ihren Omega-3-Fettsäuren-Gehalt.

Omega-3-Fettsäuren-Gehalt von Fisch und Schalentieren (Mengen in Gramm pro 100-Gramm-Portion)	
Lachs, Atlantik, gezüchtet, gegart, geräuchert	1,8
Sardellen, Europa, eingelegt in Öl oder Salz	1,7
Sardine, Pazifik, eingelegt in Tomatensoße oder Salz, mit Gräten	1,4
Hering, Atlantik, in Essig eingelegt	1,2
Makrele, Atlantik, gekocht, geräuchert	1,0
Regenbogenforelle, gezüchtet, gegart, geräuchert	1.0
Schwertfisch, gekocht, geräuchert	0.7
Thunfisch, weiß, wässrig oder in Salz eingelegt	0,7
Seelachs, Atlantik, gekocht, Trockenhitze	0,5
Plattfisch (Flunder und Seezungenarten), gegart, geräuchert	0,4
Heilbutt, Atlantik und Pazifik, gegart, geräuchert	0,4
Schellfisch, gekocht, geräuchert	0,2
Dorsch, Kabeljau, Atlantik, gegart, geräuchert	0,1
Miesmuschel, blau, gegart, gedünstet	0,7
Auster, orientalisch, wild, gegart, geräuchert	0,5
Kammmuschel, verschiedene Arten, gegart, geräuchert	0,3
Muscheln, verschiedene Arten, gegart, gedünstet	0,2
Shrimps, verschiedene Arten, gegart, gedünstet	0,3

Tabelle entnommen dem Artikel »Wo finden wir Omega-3-Fettsäuren?«
(*Food today*, 06/2003), European Food Information Council.

Fischkonsum versus Depression

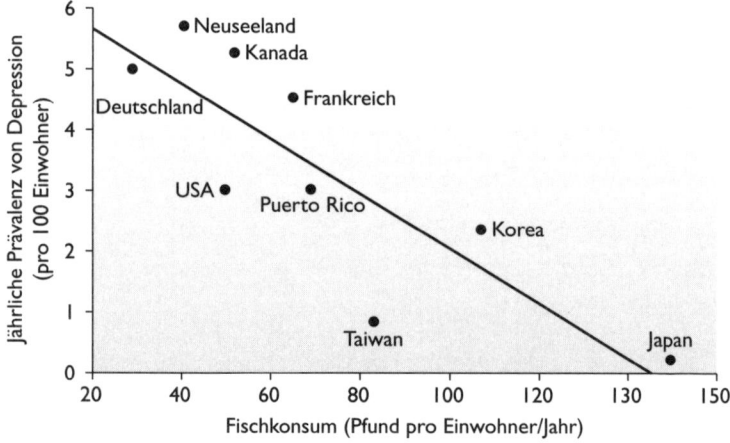

Abb. 9.3: Diese Graphik zeigt den Zusammenhang zwischen Fischkonsum und Depressionen: In Ländern mit geringem Fischverzehr treten Depressionen häufiger auf als in solchen, in denen reichlich Fisch gegessen wird.

5. DIE ANDERE SEITE DER MEDAILLE: ÜBERFISCHUNG DER MEERE

Derzeit (2017) leben rund 7,5 Milliarden Menschen auf der Erde. Wenn jeder von uns, wie die Deutsche Gesellschaft für Ernährung empfiehlt und wie es für die Gesundheit des Individuums wahrscheinlich vernünftig wäre, zwei Fischmahlzeiten pro Woche zu sich nähme, dann wären die Weltmeere sehr schnell leer gefischt. Schon jetzt sind die maritimen Fischbestände erheblich reduziert. Gegenüber 1990 hat sich auf allen Weltmeeren die Fangquote verfünffacht, viele Fischbestände gelten als überfischt. Ein besonders krasses Beispiel ist der überdrehte Konsum von Thunfisch. In unserer westlichen Kultur ist Thunfischfleisch fast allgegenwärtig, sei es als Sushi, Tuna-Sandwich, Pizza Tonno, Salade Niçoise oder Thunfischsteak. In Japan ist es noch viel schlimmer – dort sind aufgrund eines unersättlichen Hungers nach Thunfisch die Meere längst leer gefischt und die Fischer arbeitslos.

Gibt es alternative Quellen für Omege-3-Fettsäuren, die uns vor Depression und Demenz schützen? Ja! Die folgende Tabelle nennt uns nichtmaritime Quellen mehrfach ungesättigter Fettsäuren, die unserem Wohlbefinden und unserem Gehirn so guttun:

Mehrfach ungesättigte Fettsäuren	Nicht-maritime Quellen
Linolsäure	Distelöl, Sonnenblumenöl, Weizenkeimöl, Maiskeimöl, Sojaöl, Sesamöl, Chia-Samen
Arachidonsäure	Schweineschmalz, Schweineleber, Eigelb, Fleisch (Schwein, Huhn, Rind), Camembert
α-Linolensäure	Leinöl, Leinsamen, Hanföl, Walnussöl, Rapsöl
Docosahexaensäure (DHA)	Algen

Trotzdem: Diese Umweltaspekte sollen auf keinen Fall dazu führen, auf den Genuss von Fisch völlig zu verzichten. Denn wie meine »Feldstudie« auf Hiddensee gezeigt hat: Fischessen macht glücklich.

6. SÜCHTIG NACH FAST FOOD: WENN ESSEN ABHÄNGIG MACHT

Dass Fast Food schlecht für unsere Gesundheit ist, jede Menge Krankheiten befördert und uns dazu auch noch unglücklich macht – schlimm genug. Wie aber kann es sein, dass uns ungesundes Essen auch noch zu Junkies werden lässt? Wie können wir süchtig nach Zucker und Fast Food sein, wenn es doch so schädlich für uns ist? Das ist doch total perfide!

Tatsächlich haben neue Untersuchungen einen Zusammenhang zwischen einer krankhaften Überernährung und dem bei allen Formen der Abhängigkeit beteiligten Belohnungssystem entdeckt. Ähnlich wie süchtig machende Drogen wie Kokain, Alkohol oder Nikotin können zucker- und fetthaltige Speisen die Ausschüttung von Wohlfühlhormonen aktivieren. Vor allem Dopamin und Serotonin werden dann freigesetzt, sodass sich prompt nach der Junk-Food-Mahlzeit ein wohliges Gefühl einstellt – verbunden mit dem Wunsch nach mehr.

Die leider früh verstorbene Berliner Neurowissenschaftlerin Yvonne Rothemund[15] hat die Reaktion des Gehirns von dicken Menschen auf den Anblick von Essen untersucht. Verglichen wurden übergewichtige mit normalgewichtigen Versuchspersonen. Während sie in der fMRT-Röhre lagen, wurden ihnen Abbildungen von unterschiedlichen Mahlzeiten gezeigt. Zunächst: gesundes Essen, mit viel Gemüse und magerem Fleisch. Dann: ungesundes, hochkalorisches Essen in Form von fettem Fleisch, Hamburgern und Pommes. Den übergewichtigen Versuchspersonen lief bereits beim Anblick des ungesunden Essens nicht nur das Wasser im Munde zusammen, sondern es wurden jene Regionen in ihrem Gehirn aktiviert, die für unser Glücksempfinden zuständig sind: das dorsale Striatum, das hintere Cingulum und die seitliche orbitofrontale Hirnrinde. Verblüffend: Je dicker die Versuchspersonen waren, desto intensiver war die Aktivierung des Glücks- und Belohnungssystems.

Der Anblick von Fast Food – so der Tenor der Studie – sorgt bei dicken Menschen sozusagen für eine so starke Stimulierung des Belohnungssystems, dass es sämtliche Signale von Sättigungsgefühl und Zufriedenheit übertönt. Anders gesagt: Der Übergewichtige hört einfach nicht auf zu essen, selbst wenn er satt ist. Sein Belohnungssystem suggeriert ihm pausenlos, dass es ihm nur dann gut gehen wird, wenn er weiterisst.

Es ist ein echter Teufelskreis, aus dem man nur schwer wieder herauskommt. Bei den Dicken läuft das Belohnungssystem auf Hochtouren, sie sind gierig nach allem Essbaren, und allein der Anblick von Essen führt zur Aktivierung der Accumbenskerne und zur Ausschüttung von Dopamin – ganz so, als würde man sich Kokain in die Nase ziehen oder Marihuana rauchen.

Fatalerweise wird das Belohnungssystem beim Anblick von hochkalorischem Essen besonders stark stimuliert. Das ergibt evolutionär gesehen Sinn, weil hochkalorisches Essen über Hunderttausende von Jahren nicht so leicht zu bekommen war. Heute ist es an jeder Ecke zu Spottpreisen und in schlechter Qualität verfügbar, und auf diese fundamentale Änderung der Situation ist das Belohnungszentrum nicht ausgelegt. In einem Experiment der amerikanischen Neuropsychologin Janet Ng[16] durften sowohl übergewichtige als auch normalgewichtige junge Frauen in der Röhre des funktionellen Magnetresonanztomographen durch ein Schlauchsystem an einem hochkalorischen Vanille-Schoko-Milchshake nippen.

Bei den Übergewichtigen kam es im Vergleich zu schlanken Frauen sowohl beim Anblick des Milchshakes als auch während des Trinkens zu einer signifikanten Aktivierung des Belohnungssystems – das hintere Cingulum, der Hippocampus und die Basalganglien als Zentrum der Vorfreude und Motivation leuchteten auf. Die dünnen Frauen hingegen ließen sowohl der Anblick als auch das Schmecken des Milchshakes kalt – im Gegenteil, ihre Aktivität im Belohnungssystem nahm sogar ab. Diese schlanken Studienteilnehmerinnen freuten sich wahrscheinlich gar nicht auf ihre nächste Mahlzeit, sondern auf die nächste Runde Joggen im Park. So unterschiedlich sind die Menschen.

7. DA SETZT DIE VERNUNFT AUS

Besonders interessant bei Übergewichtigen jedoch ist die starke Aktivierung des präfrontalen Cortex, sobald hochkalorisches Essen ins Spiel kommt. Dies kann sowohl durch den Anblick, den Geruch oder den Geschmack geschehen. Wir erinnern uns daran, dass der präfrontale Cortex die Anlaufstelle von sensorischen Eindrücken ist und sehr stark an der Planung und emotionalen Bewertung von Handlungen beteiligt ist. In Erwartung und Vorfreude auf eine hochkalorische Mahlzeit oder einen Schokoriegel wird er bei den

Dicken stark aktiviert. Viel stärker, als wenn es sich um eine Mahlzeit handelte, auf die man sich nicht oder weniger freut – sagen wir, einen Rohkostsalat.

Die Reaktion auf sensorische Eindrücke des Belohnungssystems ist bei jedem Menschen individuell unterschiedlich. Wer beim Anblick von Essen und Süßigkeiten eine besonders starke Stimulation des Belohnungssystems inklusive massenhafter Ausschüttung des Glückshormons Dopamin erlebt, hat das Schicksal, ständig unvernünftig viel zu essen und einen stetigen Kampf gegen die Pfunde ausfechten zu müssen.

Bei normalgewichtigen, gesunden Menschen hingegen funktioniert die Regulierung der Essensaufnahme über das Hungergefühl: Der Magen ist leer, der Blutzuckerspiegel fällt ab, im Gehirn springen Hungerrezeptoren an und befehlen: »Jetzt musst du etwas essen!« In diesem Regulationsmechanismus funkt bei stark Übergewichtigen das Belohnungssystem dazwischen: Denn Essen ist Lust und macht Spaß. Wenn wir essen, reagiert das Belohnungssystem mit der Ausschüttung des Glückshormons Dopamin. Ein übergewichtiger Mensch verschafft sich Lust, indem er isst.[17]

Es entsteht ein tragischer Teufelskreis aus Gewohnheit, Vererbung, Überangebot an ungesunden Nahrungsmitteln und mangelnder Bewegung, der die Regulationssysteme bei Übergewichtigen irgendwann zusammenbrechen lässt – angetrieben von der Laborratte in uns, die immer wieder auf den Hebel drückt, damit wir befriedigt, gelobt und belohnt werden.

8. KÖRPER, HÖR DIE SIGNALE: GHRELIN UND LEPTIN

Jedermann kennt die Situation, in der er sich mit Essen belohnt: ein Stück Kuchen, ein Riegel Schokolode, das extragroße Schnitzel. Unmittelbar stellt sich ein wohliges Gefühl ein – ganz klar, Essen macht glücklich. Die Folgen: Viele Menschen sind übergewichtig und leiden unter den Folgeerkrankungen Herzinfarkt, Schlaganfall oder orthopädischen Problemen. Dabei verfügt der Körper von Natur aus über ein ausgeklügeltes Regulationssystem, mit dessen Hilfe der Verbrauch von Energiereserven und die Nahrungsaufnahme im Gleichgewicht gehalten werden, sodass wir einerseits immer wissen, wann wir Nahrung zu uns nehmen sollten, und andererseits nicht dick werden.

Bei der langfristigen Einstellung des Körpergewichts spielen vor allem zwei Hormone eine wichtige Rolle, die wie zwei Ringer gegeneinander kämpfen: Leptin und Ghrelin. Leptin ist der Hauptakteur bei diesem Spiel »Habe ich Hunger, oder bin ich satt?«. Es ist für das Signal »Stopp!« zuständig, wenn man genug gegessen hat. Das funktioniert allerdings nur dann, wenn alles stimmt, wenn wir uns also wohl fühlen und gesund sind – und zum Beispiel nicht ständig mit leicht verfügbarem Fast Food konfrontiert werden, dessen Anblick allein das Belohnungssystem stimuliert. Wir brauchen uns nur in der Fußgängerzone oder am Strand umzuschauen, um zu sehen, dass das Stopp-Signal häufig nicht beachtet wird und die Ampel essenstechnisch auch bei Rot passiert wird.

Wenn es nach dem Leptin ginge, sollte das nicht so sein: Es wird in den Fettzellen gebildet, kann ohne Probleme die

Blut-Hirn-Schranke passieren, also vom Blutkreislauf kommend Hirnstrukturen erreichen. Es dockt an Rezeptoren des Hirnstamms an und wirkt auf zweierlei Art auf die dortigen Nervenzellen ein:

Zum einen hemmt es den Appetit, indem es Nervenzellen blockiert, die Hungergefühl verursachen. Auf diese Weise wird die Lust am Essen durch die Leptinausschüttung der Fettzellen direkt im Gehirn zurückgefahren. Die Fettzellen signalisieren: Es reicht – hör auf zu essen! Das ist der Grund dafür, warum der Tipp, langsam zu essen und ausgiebig zu kauen, so wertvoll ist, denn die Fettzellen müssen genügend Zeit haben, ihre Leptinsignale in das Gehirn auszusenden.

Durch das Leptin werden Nervenzellen angeregt, die jede Menge appetitzügelnde Stoffe freisetzen. Einige von ihnen ähneln in ihrer Zusammensetzung dem industriell hergestellten Aufputschmittel Amphetamin. Leptin aktiviert nämlich einen Rezeptor auf der Oberfläche der Neuronen, der als »cocain- und amphetamin-reguliertes Transkript (CART)« bezeichnet wird. Klingt kompliziert, ist aber ganz einfach: Wenn dieser Rezeptor heißläuft, verschwindet der Appetit, man hat keinen Hunger mehr. Zugleich ist man total aufgeputscht, unter Strom und hat kein Schlafbedürfnis. Wer denkt schon daran, sich ein Wiener Würstchen aus dem Kühlschrank zu holen, wenn draußen im Garten Einbrecher um das Haus schleichen?

Leptin hat mithin zwei Effekte: Es hemmt den Appetit und aktiviert zugleich, mithin eine Aufputschdroge, die uns unempfindlich gegen Hunger macht. Wenn die Fettschicht dünner wird, weil wir länger nichts gegessen haben, der Körper aber trotzdem Energie verbraucht, nimmt die Leptinkonzentration im Blut wieder ab, und der Hunger kommt zurück.

Es gibt in unserem Erbgut ein Gen, welches die Leptinproduktion reguliert: das O-Gen. Es wurde mehr oder weniger zufällig in einem amerikanischen Forschungslabor entdeckt. Dort fiel an einer Mäusefamilie auf, dass einige ihrer Mitglieder besonders viel Appetit hatten und auch ungewöhnlich dick wurden. Die Untersuchung der Erbsubstanz dieser fetten Mäuse förderte eine zufällige Mutation jenes Gens zu Tage, das für die Produktion des Hormons Leptin zuständig ist. Das Leptin dieser Mäuse war fehlerhaft und unwirksam. Mit dem Ergebnis, dass auch bei reichlich gefüllten Fettzellen das appetithemmende Stoppsignal ausblieb. Die Mäuse fraßen einfach immer weiter.

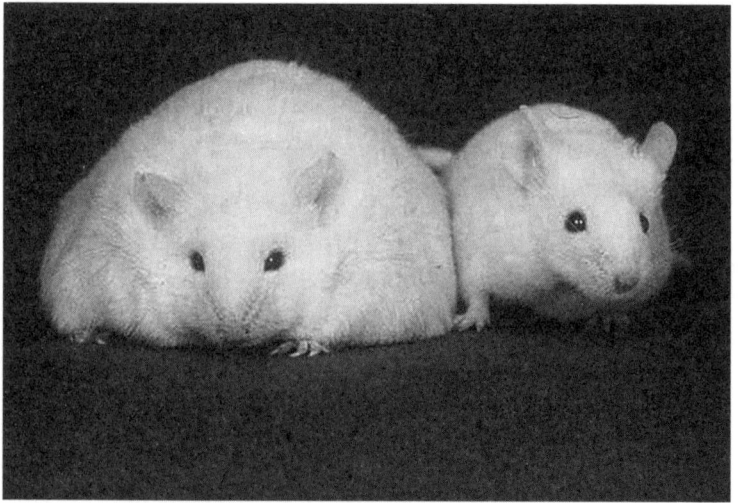

Abb. 9.4: Bei der linken Maus wurde das leptinregulierende Gen ausgeschaltet. Sie hörte nicht auf zu fressen und ist extrem übergewichtig.

Abb. 9.5: So kann man sich den Kampf zwischen den beiden Antagonisten Ghrelin und Leptin vorstellen: Der eine macht Hunger, der andere vertreibt ihn.

Hurra! Endlich ist es gefunden, das ideale appetitzügelnde Medikament, könnte man denken. Her mit der Leptinpille! Aber leider stimmt das nicht. Wie man überraschenderweise herausgefunden hat, liegt bei stark übergewichtigen Menschen kein Mangel an Leptin vor (wie bei der fetten Maus auf dem Bild), sondern im Gegenteil ein sehr hoher Spiegel dieses Hormons im Blut. Dicken fehlt es also nicht an Leptin, sondern sie sind resistent dagegen. Das Hormon ist bei Übergewichtigen als Appetitzügler schlicht wirkungslos.

Mittlerweile sind die Ursachen für die Resistenz hinlänglich erforscht, und wir wissen, dass bei Dicken das im Blut zirkulierende Leptin ab einem bestimmten Stadium des Übergewichts nicht mehr so ohne Weiteres die Blut-Hirn-Schranke passieren kann und somit nicht an den Nervenzellen im Gehirn seine Aufgabe erfüllen kann.[18] Die Leptinmoleküle, die es doch noch schaffen, in die Nähe der entscheidenden Nervenzellen im Hirnstamm zu gelangen, wirken bei Übergewichtigen zudem nicht so stark appetithemmend wie bei Normalgewichtigen.

Auch der in industriellem Ausmaß verordnete Diätwahn scheint eine große Rolle zu spielen. In dem Diät-Softdrink Cola Light etwa oder in Diät-Shakes ist eine große Menge des Zuckeraustauschstoffs Fruktose (hiermit ist industriell gefertigte Fruktose gemeint, nicht die ungefährliche Fruktose in Obst und Gemüse) enthalten. Dieser blockiert regelrecht die Passage des Leptins durch die Blut-Hirn-Schranke, sodass der Hilferuf der Fettzellen, »Jetzt ist es genug«, im Gehirn gar nicht ankommt. Ferner ist das Gluten des Weizenmehls ein Konkurrent des Leptins, wenn es um die Bindung an die Nervenzellen im Hirnstamm geht. Je mehr Weißmehlprodukte, wie zum Beispiel helle Brötchen, wir also essen, desto schwerer wird es dem Leptin gemacht, appetithemmend zu wirken.

Die »Leptinpille« als Appetithemmer gibt es also leider noch nicht, obwohl im Internet tatsächlich viele Angebote für solch ein Produkt zu finden sind. Als Tablette wird das Leptin im Magen-Darm-Trakt jedoch unweigerlich abgebaut und gelangt nicht ins Blut – deshalb Vorsicht, nicht auf solche Angebote reinfallen! Wieder einmal sind gesunde Ernährung mit Gemüse und Vollkornbrot sowie Sport der Weg zum Erfolg. Denn Sport aktiviert das Leptin – auch bei stark Übergewichtigen.

9. GHRELIN: WENN ESSEN ZUR SUCHT WIRD

Leptin hat freilich auch einen Gegenspieler namens Ghrelin. Der Name ist ein Kunstwort, zusammengesetzt aus den englischen Wörtern »Growth Hormone Release Inducing«. Dabei handelt es sich um ein Hormon, das vor allem die Aufgabe hat, den Appetit anzuregen und Hunger zu erzeugen. Daneben hat es aber noch eine ganze Reihe anderer Wirkungen. So ist bekannt, dass es an der Entwicklung von Süchten, sei es Alkoholabhängigkeit, sei es Spiel- oder Medikamentensucht, beteiligt ist.

Ghrelin wird vorwiegend von Zellen der Magenschleimhaut und in der Bauchspeicheldrüse gebildet. Es reguliert die Nahrungsaufnahme und sorgt dafür, dass wir zum richtigen Zeitpunkt genügend Appetit haben. Deshalb spielt es auch bei der Entwicklung von Fettleibigkeit eine Rolle. Kurz vor dem Essen und in Hungerphasen werden die Magenzellen aktiv. Sie schütten Ghrelin in die Blutbahn aus. Das Ghrelin passiert die Blut-Hirn-Schranke und stimuliert Neuronen des Hirnstamms, speziell im Hypothalamus, der Zentrale für die Regulation vegetativer Funktionen, wie zum Beispiel von Atmung, Herzschlag, Körpertemperatur und eben auch Durst und Hunger. Auf der Oberfläche der Neuronen befinden sich Rezeptoren in Form von Eiweißstrukturen, in die das Ghrelin wie ein Schlüssel in ein Schloss passt. Wenn es andockt, werden die Neuronen aktiviert und leiten die Hungersignale weiter. Ergebnis: Man bekommt Hunger und Lust zu essen.

Die Neuronen, die durch das Ghrelin maximal aktiviert werden, sind dieselben, welche das Leptin hemmt.[19] Sie schütten nun appetitanregende Stoffe aus, und die hunger-unterdrückende Wirkung des Leptins wird blockiert. Jetzt ist Essen und Genießen angesagt. Wenn es nach dem Ghrelin ginge, am besten so viel und so lange, bis der Magen voll ist. Dann erst nämlich hört dessen Schleimhaut auf, Ghrelin zu produzieren und auszuschütten.

Deshalb: Langsam essen, nicht schlingen, der Magen muss sich an den neuen Füllungszustand erst gewöhnen. Es dauert, bis er aufhört, Ghrelin auszuschütten und Hungersignale auszusenden. Wenn wir zu schnell essen, bekommen wir leicht den Punkt nicht mit, an dem der Magen sagt: Danke, es reicht. Und essen zu viel.

Die Ghrelinrezeptoren können durch künstlich hergestellte chemische Substanzen deaktiviert werden, sodass Ghrelin nicht am Hirnstamm andocken kann. Die Hungersignale aus dem Magen kommen dann nicht mehr im Gehirn an, das Schloss ist blockiert, als ob der Schlüssel von innen steckt und man von außen die Tür nicht öffnen kann. Versuchstiere, die mit solch einem Antagonisten behandelt wurden, haben nur noch sehr wenig Lust auf Futter und verlieren an Gewicht. Der ideale Appetitzügler also – ist derzeit aber erst in der Entwicklung.

Interessant am Appetit- und Dickmachhormon Ghrelin ist die Tatsache, dass es auch Depressionen dämpft und seine Ausschüttung vor Angstzuständen schützt. Wer kennt das nicht, Stichwort »Kummerspeck«: Stress und Traurigkeit verlocken zu reichlichem Essen und können im Extremfall zu Übergewicht und Fresssucht führen. Die Ghrelinrezeptoren auf dem Hirnstamm sind nämlich vor allem im Bereich wichtiger Strukturen des Glücks- und Motivationssystems zu finden. Immer dann, wenn eine dieser Regionen im Glückszentrum stimuliert wird – zum Beispiel durch Ghrelin –, kommt es daher zur massenhaften Ausschüttung des Wohlfühlhormons Dopamin.

Was aber können wir tun, um der von Ghrelin hervorgerufenen Esssucht auch im Alltagsstress auf natürlichem Wege zu entkommen? Studien haben gezeigt, dass fettreiche Nahrung wie Schweinshaxe, Bockwurst und Co. den Ghrelinspiegel hochpeitschen und uns stimulieren, immer weiter zu essen, während eiweißreiche Nahrungsmittel wie Hühnchen, Fisch und Gemüse den Ghrelinspiegel senken und damit die Lust am maßlosen Essen dämpfen. Auch Nüsse und Mandeln wirken dem Ghrelin entgegen. Bei Heißhunger hilft es daher, einige Mandeln zu knabbern, um gegen den Ghrelin-Kick anzukämpfen.

10. GHRELIN UND SUCHT

Schon den Erstbeschreibern des Glücks- und Motivationssystems, Olds und Milner, war rasch klar, dass die Mobilisierung von Glücksgefühlen nicht nur positive Aspekte hat, sondern auch die Gefahren von Sucht und Abhängigkeit mit sich bringt. Erinnern Sie sich noch an die Ratte im Versuchskäfig, die nicht aufhören konnte, die Taste zu drücken, um über Stromstöße ihr Glückszentrum zu stimulieren? Die Ratte mochte zwar glücklich sein, vor allem jedoch war sie abhängig.

So ist Ghrelin nicht nur an der Entwicklung von Fettleibigkeit beteiligt – es steigert auch das Verlangen nach Alkohol. Das »Hunger«-Hormon gilt laut neuester Forschungen sogar als der Schlüssel zur Alkoholsucht. Die Neurowissenschaftlerin Elisabet Jerlhag[20] und ihre Kollegen von der Universität Göteborg in Schweden führten in diesem Zusammenhang ein Experiment mit Mäusen durch, bei dem kleine Mengen von Ghrelin direkt in das Belohnungszentrum des Gehirns der Versuchsmäuse gespritzt wurden. Diese konnten sich dann zwischen zwei Trinkflaschen entscheiden. Die eine war mit Wasser, die andere mit einem Wasser-Alkohol-Gemisch gefüllt. Die ghrelingefluteten Mäuse bevorzugten eindeutig den Alkohol und verschmähten das Wasser. Andersherum wurde der Alkoholtrank abgelehnt, wenn den Mäusen kein Ghrelin verabreicht wurde. Offenbar bestand ein Zusammenhang zwischen einem hohen Ghrelinspiegel und der Lust auf Alkohol.

Eine Arbeitsgruppe des National Institute of Health in den USA konnte unter der Leitung von Lorenzo Leggio[21] ferner nachweisen, dass das Ghrelin nicht nur beim Versuchstier im Labor, sondern auch bei Menschen die Lust erhöht, Alkohol zu trinken. Bei einem Experiment wurde 45 Männern und Frauen, die gewohnheitsmäßig größere Mengen Alkohol tranken und nicht zu einer Entzugsbehandlung bereit waren, teils eine Ghrelinlösung, teils eine Kochsalzlösung (Placebo) intravenös zugeführt. Das Ergebnis war, dass das Verlangen nach Alkohol bei den Probanden, die Ghrelin infundiert bekamen, wesentlich stärker war als in der Placebo-Gruppe. Hingegen war bei beiden Gruppen gleichermaßen kein Anstieg des Appetits beispielsweise auf süße Obstsäfte zu verzeichnen. Anhand von Blutentnahmen konnte festgestellt werden, dass das Verlangen nach Alkohol – in der Fachsprache als »Craving« bezeichnet – allein von der Blutkonzentration des Ghrelin abhängig war. Die Entwicklung eines Ghrelin-Blockers könnte also nicht nur dazu führen, ein wirksames Medikament gegen Fettleibigkeit zur Verfügung zu haben, sondern könnte auch Alkoholabhängigen helfen.

11. EIN GLAS ZU VIEL

Dass Alkohol süchtig macht, ist allgemein bekannt – man braucht sich nur die bedauernswerten Opfer der Alkoholkrankheit im Stadtbild der Metropolen anzuschauen. Alkoholismus hat viele negative Konsequenzen – man schätzt, dass allein in den USA der Gesellschaft jährlich ein Schaden von rund 220 Milliarden Dollar aufgrund eingebüßter Produktivität und der aus der Abhängigkeit resultierenden Kriminalität entsteht. Das sind umgerechnet etwa zwei Dollar Schwund pro Drink! Die Ursachen der Alkoholkrankheit sind vielfältig, es gibt kulturelle, psychologische und genetische Faktoren, die an der Entstehung beteiligt sind.

Nach dem ersten oder zweiten Glas fühlen sich viele Menschen erst einmal ganz wohl, es entsteht ein leicht euphorisches Gefühl, welches als »Schwips« vielfach besungen worden ist. Im Gehirn verändert die Wirkung des Alkohols jedoch das Gleichgewicht der Überträgerstoffe, die den »Talk« zwischen den Nervenzellen aufrechterhalten. Wie gesehen gibt es hemmende und erregende Neurotransmitter. Bei einer geringen Menge Alkohol, dem berühmten Glas

Sekt zum Beispiel, kommen die erregenden Überträgerstoffe stärker zur Geltung: Der Schüchterne wird selbstbewusster, Angst und Druck im Kopf lassen nach, man entspannt sich, die Stimmung steigt. Bei höherer Dosis und längerer Einwirkzeit, kurz: wenn man einen Abend lang konstant viel in sich hineinschüttet, werden die Erregerstoffe gebremst und zugleich die Wirkungen der hemmenden Neurotransmitter verstärkt. Das Ergebnis sind Müdigkeit, dümmlich dreinblickende Schnapsleichen und die Unfähigkeit, einen klaren Gedanken zu fassen. Die Party ist vorbei.

Wie aber kann der Mensch süchtig danach werden, sein Gehirn auszuschalten und sich abzuschießen, wie man so sagt? Abgesehen von all den anderen schädlichen Nebenwirkungen wie dem Kater danach und den gesundheitlichen Schäden auf längere Sicht! Dies hat wieder einmal mit dem Glückszentrum zu tun. Tatsächlich ist das Gehirn in der Lage, eigene opiumähnliche Substanzen zu bilden. Das haben wir bereits beim Marathonläufer festgestellt, der durch körperliche Anstrengung bis zur Schmerzgrenze high wird, indem er Endorphine und körpereigene Opioide ausschüttet. Sie haben eigene Rezeptoren, an denen sie andocken und die in direkter Verbindung mit dem Belohnungs- und Glückssystem stehen. Hier schließt sich der Kreis: Denn Alkohol ist in der Lage, ebenso wie Opium, Heroin und Crack, das Belohnungssystem zu stimulieren. Die Dopaminausschüttung des Nucleus accumbens wird erhöht, was ein augenblickliches Glücksgefühl erzeugt. Süchtig wird man also nicht nach dem Alkohol, sondern nach dem Glück, das man mit ihm zu verbinden lernt.

Vor Kurzem wurde dieser Zusammenhang von den Suchtforschern Jennifer Mitchell und Howard Fields von der University of California aus San Francisco untersucht – mithilfe der Positronen-Emissions-Tomographie, auch PET genannt.[22] Mit dieser Methode können Schnittbilder des Gehirns aufgenommen werden. Im Gegensatz zum MRT interessiert beim sogenannten PET-Scan jedoch nicht die Darstellung von Hirnstrukturen, sondern die Verteilung radioaktiv markierter Substanzen, die dem Untersuchten in die Vene gespritzt werden. Mitchell und Fields verwendeten in ihrem Experiment radioaktiv markiertes Carfentanil, welches dem Opium so ähnlich ist, dass es an die Opioidrezeptoren im Gehirn andockt. Das Trinken von Alkohol führt, so haben die kalifornischen Neurowissenschaftler erstmals nachgewiesen, zu einer Ausschüttung körpereigener Endorphine in Teilen des Glückssystems, vorwiegend jedoch im Nucleus accumbens und im orbitofrontalen Cortex, wo zusätzlich Vernunft und Verhaltenskontrolle lokalisiert sind. Die durch den Alkoholkonsum freigesetzten Endorphine verdrängen das radioaktiv markierte Carfentanil von den Rezeptoren, was im PET gemessen werden kann und ein indirektes Maß für die alkoholbedingte Ausschüttung der körpereigenen Opioide ist.

Der Vergleich zwischen Alkoholikern und Nichtalkoholikern erbrachte in diesem Zusammenhang, dass die Alkoholiker eine besonders starke frontale Stimulation durch Endorphine aufwiesen und ein stärkeres Gefühl von Wohlbefinden und Zufriedenheit infolge des Alkoholgenusses empfanden. Die Wissenschaftler schlussfolgern aus der Untersuchung, dass die Gehirne von Menschen, die gewohnheitsmäßig Alkohol trinken, bereits so verändert sind, das ihr

Glücks- und Belohnungssystem wesentlich stärker auf die Zufuhr von Alkohol anspringt. Diese Tatsache spielt bei der Entstehung der Alkoholsucht eine wesentliche Rolle.

Abb. 9.6: Der Konsum von Alkohol bewirkt über die Ausschüttung körpereigener Endorphine euphorische Zustände, endet jedoch zu oft auch in Suchtverhalten.

Drei Hauptkriterien charakterisieren den Alkoholismus: Zum Ersten ist hier die Entwicklung der Alkoholtoleranz zu nennen: Es wird immer mehr vertragen. Um die gleiche berauschende Wirkung zu erreichen, muss die Trinkmenge gesteigert werden.

Das zweite markante Kennzeichen ist das Auftreten von Entzugssymptomen bei Dosisreduktion oder abrupter freiwilliger oder unfreiwilliger Abstinenz. In der Klinik sehen wir nicht selten Patienten, die zum Beispiel akut mit einem Schlaganfall eingeliefert werden und am zweiten oder dritten Tag Entzugserscheinungen aufweisen. Sie sind verwirrt, schwitzen, ihre Körpertemperatur steigt an. Die Behandlung des Schlaganfalls wird dadurch freilich erschwert. Dieser Zustand wird als »Alkohol-Entzugsdelir« bezeichnet. Er tritt längst nicht nur bei notorischen Alkoholikern auf, er kann auch bei gänzlich unauffälligen Zeitgenossen vorkommen: bei Handwerkern, Lehrern, Büroangestellten, die abends regelmäßig vor dem Fernseher Bier oder Schnaps trinken.

Besonders beeindruckt hat mich in diesem Zusammenhang das Schicksal einer 72-jährigen Patientin, die ehemals Krankenschwester in unserem Klinikum war. Aufgrund von Schmerzen, die in beide Beine ausstrahlten, wurde sie zur Abklärung in unserer Klinik aufgenommen. Da ich die Patientin noch aus früheren Zeiten kannte, erkundigte ich mich beim Stationsarzt am darauffolgenden Tag nach ihr. Dieser berichtete, dass die Patientin auf die Intensivstation verlegt worden sei. Sie habe 24 Stunden nach ihrer Aufnahme ein schweres Delirium bekommen. Wahrscheinlich Alkoholentzug, sagte er mit vorwurfsvollem Ton. Auf der Intensivstation fand ich Schwester Edelgart voller Schweiß und unruhig in ihrem Bett liegen. An der linken Armbeuge tropfte eine gelbliche Flüssigkeit in ihre Vene. Sie brabbelte vor sich hin und erkannte mich nicht, der Monitor zeigte eine Pulsfrequenz von über 110 an, außerdem fühlte sie sich überhitzt an. Ein Entzugsdelir, wie es im Buche steht. Bei der nächsten Visite saß Schwester Edelgart noch etwas erschöpft wirkend am Bettrand und schaute im Fernsehen eine Soap an. »Sie hatten ein schwerwiegendes Delirium, nachdem wir Sie bei uns aufgenommen haben«, sagte ich ihr. »Ich will ehrlich sein, Schwester Edelgart, wir haben den Verdacht, dass Sie zu viel Alkohol trinken.«

Schwester Edelgart schaute mich empört an: »Herr Professor, was unterstellen Sie mir, ich trinke höchstens bei besonderen Gelegenheiten ein Gläschen Sekt, normalerweise nur Pfefferminztee und morgens Kaffee. Ab und zu lade ich ehemalige Arbeitskolleginnen zum Kaffeetrinken ein, dann gib es auch mal ein kleines Gläschen Kräuterlikör, aber ansonsten meide ich Alkohol… Und auch mit Tabletten bin ich vorsichtig. Die Schachtel in meinem Nachtschrank habe ich vor vier Monaten in der Apotheke geholt, und sie ist noch halb voll.«

»Aber irgendetwas muss Ihre Entzugssymptomatik ja hervorgerufen haben«, entgegnete ich. Sie aber zuckte mit den Achseln. Zurück im Arztzimmer, ging ich systematisch die Krankenakte durch, um dem Rätsel doch noch auf die Spur zu kommen. Da stieß ich auf die Eintragung des aufnehmenden Arztes: »Wegen Gliederschmerzen und Erschöpfung nimmt sie Klosterfrau-Melissengeist ein.« Ich schaute nach, aus was die frei verkäufliche Lösung zusammengesetzt ist, und staunte nicht wenig, als ich las, dass die wirksamen Bestandteile Melisse, Enzian, Galgant, Ingwer und Kardamom in 79-prozentigem Alkohol gelöst waren! Jetzt war alles klar: Die alte Dame hatte bei allen möglichen Beschwerden immer wieder einen ordentlichen Löffel Klosterfrau Melissengeist zu sich genommen – praktisch reinen Alkohol. Sie wurde süchtig, ohne es zu merken. Generell gilt: Alte Menschen sollten aufpassen und mit ihrem Arzt sprechen, wenn sie regelmäßig Magenbitter, Kräuterlikör oder Klosterfrau Melissengeist zu sich nehmen.

12. CRAVING: DIE SEHNSUCHT NACH DER DROGE

Das dritte Kernsymptom der Alkoholsucht ist das Craving: ein niemals zu stillendes Verlangen nach Alkohol. Es ist obligater Bestandteil jeder Sucht und wird auch als »Suchtgedächtnis« bezeichnet. Mittlerweile wissen wir, dass Ursache des Craving eine ständige Aktivierung des Glücks- und Motivationszentrums ist. Das stellt eine große Hürde bei der Behandlung von Suchtkranken dar und ist die Hauptursache für Rückfälle.

Einer meiner Patienten beschrieb das Craving einmal so:

»Praktisch jeden Morgen, wenn ich mit einem schweren Kopf aufwache, nehme ich mir fest vor, nichts mehr zu trinken, den ganzen Tag abstinent zu sein, und es kommt mir ganz leicht und einfach vor. Dann jedoch, im Laufe des Tages auf der Arbeit, beginne ich nach und nach und immer mehr an Alkohol zu denken. Es handelt sich nicht um einen überwältigenden und dominierenden Gedanken. Ich stelle mir einfach vor meinem inneren Auge vor, zu Hause zu sein, dort auf dem Sessel zu sitzen und ein Glas Rotwein zu trinken. Das mache ich dann auch. Kaum sind die Schuhe ausgezogen und die eingekauften Sachen im Kühlschrank verstaut, entkorke ich eine Flasche Wein und setze mich mit der Zeitung oder der aktuellen Post an den Tisch und trinke das erste Glas. Das tut gut, ich merke, wie der Stress des Tages von mir abfällt und ich mich endlich entspannen kann. Ich stehe auf, um etwas anderes zu machen, zum Beispiel im Garten zu arbeiten. Aber bereits während dieser Tätigkeit denke ich an ein weiteres Glas. Oder ein Bier. Dann komme ich an unserer Hausbar vorbei und trinke weder Bier noch Wein, sondern genehmige mir einen Grappa. Und ab dem Moment habe ich die Kontrolle verloren. Warum ich ständig trinken will, kann ich gar nicht sagen. Da ist dieses Verlangen nach Alkohol, welches mich den ganzen Tag lang umgibt, völlig egal, ob ich allein zu Hause bin oder mit meiner Frau oder auf Dienstreise oder während einer Urlaubsfahrt. Immer besteht dieses Verlangen in mir. Es vereinnahmt meine komplette Gedankenwelt.«

Wenn wir die neurobiologischen Grundlagen des Cravings verstehen wollen, müssen wir uns wieder dem von James Olds entdeckten Glücks- und Motivationszentrum zuwenden. Denn fatalerweise hat die Sehnsucht nach dem Alkoholrausch sehr viel mit der Sehnsucht nach Glück und vor allem auch Geborgenheit zu tun.

Beim Craving spielt der Nucleus accumbens, der das Glückshormon Dopamin ausschüttet, eine entscheidende Rolle. Untersuchungen mit der funktionellen Magnetresonanztomographie haben gezeigt, dass bei Menschen, die regelmäßig Alkohol trinken, das Glücks- und Belohnungssystem bereits beim Betrachten von Abbildungen alkoholischer Getränke aktiviert wird. Das hat mit dem Gedächtnis zu tun: Man erinnert sich daran, wie ein frisch gezapftes Glas Bier vor einem steht und welches Wohlbefinden sich nach dem Trinken einstellt. Allein das reicht bei diesen Menschen aus, um Verlangen nach Alkohol auszulösen.

Durch den bloßen Anblick von Alkohol oder Abbildungen davon wird die präfrontale Hirnrinde aktiviert, die für die Planung von Handlungen zuständig ist. Zur Planung wird stets ein Gegencheck mit älteren Erfahrungen durchgeführt, der im sogenannten Arbeitsgedächtnis erfolgt. Er ergibt, dass das Trinken von Alkohol als extrem positiv und motivierend abgespeichert ist. Die Erinnerung an Alkohol führt dann – besonders in als stressig empfundenen Alltagssituationen – zu als lustvoll erlebten Dopaminausschüttungen durch den Nucleus accumbens und zur Freisetzung opioidartiger Endorphine im Präfrontalhirn. Ein sich selbst verstärkender Teufelskreis kommt in Gang, der als Craving erlebt wird.[23]

13. MIT MEDIKAMENTEN GEGEN DEN ALKOHOL

In einem Buch über Glück sollte auch besprochen werden, wie es gelingen kann, die Abhängigkeit von Alkohol zu überwinden. Neben wichtigen sozialpsychiatrischen Therapien gibt es auch medikamentöse Ansätze, die beim Craving den Hebel ansetzen. Der logische Gedanke dahinter ist: Wer keine Sehnsucht nach Alkohol hat, der trinkt auch weniger.

In der Zeitschrift *Alcohol and Alcoholism* wurden im Jahr 2000 die Ergebnisse einer Studie publiziert, welche die Wirksamkeit des Medikaments Naltrexon bei der Alkoholentwöhnung untersuchte. Dabei handelt es sich um einen Gegenspieler zu opioidartigen Substanzen, der sich an den Opioidrezeptoren festsetzt, sodass weder Opioide noch Alkohol an sie herankommen. Für die Studie wurden Alkoholkranke mit Naltrexon beziehungsweise einem Scheinmedikament (Placebo) behandelt.[24] Das Ergebnis war eindeutig: Anders als bei den lediglich mit einem Placebo behandelten Alkoholikern nahm das Craving, der Suchtdruck, die Lust auf das nächste Glas, in der Naltrexon-Gruppe statistisch signifikant ab. Auch die Leberwerte, ein Marker für übermäßigen Alkoholkonsum, besserten sich in der mit Naltrexon behandelten Gruppe rasch. Naltrexon ist heute zugelassen zur Rückfallprophylaxe von Alkoholikern, ausdrücklich mit dem Vermerk, dass die medikamentöse Therapie zusammen mit psychotherapeutischen Ansätzen eingesetzt werden soll. Naltrexon ist auch beim Entzug von opioiden Schmerzmitteln wirksam.

2004 veröffentlichte der Pariser Arzt Oliver Ameisen[25], ebenfalls in der Zeitschrift *Alcohol and Alcoholism*, das Ergebnis eines Selbstversuchs mit dem Medikament Baclofen. Dabei handelt es sich um ein schon lange bekanntes Medikament, welches bei Rückenmarkerkrankungen, zum Beispiel bei der Multiplen Sklerose, eingesetzt wird, um die Muskeln weicher zu machen und die Spastik zu reduzieren. In seinem Artikel schreibt Ameisen: »Ich bin Arzt und habe sowohl eine Alkoholabhängigkeit als auch eine Angsterkrankung. Mehrmals war ich bereits wegen Alkoholentzugskrämpfen in stationärer Behandlung.« Ameisen hatte von Tierversuchen im Labor gelesen, in denen gezeigt wurde, dass Baclofen die Gier nach Kokain, Alkohol, Heroin oder Amphetaminen reduzieren kann. Er kam zu dem Schluss, dass Baclofen auch beim Menschen wirksam sein müsste, und startete einen Selbstversuch: Einen Tag nach einem Rückfall nahm er das Medikament ein und steigerte die Dosis langsam. Er beschrieb, dass sein Angstempfinden bereits am ersten Tag deutlich geringer wurde, im Rahmen der Dosissteigerung verschwand auch das Craving nach und nach. Seit dem 37. Tag seines Selbstversuchs mit Baclofen verspürte er überhaupt kein Verlangen nach Alkohol mehr, selbst wenn er sich mit Freunden in einem Restaurant traf. Schließlich stellte er das Trinken von Alkohol gänzlich ein.

Die Tatsache, dass Baclofen das Craving unterdrückt, konnte in groß angelegten wissenschaftlichen Untersuchungen bestätigt werden. In einer französischen Studie wurden 100 alkoholabhängige Probanden, die auf konventionelle Therapien nicht mehr ansprachen, mit steigenden Dosen von Baclofen behandelt.[26] Alkoholkonsum und die Stärke des Cravings wurden über einen Zeitraum von zwei Jahren aufgezeichnet. Das Ergebnis war, dass 92 Prozent der Probanden eine subjektiv empfundene Reduktion des Craving angaben und die Menge an Alkohol, den sie tranken, signifikant abnahm. In Deutschland ist Baclofen zurzeit zur Therapie der Alkoholabhängigkeit noch nicht zugelassen, aber behandelnde Ärzte dürfen es »off Label« nach Abwägung aller Vor- und Nachteile verschreiben.

14. DIÄT GEGEN ALKOHOL-CRAVING

Neben medikamentöser oder psychotherapeutischer Behandlung hilft auch die Umstellung der Lebensgewohnheiten und der Ernährung, um Craving und Alkoholkonsum zu reduzieren. Werden Sie ein neuer Mensch: Treiben Sie Sport, bauen Sie Stress ab und meiden Sie zum Alkoholtrinken verführende Situationen. Das ist leichter gesagt als getan, aber einen Versuch wert. Ganz wichtig ist es, im Stadium der Alkoholreduktion die richtige Diät zu beachten. Im Netz finden sich unter den Stichworten »Alkohol-Graving und Diät« mehrere gute Seiten mit Ernährungstipps zur Bekämpfung des Craving. Da Alkohol den Dopaminspiegel im Gehirn reduziert, geht es nun darum, diesen durch richtige Ernährung so zu erhöhen, dass ein ausgeglichener seelischer Zustand erreicht wird. Hier einige der wichtigsten Tipps:

1. Trinken Sie weniger Kaffee. Für kurze Zeit erhöht Kaffee zwar das Dopamin, man fühlt ich vorübergehend wohl, doch lässt regelmäßiger stärkerer Kaffeekonsum Dopamin langfristig abfallen.

2. Vollkornprodukte (Vollkornbrot, Vollkornpasta) sorgen für einen stabilen Blutzuckerspiegel. Das ist gut für die Hirnzellen, weil eine Unterzuckerung verhindert wird, die Lust auf Süßes – und Alkohol! – macht.

3. Essen Sie Obst und Gemüse, vor allem Bananen und Sonnenblumenkerne. Sie erhöhen auf natürliche Weise den Dopaminspiegel. Zusätzlich wird der Spiegel des Überträgerstoffes Serotonin im Gehirn erhöht, was gegen Angstzustände und Depression hilft.

4. Bevorzugen Sie proteinreiche Nahrung aus Eiern, Hühnchen und Lachs.

Es schließt sich der Kreis, Das Thema »Brain Food« zeigt, dass unser Gehirn für eine ausgeglichene Funktion auch Ansprüche an die Energiezufuhr stellt. Nur dann sind Denken, Gedächtnis, Emotionalität und die Abwesenheit von Süchten möglich.

X.

REWARD DEFICIENCY SYNDROME: WENN DAS BELOHNUNGSZENTRUM NICHT FUNKTIONIERT

Esssucht und Alkoholsucht sind zwei Seiten einer Medaille. Beide haben mit dem Belohnungs- und Motivationssystem zu tun. Manchmal kommt es vor, dass dieses falsch programmiert ist und ein Erfolgserlebnis, ein gutes Essen, ein gutes Glas Wein oder die lang ersehnte Beförderung nicht ausreichen, um das Gefühl von Zufriedenheit zu erzeugen – das Belohnungssystem schreit immerfort nach mehr und mehr. Mehr essen, mehr Alkohol, mehr Arbeit! Das System ist überdreht, es sind immer stärkere Reize und immer extremere Suchtmittel notwendig, um es ruhigzustellen und zumindest für kurze Momente das Gefühl von Glück und Zufriedenheit zu erzeugen. Dieser Zustand wird Belohnungsdefizit-Syndrom *(Reward Deficiency Syndrome)* genannt. Er ist der Grund für viele psychische Erkrankungen, aber vor allem die Hauptursache für die Entstehung von Süchten. Das Reward Deficiency Syndrome wird für eine ganze Anzahl von Süchten verantwortlich gemacht: Alkoholsucht, Esssucht, Spielsucht, Nikotinsucht, Opiumsucht, Pornographiesucht, Sexsucht und die Sucht nach Aufputschmitteln. Bei der Entstehung von Süchten scheint das Reward Deficiency Syndrome ein gewichtiger Faktor zu sein.

Das Reward Deficiency Syndrome wurde erstmals 1996

von dem Neurowissenschaftler Kenneth Blum beschrieben. Er wollte erklären, warum das Belohnungssystem bei den Menschen so unterschiedlich programmiert ist, warum der eine glücklich wird, wenn er bei einem Laufwettbewerb auf dem Treppchen steht, während sich der andere mit Alkohol abfüllen oder Heroin spritzen muss, um das gleiche Maß an Befriedigung zu bekommen.[1] Blum erklärte diesen Umstand mit einer genetischen Variation des D2-Dopaminrezeptors. Viele sagen seitdem, Kenneth Blum habe das Säufer-Gen gefunden – und das ist vermutlich auch zutreffend.

Auf jeden Fall birgt das Gen, welches die Struktur des Dopaminrezeptors auf der Oberfläche der Neuronen genetisch festlegt, einen Schlüssel zum Verständnis von Sucht und vielen anderen psychischen Erkrankungen. Bisher war dabei viel vom Dopamin die Rede, dem Überträgerstoff der Glückgefühle. Jetzt ist es an der Zeit zu fragen: Wie entfaltet das Dopamin überhaupt seine glückbringende Wirkung auf das Gehirn? Anders gefragt: Wie funktioniert Glück?

Die Nervenzellen haben spezielle Empfangseinheiten für die Signale des Dopamins. Das funktioniert in etwa so, wie wenn Sie jemanden auf dem Handy anrufen und diese Person den Anruf annimmt, weil sie Ihre Nummer auf dem Display sieht. Eine unbekannte Nummer hätte sie vielleicht weggedrückt. Die Empfangseinheiten, auch Rezeptoren genannt, sitzen auf der Zelloberfläche von Nervenzellen und warten darauf, »angerufen« zu werden oder, wie es wissenschaftlich heißt, durch das Dopamin stimuliert zu werden. Nun gibt es unterschiedliche Typen von Dopaminrezeptoren, die von D1 bis D5 durchnummeriert sind. Für uns von Interesse ist der D2-Rezeptor, denn er sitzt vorwiegend im

Bereich des Nucleus accumbens und anderer Strukturen des Glücks- und Belohnungssystems. Seine Stimulation führt zur Aktivierung des Glücks- und Belohnungssystems und der Empfindung von Freude und Glück.[2]

I. DER SCHLÜSSEL ZUM GLÜCK

Kenneth Blum hat nun herausgefunden, dass die D2-Rezeptoren, ähnlich wie Augen- oder Haarfarbe, in unterschiedlichen Variationen vererbt werden und dadurch gegenüber Dopamin unterschiedlich empfindlich sind.

Stellen Sie sich vor, Sie besitzen den Hauptschlüssel eines Miethauses. Für die Wohnungen 1 und 2 passt er perfekt. Alle anderen Türen können Sie auch öffnen, jedoch geht es hier schwerer. Etwas stimmt mit der Passgenauigkeit nicht, Sie müssen herumfummeln, die Tür andrücken, um den Schlüssel im Schloss bewegen zu können. So ähnlich verhält es sich mit den Dopaminrezeptoren: Sie sind das, was das Schloss für den Schlüssel ist. Menschen, denen eine bestimmte Variante des D2-Gens vererbt wurde, haben einen Schlüssel für ihr Glückssystem, der nicht hundertprozentig passt. Deshalb sind sie kaum dazu imstande, Glücksgefühle zu erleben, wenn sie Erfolg hatten oder eine lobenswerte Leistung vollbracht haben. Sie sind unfähig, Freude oder Stolz zu empfinden. Dies hat zur Folge, dass sie schneller zu Suchtstoffen greifen, um das Belohnungssystem hochzupeitschen und sich wohlzufühlen. Diese Tabelle (nach Kenneth Blum) zeigt die Folgen des Reward Deficiency Syndrome:

Reward Deficiency Syndrome (Kenneth Blum)

Sucht-erkrankungen	Impulsives Verhalten	Zwang	Persönlichkeits-störung
Drogensucht	ADHS (Aufmerksamkeits-defizit-/Hyper-aktivitätsstörung)	Sexuelle Perversion	Antisoziale Persönlichkeits-störung
Nikotinsucht	Tourette-Syndrom	Spielsucht	Aggressive Persönlichkeits-störung
Fresssucht/ krankhaftes Übergewicht	Autismus		Kontakt-störung

Wenn der D2-Rezeptor aus genetischen Gründen nicht empfindlich genug gegenüber dem Dopamin ist, springt das Glückssystem bei den kleinen Freuden und Erfolgen des Alltags nicht an. Die Folgen sind unangenehme Emotionen oder Craving nach stärkeren Reizen und größeren Erfolgser-

Abb. 10.1: Glücksgefühle beim Bungee-Jumping.

lebnissen. Dies können Substanzen sein, die eine verstärkte Aktivierung des Belohnungssystems bewirken. Man kann sein Glücks- und Belohnungssystem aber auch durch extremen Nervenkitzel in Fahrt bringen. Zum Beispiel durch extreme Erfahrungen wie Bungee-Jumping und andere Risikosportarten. Wobei nicht jeder Bungee-Jumper notgedrungen ein Reward Deficiency Syndrome haben muss – oder vielleicht doch ein bisschen?

2. DER ZOCKER

»Ich war wie im Fieber und schob einen ganzen Haufen Geld auf Rot – und kam mit einem Mal zur Besinnung! Nur dieses eine Mal während des ganzen Abends, während des ganzen Spiels, lief mir aus Angst ein kalter Schauer über den Rücken und ließ mir Hände und Füße zittern. Mit Grauen erkannte und fühlte ich, was für mich jetzt ein Verlust bedeutete! Ich habe mein ganzes Leben aufs Spiel gesetzt!« Dies ist ein Zitat aus Dostojewskis Roman *Der Spieler*. Im *Pschyrembel*, einem medizinischen Lexikon, in dem in alphabetischer Reihenfolge die gebräuchlichsten und wichtigsten Begriffe der Medizin aufgeführt sind, ist unter dem Stichworten »Sucht und Abhängigkeit« zu lesen: »Starkes, übermäßiges und zum Teil zwanghaftes Verlangen, um sich positive Empfindungen zu verschaffen oder unangenehme Situationen zu vermeiden.« Darunter wird jedoch nicht nur die Abhängigkeit von bestimmten Suchtstoffen verstanden, sondern auch das Angewiesensein auf bestimmte Verhaltensweisen, wie zum Beispiel Arbeitssucht, Mediensucht oder Spielsucht. Unter Spielsucht versteht man ein pathologisches oder zwanghaftes Spielen, welches dadurch charakterisiert ist, dass der »Erkrankte« nicht in der Lage ist, den Anreizen auf Glücksspiel und Wetten zu widerstehen, unabhängig von den Konsequenzen für seine private, familiäre oder berufliche Existenz. Ähnlich wie bei der Heroin- und der Kokainsucht steht beim Spielsüchtigen nur eine Sache im Mittelpunkt der Gedankenwelt, in diesem Fall das Glücksspiel. Auch in der Internationalen Klassifikation der Krankheiten und verwandter Gesundheitsprobleme (ICD) wird die Spielsucht, ebenso wie Kleptomanie (pathologisches Stehlen) und Pyromanie (pathologische Brandstiftung), unter der Rubrik »abnorme Gewohnheiten« kategorisiert. Laut Wikipedia sind die Symptome der Spielsucht »häufiges oder auch episodenhaft wiederholtes Spielen« sowie beständige gedankliche Beschäftigung mit Spieltechniken und der erforderlichen Geldbeschaffung. Verluste werden bagatellisiert, mit Gewinnen wird geprahlt, und die Anhäufung von Schulden wird in Kauf genommen. Ferner gehören, ähnlich wie bei

Abb. 10.2: Glücksspiel-automaten in einer Spielhalle.

der Alkoholsucht, auch Versuche, dem Spieldrang zu widerstehen, zum Symptom.

Was aber geht eigentlich im Gehirn eines Spielers vor, wenn er alles auf eine Karte setzt?

3. MONEY MAKES THE WORLD GO ROUND

Geld spielt im Leben der meisten Menschen eine herausragende Rolle. Geld zu verdienen oder mit Geld für Leistungen belohnt zu werden ist mittlerweile in unseren neurobiologischen Abläufen tief verankert. Es ist dem Erfolgserlebnis unserer Urahnen aus der Steinzeit gleichzusetzen, wenn sie eine Hirschkuh erlegt haben, deren Fleisch für einige Zeit die Familie mit ausreichend Essen versorgte.

Man kann auf verschiedene Art an Geld kommen. Man kann erben, weil die Eltern reich waren – das ist freilich ein nur wenig emotional besetzter Weg, um Besitz zu erwerben. Oder durch eigene Arbeit, indem man jeden Monat sein Gehalt auf sein Bankkonto überwiesen bekommt und dadurch für die Anstrengungen am Arbeitsplatz belohnt wird. Ich habe als Schüler in den Sommerferien auf einem Bauhof ausgeholfen. Meine Aufgabe war es, die Teile, welche die Baufahrzeuge beim An- und Abfahren liegen gelassen haben, wegzuräumen. Das war körperlich eine ziemlich anstrengende Arbeit. Am Ende der Woche kamen dann die Herren von der Buchhaltung, um jedem der Arbeiter eine Tüte mit dem Lohn und einem kleinen Lohnstreifen zu überreichen: die sichtbare Belohnung für geleistete Arbeit. Ich bin sicher, dass in diesem Moment der direkten Anerkennung in meinem Gehirn die Strukturen des Glückssystems eine maximale Aktivierung erfahren haben. Das Gefühl der Belohnung durchflutete mein Bewusstsein.

Diese Gefühle kann man natürlich auch auf einfachere Weise erleben, ohne jeden Tag bei Hitze auf einem Hof Paletten beiseiteräumen und Mörtelsäcke schleppen zu müssen. Zum Beispiel beim Glücksspiel. Wenn ich am Freitag einkaufen gehe, beobachte ich die Menschen vor dem Zeitungskiosk, wie sie ihren Lottoschein ausfüllen. Es sind umso mehr, je höher der aktuelle Jackpot ist. Beträgt er etwa 10 Millionen Euro, ist der Laden voll. Ganz so, als würden 500 000 Euro nicht auch ausreichen, um alle Geldsorgen loszuwerden. Das Glücksspiel, ob im Lotto, im Casino oder beim Internetpoker, fasziniert seit jeher die Menschen. Für die meisten Menschen ist das Spielen Entspannung und Erholung, doch für bestimmte Typen stellt es ein ernsthaftes Problem dar. Wie sind diese Unterschiede zu erklären?

Brian Knutson[3] vom National Institute on Alcohol Abuse and Alcoholism in Bethesda, Maryland/USA, hat sich gefragt, was bei ganz normalen, nicht spielsüchtigen Menschen im Gehirn passiert, wenn sie um Geld spielen. Die Versuchspersonen mussten zunächst ihre Geschicklichkeit bei einem Videospiel üben. Auf dem Schirm erschien ein weißes Rechteck, dann mit Verzögerung von bis zu vier Sekunden ein zweites farbiges Ziel, das möglichst rasch angeklickt werden musste. Die Teilnehmer konnten immer dann, wenn sie das Ziel getroffen hatten, einen Dollar gewinnen. Klickten sie daneben, wurde ihnen das Geld wieder abgezogen. Das alles geschah in einem funktionellen Magnetresonanztomographen, in dem die Aktivierung der unterschiedlichen Hirnstrukturen vor und nach Gewinn oder Verlust gemessen wurde. Wie zu erwarten war, wurde das Belohnungssystem, vor allem der Nucleus accumbens, der Studienteilnehmer aktiviert, wenn sie richtig geklickt hatten und die Gutschreibung eines Gewinnes erwarteten. Überraschenderweise jedoch kam es zur gleichen Aktivierung im Falle eines Geldverlustes, wenn sie also daneben geklickt hatten und wussten, dass ihnen jetzt Geld abgezogen wurde.

Diese Tatsache erscheint im ersten Moment als unlogisch. Wieso sollte das Gehirn Belohnung, Freude und Motivation signalisieren, wenn gerade eine Enttäuschung erlebt wird und Geld verloren geht? Das hat wieder einmal etwas mit der Rolle des Dopamins im Belohnungs- *und* Motivationssystems zu tun. Wenn Sie bei der Bewerbung um einen Job abgelehnt werden, dann ist dies nicht bloß eine Enttäuschung, sondern zugleich auch eine Motivation, es in Zukunft besser zu machen: die Bewerbungsmappe aufzupolieren, sich vor dem Bewerbungsgespräch doch eine Krawatte umzubinden und nicht mit den ausgelatschten Sandalen hinzugehen. Das heißt, jede Enttäuschung birgt auch die Hoffnung auf Besserung.

Viele Nervenzellen im Belohnungs- und Motivationssystem sind für das Erzeugen von Glücksgefühlen zuständig. Dort befinden sich aber auch solche, die sich auf die Wiederholung dieses angenehmen Zustandes und folglich die Aufrechterhaltung und Kontrolle der Motivation spezialisiert haben. Sie sind beispielsweise für die Auswahl von Zielen, die wir erreichen möchten, und von lohnenswerten Anstrengungen verantwortlich. Anders gesagt: Das Belohnungssystem springt nicht nur bei Erfolgen an, sondern auch bei Misserfolg und Bestrafung. Im ersten Fall, um das erreichte Positive auszukosten, im anderen Fall, um sich zu neuerlichen Anstrengungen aufzuraffen.

4. DAS BELOHNUNGSSYSTEM VERSAGT BEI ZOCKERN

Eine Arbeitsgruppe von Marc Potenza[4] von der Yale University hat Menschen, die an pathologischer Spielsucht leiden, mit nicht spielsüchtigen Personen im fMRT verglichen. Dazu benutzten sie im Scanner das gleiche Videospiel inklusive Geldgewinn oder -verlust wie Knutson. Zum besseren Verständnis zeigt Abbildung 10.3 den Versuchsaufbau:

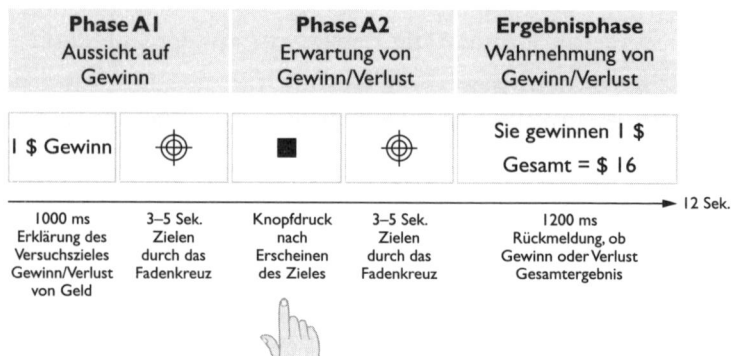

Abb. 10.3: Versuchsaufbau aus der Arbeit von Knutson und Mitarbeitern.

In der Phase A1 wird dem Studienteilnehmer signalisiert, dass er bei diesem Spiel einen Dollar gewinnen kann, er soll das Fadenkreuz fixieren. In der Phase A2 soll die Versuchsperson beim Auftauchen eines weißen Quadrats dieses anvisieren und einen Knopf auslösen. Es folgt eine Wartezeit von ca. drei Sekunden, bis mitgeteilt wird, ob ein Dollar zum Guthaben dazukommt oder abgezogen wird. In der Phase der Erwartung auf das Ergebnis wird bei den Kontrollpersonen das fMRT ausgeführt.

Gerade während der Zeit des Wartens auf die Mitteilung, ob ein Gewinn oder ein Verlust realisiert wurde, wird das Belohnungssystem bei den Kontrollpersonen sehr stark aktiviert. Sie sind gespannt auf das Ergebnis: Gewonnen? Verloren? Nicht so bei den Profizockern – die bleiben kalt und sind nicht nur äußerlich unbeteiligt, sondern auch in ihrem Gehirn tut sich nichts. Die präfrontale Hirnrinde und das vordere Striatum, wo der Nucleus accumbens lokalisiert ist, sind in Erwartung von Gewinn oder Verlust nicht aktiv. Keine Spannung, keine Vorfreude, nichts. Ganz ähnlich wie beim Reward Deficiency Syndrome des Alkoholkranken. Das Belohnungssystem von pathologischen Spielern arbeitet nur auf einem sehr niedrigen Niveau, und sie brauchen einen immens hohen Reiz, indem sie unablässig viel Geld riskieren, um ihr Belohnungssystem in Gang zu setzen.

Was kann man tun, wenn der Spielsüchtige ein Angehöriger, Freund, Partner ist? Folgende Tipps habe ich der Webseite www.automatisch-verloren.de entnommen:

– Pathologisches Glücksspielen ist eine Krankheit.
Je früher sich jemand deswegen behandeln lässt,

desto besser sind seine Chancen auf eine baldige Besserung. Professionelle Hilfe von außen ist notwendig. Angehörige (Partner, Sohn etc.) sollten sich an eine Suchtberatungsstelle, eine der vielen Selbsthilfegruppen oder die Helpline Glücksspielsucht wenden.

- Das Problem unter den Tisch zu kehren oder zu hoffen, dass es »sich von selber erledigt«, verschiebt und vergrößert die Schwierigkeiten nur – handeln Sie frühzeitig.
- Informieren Sie sich über das Thema »Problematischer Umgang mit Sportwetten« bzw. »Pathologisches Glücksspielen«.
- Die Behandlung der Glücksspielsucht wird von der Rentenversicherung oder der gesetzlichen Krankenkasse bezahlt.
- In aller Regel hilft Reden: Sprechen Sie mit einer Vertrauensperson über Ihre Situation, gut eignen sich dafür Personen außerhalb der eigenen Familie – vor allem Freundinnen und Freunde.
- Es gibt spezielle Beratungsangebote für Angehörige von pathologischen Glücksspielern. In einer Gruppe mit Gleichgesinnten treffen Sie auf Menschen, die in einer vergleichbaren Situation sind und Sie deshalb bestens verstehen.
- Wichtig ist die Klärung der finanziellen Situation. Eine Schuldnerberatung ist in vielen Fällen sinnvoll. Leihen Sie der spielenden Person in keinem Fall Geld, und geben Sie auch nicht Ihre Kreditkarte weiter.

XI.

ALL YOU NEED IS LOVE

Ich saß mit Freunden auf der Terrasse eines Lokals am See-
ufer. Es war ein milder Sommertag, ein Schwanenpaar zog
mit seinen Küken wie in einer Prozession vorüber. Am Ne-
bentisch saß ein älteres Ehepaar und aß schweigend Erdbeer-
torte mit Schlagsahne. Beim Anblick der Schwäne seufzte
die Frau: »Schwäne sind sich ein Leben lang treu, und wenn
einer von ihnen stirbt, bleibt der andere für den Rest des Lebens allein.« »Das glaube ich nicht«, erwiderte ihr Ehemann
grimmig. »So etwas wie Treue gibt es nicht im Tierreich. Die
wird nur vom Menschen verlangt.«

Wir kamen nicht umhin, dieses kurze Gespräch mit anzu-
hören. Kurz darauf entbrannte auch an unserem Tisch eine
Diskussion, ob es möglich sei, dass Schwäne sich ihr ganzes
Leben lang treu blieben. Einige von uns waren sich ganz
sicher, dass dies nicht stimmte. Andere meinten genau zu wissen, dass die Frau am Nachbartisch recht hatte: Schwäne binden sich lebenslang. Ich bemerkte, dass die Diskussion sehr
emotional geführt wurde: Ein jeder fühlte sich persönlich angesprochen, sei es, weil er bereits ein- oder auch mehrmals geschieden war, sei es, weil seine Ehe in einer Krise steckte.
Wieder zu Hause, wollte ich es wissen und schaute zunächst
einmal bei *Wikipedia* unter dem Stichwort »Schwäne« nach.

Neben der Tatsache, dass in vergangenen Zeiten Schwanen-
braten auf der Speisekarte der englischen Könige stand und
Heinrich III. im Jahr 1251 bei einem Weihnachtsbankett
152 Schwäne als Festbraten servieren ließ, fand ich dort auch
folgenden Passus: »Die Paare binden sich für das ganze Leben. Bei einer Gruppe von Höckerschwänen konnte festgestellt werden, dass von den erfolgreich brütenden Tieren
97 Prozent im Folgejahr mit demselben Partner brüteten.
Dass sich Paare trennen, ist demnach extrem selten. So wurde
beim Zwergschwan, der eine Lebensdauer von bis zu 27 Jahren hat, eine Paarbindung von wenigstens 19 Jahren festgestellt. Dementsprechend ist es schwierig für ältere Schwäne,
die ihren Partner verloren haben, einen neuen Partner zu finden.« Also hatte die nicht sehr glücklich wirkende Frau im
Gartenlokal doch recht gehabt: Schwäne führen ein Leben in
Zweisamkeit und Treue. Aber ihr Ehemann war auch sehr
nahe an der Wahrheit, denn solch ein monogames Paarverhalten ist im Tierreich tatsächlich extrem selten.

Abb. 11.1: Ein unzertrennliches Präriewühlmauspärchen

Ähnlich ist es bei den Präriewühlmäusen. Zum Glück sind sie kleiner und handlicher als Schwäne und lassen sich zum Zwecke der Erforschung tierischer Treue vergleichsweise unproblematisch in einem wissenschaftlichen Labor halten. Sie gehören nämlich ebenfalls zu den weniger als fünf Prozent der Tierarten, die einander ein Leben lang treu sind. Für die Forschung sehr von Vorteil ist die Tatsache, dass die Präriewühlmaus eine Verwandtschaft hat, die Bergwühlmaus nämlich, die allerdings in anarchistischer Polygamie lebt, auf Treue und längerfristige Bindungen keinen Wert legt und häufig wechselnde Geschlechtspartner hat. Wie kommt es zu diesem radikal verschiedenen Paarverhalten und Liebesleben unter Artverwandten?

Zyniker mögen behaupten, dass es zu engen Paarbeziehungen vor allem dann kommt, wenn existenzielle Not und mangelhafte Futterressourcen die Paare dazu zwingen, zusammenzuhalten. Enger Zusammenhalt und stabile Familienverhältnisse, so eine oft vorgebrachte These, erhöhen die Überlebenschancen in karger oder feindlicher Umgebung. Die amerikanische Neurowissenschaftlerin C. Sue Carter vom Kinsey Institute in Indiana, USA, hat diese Zusammenhänge ausführlich untersucht. Sie hat herausgefunden, dass für die sexuelle Treue der Nager nicht die Umwelteinflüsse, sondern vor allem das Bindungshormon Oxytocin verantwortlich ist, welches beim Paarungsakt im Gehirn ausgeschüttet wird.[1] Ihr war aufgefallen, dass sich das Paarungsverhalten der polyamoren Bergwühlmäuse eklatant von dem der monogamen Präriewühlmäuse unterscheidet: Wenn ein Präriewühlmauspaar das erste Mal zueinanderfindet, kopulieren die Verliebten unermüdlich und gönnen sich keine Pause.[2]

Dieser Sexmarathon dauert bis zu 40 Stunden. Die Bergwühlmaus dagegen begibt sich nach dem ersten sexuellen Rendezvous bereits nach wenigen Stunden wieder zur Ruhe. Und der ganz normale Haushamster lässt meistens schon nach knapp 30 Minuten von seiner aktuellen Flamme ab.

Existiert ein Zusammenhang zwischen der Länge des Paarungsaktes und der Treue? Der von der Präriewühlmaus veranstaltete Sexmarathon hat jedenfalls bleibende Folgen für das Paar, das sich danach ein Leben lang treu bleibt. Mit großer Wahrscheinlichkeit spielt der Nucleus accumbens, die Zentrale für Freude und Belohnung, hier wieder eine entscheidende Rolle. Die Nervenzellen in diesem Kerngebiet besitzen Rezeptoren für Dopamin und Oxytocin, das Bindungshormon. Untersuchungen von Mohamed Kabbaj[3] aus Florida aus dem Jahr 2013 zeigen, dass die Dichte der Rezeptoren für Oxytocin und Dopamin durch den langwierigen Sex im Nucleus accumbens zunimmt und verstärkt Bindungsgefühle entstehen, die sexuelle Treue unterstützen.[4]

Das ist aufregend, denn wir befinden uns auf dem Gebiet der Epigenetik. Lange Zeit ist man davon ausgegangen, dass sich Erbeigenschaften nur durch eine zufällige Mutation in der DNA verändern können. Inzwischen wissen wir, das auch äußere Faktoren, wie zum Beispiel Verhalten und Umwelteinflüsse, sich im Erbgut manifestieren und Erbmerkmale nachhaltig verändern können. Dazu gleich mehr.

Zunächst zurück zu den Präriewühlmäusen: Die durch exzessives Kopulieren neu entstandenen Oxytocinrezeptoren, die für starke Bindung und sexuelle Treue sorgen, konnten von C. Sue Carter medikamentös blockiert werden, sodass das Oxytocin nicht mehr die Nervenzellen des Nucleus accumbens stimulierte. Das Ergebnis war, dass die Bindung an den Mäusepartner schwächer wurde oder ganz verloren ging.

Wir kennen das: Am Anfang einer Beziehung, in der Zeit des Verliebtseins, bekommen wir nicht genug vom anderen, sind, so oft es geht, beieinander und haben andauernd Sex. Entsprechend ist der Oxytocinspiegel permanent hoch und sorgt für Bindungsgefühle. Nach einiger Zeit flaut die heiße Phase ab, der Alltag kehrt ein, und die Sexfrequenz lässt merklich nach. Dann werden eventuell auch die Bindungsgefühle schwächer, denn der Oxytocinspiegel ist viel geringer als in der Phase der Verliebtheit.

Das Problem kennt auch das Präriewühlmauspärchen. Schließlich kann es nicht wieder und wieder 40 Stunden lang miteinander kopulieren, um den Oxytocinspiegel hochzu- und die ewige Bindung aufrechtzuerhalten. Entscheidend ist daher, was nach der Honeymoon-Phase geschieht. Nichtmonogame Nager trennen sich gleich nach der Brunst, wenn das Weibchen befruchtet ist und das Männchen seine Pflicht erfüllt hat. Dagegen frönen die monogamen Präriewühlmauspärchen auch nach der Zeit der großen amourösen Hitze und sexuellen Ausschweifungen ihrer Zweisamkeit. Sie suchen weiterhin die Nähe zueinander und haben jede Menge Körperkontakt. Und es kommt auch außerhalb der Empfängnisbereitschaft immer wieder zu sexuellen Kontakten. Sie sind zwar nicht mehr so ausschweifend und kräftezehrend wie beim ersten Mal – in der Regel dauern sie nur Minuten –, aber dieses Beieinandersein festigt dennoch die monogame Beziehung des Nagerpaars. Denn dadurch wird, so hat C. Sue Carters Arbeitsgruppe herausgefunden, kontinuierlich Oxytocin als Bindungshormon ausgeschüttet.

Ich zitiere aus einem Artikel von C. Sue Carter, der 1993 in deutscher Sprache in der Zeitschrift *Spektrum der Wissenschaft* erschienen ist: »Aufgrund all dieser Befunde nahmen wir an, dass bei den Präriemausweibchen die sexuelle Stimulation und vielleicht sogar – wenn auch in geringerem Maße – der Körperkontakt des Partners die Sekretion von Oxytocin auslösen könnten. Das Hormon würde dann die Festigung der sozialen Bindung aufrechterhalten.«[5]

C. Sue Carter warnt zwar davor, die Verhältnisse bei der Präriewühlmaus eins zu eins auf den Menschen zu übertragen. Andererseits handelt es sich bei den beschriebenen Mechanismen um biologisch tief verwurzelte Verhaltensweisen. Und wer weiß – vielleicht steckt hinter dem Geheimnis ewiger Treue auch beim Menschen vor allem regelmäßiger Sex und Kuscheln?

Dazu fällt mir das Beispiel eines über 80-jährigen Pastors ein, der einmal wegen einer unangenehmen schmerzhaften Nervenentzündung der Beine in meine Sprechstunde kam. Als wir uns etwas näher kennengelernt hatten, bat er mich schließlich um ein Rezept für ein Potenzmittel. Er sah meine erstaunt hochgezogenen Augenbrauen und berichtete, dass er und seine ebenfalls bald 80-jährige Ehefrau regelmäßig miteinander schliefen – sie bräuchten das für ihre Beziehung, erklärte der alte Mann: »Ohne das wären wir nicht so ein enges Paar.« Keine Frage: Sex erzeugt Bindung, auch beim Menschen. Ursache ist auch bei uns die Oxytocinausschüttung, die beim Sexualakt stattfindet und die Bindung des Paares jedes Mal aufs Neue festigt.

Was ist die Quintessenz aus der Forschung zum Liebesleben der Präriewühlmäuse? Der Mensch ist keine Wüstenmaus, zum größten Teil wenigstens nicht. Ein ganz klein wenig aber vielleicht doch? Bindung entsteht durch körperliche Nähe. Das muss nicht immer Sex sein. Das, was man landläufig unter Kuscheln versteht, reicht schon aus, um die Rezeptoren für Oxytocin in unserem Belohnungssystem zu stimulieren. Außerdem darf als gesichert gelten: Gefühle wie Treue, Achtung und Zusammenhalt sind eng mit hormonellen Vorgängen in unserem Gehirn verknüpft.

1. DAS CASANOVA-GEN

Vielleicht erinnern Sie sich: Oxytocin hat einen Mitspieler, der für unser Bindungsverhalten zum Teil die gleiche, zum Teil aber auch eine gegensätzliche Rolle einnimmt: *Arginin-Vasopressin*. Das Zusammenspiel dieser beiden Hormone und ihre Bedeutung für die menschliche Liebe und das Glück von Paaren sind noch nicht endgültig erforscht. Klar ist: Wenn Versuchstiere mit Substanzen behandelt werden, welche die Rezeptoren eines der beiden Hormone im Gehirn blockieren, kommt es nur zu sehr kurzen sexuellen Aktivitäten, und das Paar verliert nach der Kopulation rasch das Interesse füreinander. Auf der anderen Seite bilden die Tiere leichter Paare und gehen ohne langes Vorgeplänkel zum Sex über, wenn sie mit dem Hormon Arginin-Vasopressin behandelt werden. Um es kurz zu machen: Arginin-Vasopressin schert sich weniger um die menschliche Bindung, es ist für die sexuelle Anziehung zuständig, es steigert das sexuelle Interesse oder, etwas flapsig ausgedrückt, es macht geil. Paare finden schneller zusammen, So werden zum Beispiel von Versuchspersonen nach Applikation des Arginin-Vasopressins mittels Nasenspray sexuell gefärbte Ausdrücke in einem Text schneller erkannt. Im Gegensatz zum Oxytocin bewirkt das Arginin-Vasopressin die schnelle Annäherung in Richtung Sexualpartner, ohne dass noch gekuschelt wird. Unter der Wirkung dieses Hormons kann unvermittelt zum Sex übergegangen werden.

Die Arginin-Vasopressin-Rezeptoren im Gehirn werden *V1aR-Rezeptoren* genannt. Vasopressin passt – diesen Mechanismus kennen wir bereits – in den V1aR-Rezeptor wie ein Schlüssel in ein Schloss und stimuliert damit die jeweiligen Nervenzellen. Es hat sich gezeigt, dass die Kerngebiete des Belohnungs- und Motivationssystems, insbesondere der Nucleus accumbens, das vordere Striatum und Teile des Thalamus, einen sehr dichten Besatz an V1aR-Rezeptoren haben. Bei monogam lebenden Tierarten sind die Rezeptoren übrigens wesentlich dichter angeordnet als bei polygamen Tierarten mit häufig wechselnden Geschlechtspartnern. Man könnte denken, dass die Natur ein wenig nachhilft, damit sich in einer monogamen Beziehung nicht die totale Langeweile einstellt und uns möglichst viele V1aR-Rezeptoren in Schwung bringen!

Die Wissenschaftler Hasse Walum und Lars Westberg vom Stockholmer Karolinska-Institut sind der Frage nachgegangen, ob der V1aR-Rezeptor beim Menschen tatsächlich die gleiche Wirkung auf das Paarungsverhalten wie bei Labortieren hat.[6] Anders gesagt: Sie wollten herausbekommen, ob der Mensch neurobiologisch gesehen monogam oder polygam ist. Walum und Westberg haben dazu 1899 Männer genetisch untersucht und ausführlich zu Beziehungsstatus und Stabili-

tät von Paarbindungen befragt. Nicht nur das, auch ihre Part-
nerinnen wurden interviewt. Zunächst schaute man, ob der
Studienteilnehmer überhaupt verheiratet war und in einer festen Beziehung lebte. Dann kamen diverse Fragebögen zur Anwendung: So wurde zum Beispiel gefragt, wie die Partner sich
küssten oder sich zärtlich berührten, Sex miteinander hatten
oder sich stritten. Parallel dazu untersuchten sie die genetischen Ausprägungen der V1aR-Rezeptoren für Arginin-Vasopressin.

Die Struktur des V1aR-Rezeptors für Arginin-Vasopressin, konkret: wie fest oder flüchtig das Hormon an den Rezeptor andockt, bestimmt unser Erbgut. Jeder Mensch trägt
im Zellkern auf seinen Chromosomen die von seinem Vater
und seiner Mutter vererbte Information über die Beschaf-
fenheit des Arginin-Vasopressin-Rezeptors. Da jeder Mensch
einzigartig ist und das Erbgut von Mensch zu Mensch variiert, ist auch die Information über dieses Merkmal bei jedem
Menschen unterschiedlich ausgeprägt. Für das Gen des Arginin-Vasopressin-Rezeptors existieren drei unterschiedliche
Haupttypen, in der Wissenschaft Polymorphismen genannt.
Man muss sich das so vorstellen: Das Gen bestimmt, welches Protein, in unserem Fall: welches Hormon hergestellt
wird. Es existieren jedoch Varianten des Gens, die Polymorphismen eben, die darüber entscheiden, in welcher Menge
produziert wird. Also gibt es Menschen, in deren Blut, abhängig vom Polymorphismus ihres Arginin-Vasopressin-Rezeptor-Gens, sehr viel oder nur sehr wenig Arginin-Vasopressin zirkuliert. In einer Studie von Walum und Westberg
wurde festgestellt, dass männliche Träger der Variante, welche die Forscher 334 nannten, bei den Tests zum Beziehungs-

und Bindungsverhalten die niedrigsten Werte erreichten: Sie waren häufiger geschieden und lebten häufiger allein. Die Variante 334 erhöhte auch die Wahrscheinlichkeit für ehelichen Zwist. Zusätzlich gaben die Ehefrauen der Träger dieser Genvariation öfter an, unzufrieden mit dem Zustand ihrer Ehe zu sein, als die Ehefrauen der Männer mit den beiden anderen Genvariationen. Hängt unser Bindungsverhalten also davon ab, wie gut ein Hormon an einen Rezeptor andockt? Wird unser Bindungsverhalten gar vererbt? Wie bereits C. Sue Carter betonen auch Walum und Westberg, dass Vererbung nicht alles ist, sondern andere Faktoren, soziales Umfeld und Erziehung ebenfalls ins Gewicht fallen.

Sicher jedoch ist: Die Varianten des Arginin-Vasopressin-Rezeptors beeinflussen nicht nur den Umstand, ob ein Paar treu zusammenhält, sondern sind auch für das soziale Verhalten insgesamt von Bedeutung. Außerdem regulieren sie sowohl bei Tieren als auch beim Menschen, wie stark das Gehirn für äußere Reize empfänglich ist – auch *sensomotorisches Gating* genannt. Veränderungen des Arginin-Vasopressin-Rezeptor-Gens können bedeuten, dass Reize aus der Umgebung empfindlicher wahrgenommen werden – was zu Aggression und im Extremfall zur Schizophrenie führen kann.

2. VERLIEBT IN DER RÖHRE

Liebe, Treue und soziales Verhalten lassen sich nicht nur im Tierversuch oder im genetischen Labor untersuchen, sondern auch mittels moderner funktioneller Bildgebung. Der

Tübinger Forscher Andreas Bartels hat Verliebte in die Röhre gelegt und mit dem funktionellen Magnetresonanztomographen untersucht.[7] Zuvor hatte er eine Anzeige aufgegeben, in der er nach Versuchspersonen suchte, die momentan unsterblich verliebt seien. Es meldeten sich 70 Kandidaten und Kandidatinnen. Diese wurden zunächst interviewt, um die Ernsthaftigkeit ihrer Liebe zu prüfen. Es wurde getestet, ob sie auch wirklich so stark verliebt waren, wie sie angaben. Nach den Tests blieben 17 Verliebte übrig, die die Wissenschaftler von ihrer großen Verliebtheit überzeugt hatten, elf davon waren weiblichen Geschlechts. Sie alle wurden in die Röhre gesteckt, damit man ihr verliebtes Gehirn näher ansehen konnte. Während des Scans wurde den verliebten Versuchspersonen Fotografien ihrer jeweiligen Freunde oder Freundinnen gezeigt, nach denen sie sich aktuell vor Liebe verzehrten. Und zusätzlich Fotografien von Personen aus ihrem Bekanntenkreis, die sie zwar gut kannten, aber mit denen sie einen vergleichsweise neutralen Umgang pflegten.

Ergebnis: Beim Anblick des geliebten Partners wurde bei den Verliebten vorwiegend eine Aktivierung des vorderen Cingulum festgestellt. Sie erinnern sich, das ist das Zentrum für Interesse und Motivation. Ferner eine Aktivierung weiterer Teile des Belohnungssystems und der Inselregion. Bei der Inselregion handelt sich um eine Einstülpung der Hirnrinde. Die Funktion der Insel ist bis heute nicht endgültig erforscht. Auf jeden Fall aber hat sie etwas mit den sogenannten »empathischen Fähigkeiten«, das heißt mit der Fähigkeit zur Einfühlung in das Seelenleben anderer, zu tun und auch mit der Aufrechterhaltung von Gewohnheiten. Es ist belegt, dass starke Raucher, bei denen durch einen Schlaganfall die Inselregion geschädigt worden ist, von selbst die Lust auf Zigaretten verloren haben. Seit den Forschungen Andreas Bartels' wissen wir, dass die Inselregion auch bei bis über beide Ohren Verliebten aktiviert ist. Eine wichtige Einschränkung allerdings: Bartels spricht in seiner Forschung strikt von romantischer Liebe – also dem Gefühl von Schmetterlingen im Bauch beim Anblick des Liebesobjekts oder der Begegnung mit ihm. Sex oder Anfassen ist hier noch nicht im Spiel! Für den US-amerikanischen Neurowissenschaftler Morten Kringelbach sind für das Gefühl des Verliebtseins übrigens die gleichen Regionen wie für die Lust am Essen zuständig. Außerdem die gleichen Hirnabschnitte, welche auch aktiv werden, wenn sich beim Heroinsüchtigen die Sehnsucht nach dem nächsten Schuss meldet.[8]

Es gibt aber natürlich auch noch andere Formen der zärtlichen Liebe. Formen, die weder etwas mit Sex noch mit Schmetterlingen im Bauch zu tun haben. Dazu zählt zum Beispiel die Liebe zu Objekten. Ein Nachbar sagte einmal zu mir, während er seinen Pkw mit Autowachs auf Hochglanz polierte: »Ich liebe mein Auto mehr als meine Frau.« Meines Wissens gibt es zur Liebe von Autobesitzern zu ihren Autos noch keine fMRT-Studie. Aber ein Auto passt eben auch schlecht in die Röhre.

Und es gibt eine im Grunde archetypische Form der Liebe, die man als selbstlos und altruistisch bezeichnen könnte: die Mutterliebe. Genau diese haben Bartels und seine Mitarbeiter in einer weiteren Studie untersucht.[9] Sie zeigten 20 Müttern im fMRT-Scan Fotografien ihrer eigenen und fremder Kinder.

Wenn man die Ergebnisse der unsterblich verliebten Menschen mit denen der Mütter vergleicht, ist eine große Übereinstimmung festzustellen. Bei beiden Gruppen wird das Belohnungssystem aktiviert – vor allem jene Hirnregionen, welche eine hohe Dichte an Rezeptoren für Oxytocin und Arginin-Vasopressin haben.

Bemerkenswert jedoch ist, dass sowohl bei Verliebten als auch bei Müttern Hirnregionen ausgeschaltet werden, die mit negativen Emotionen oder kritischer sozialer Wertung zu tun haben. Hierzu gehören Teile des Frontalhirns und des hinteren Cingulum. Das Gehirn kann also beim Anblick eines Menschen, in den man verliebt ist oder der das eigene Kind ist, seine Negativzentren einfach ausknipsen und ganz auf Glück und Zufriedenheit umschalten. Ist das nicht toll?

Eine chinesische Forschergruppe rund um den Wissenschaftler Hongwen Song von der Universität Chongqing hat außerdem festgestellt, dass bei Verliebten die stimulierten Hirnareale auch dann noch aktiv bleiben, wenn keine Bilder der Partnerin beziehungsweise des Partners angeschaut werden.[10] Im Ruhezustand also, dem Default Network, Sie erinnern sich. Das ist der Zustand, in dem wir stimulusunabhängig frei unseren Gedanken nachhängen. Das Gehirn kann den neuronalen Zustand des Verliebtseins mithin so verfestigen, dass das Belohnungssystem sogar reizunabhängig, also ohne Anblick oder Anwesenheit des oder der Allerliebsten, fortwährend eine basale Aktivierung erfährt, was ein permanent erhöhtes Niveau an Freude und Motivation nach sich zieht – und mit Sicherheit die positive Ausstrahlung frisch Verliebter ausmacht. Die Chinesen haben ferner bemerkt, dass bei Verliebten im Zustand des entrückten Gedankentreibens jene Hirnareale aktiviert bleiben, die für soziale Kompetenzen und Empathie zuständig sind. Sie verglichen dann diese Ergebnisse mit entsprechenden Messungen bei Singles, die schon lange nicht mehr verliebt gewesen waren, und stellten fest, dass bei ihnen die Aktivierung der Belohnungszentren im Ruhezustand ausblieb.

3. DER ORGASMUS IM GEHIRN

Die meisten Menschen empfinden es als höchstes Glück, wenn sie beim Sex einen lustvollen Höhepunkt erleben. Ohne Frage ist es eine große Herausforderung, einen echten und tief empfundenen Orgasmus in der kalten Atmosphäre einer MRT-Röhre unter Observation des Studienteams hinzubekommen. Trotzdem wurden tatsächlich solche MRT-Untersuchungen durchgeführt, die zeigen, was im Gehirn während dieses Moments bei Frauen und Männern vor sich geht.

Zunächst zu den Herren und den Abläufen im Gehirn während der männlichen Ejakulation: Die entscheidende Arbeit hierzu wurde von Gert Holstege von der Universität Groningen bereits 2003 veröffentlicht.[11] Die Aufnahmen der Hirnfunktion wurden diesmal nicht mit einem funktionellen Magnetresonanztomographen, sondern mit dem PET (Positronen-Emissions-Tomograph) gemacht, in dem die Verteilung eines radioaktiv markierten Stoffes im Gehirn nachverfolgt wird. Bei Holsteges Experiment handelte es sich um radioaktiv markierten Sauerstoff (das Sauerstoffisotop ^{15}O). Die Logik dahinter: Überall dort im Gehirn, wo Neuronen aktiviert sind und die Hirntätigkeit ansteigt, wird viel Sauerstoff benötigt. Das kann im PET dargestellt werden. Da ^{15}O eine Halbwertzeit von zwei Minuten hat, war es Holstege sogar möglich, mehrfach Aufnahmen zu machen: vor, während und nach dem Orgasmus.

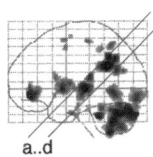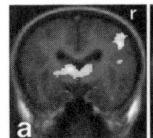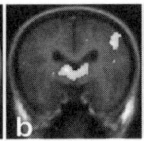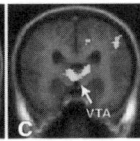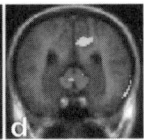

Abb. 11.2: Diese Abbildung zeigt, dass die Hauptaktivierung während des männlichen Orgasmus in der Übergangsregion von Mittel- und Zwischenhirn abläuft, wo die dopaminabhängigen Teile des Belohnungssystems liegen. Im Bereich der Hirnrinde, wo Planung und Vernunft lokalisiert sind, tut sich wenig, was der allgemeinen Erfahrung entspricht.

Sein Experiment hatte also ein ziemlich gewagtes Design: Die männlichen heterosexuellen Versuchspersonen lagen in einer Röhre des Positronen-Emissions-Tomographen und wurden jeweils manuell von ihrer Partnerin zum Höhepunkt gebracht. Ich wage kaum, Ihnen das Ergebnis der Messungen mitzuteilen: Während der Ejakulation kam es zu exakt der gleichen Aktivierung wie beim Schnupfen von Kokain oder dem Spritzen von Heroin. Die stärkste Aktivierung geschah im Hirnstamm, wo das Mittelhirn in das Zwischenhirn übergeht und das für das Belohnungssystem wichtige Kerngebiet der VTA gelegen ist. Die VTA ist auch im Kokain- und Heroin-Flush hochaktiv. Holstege weist ebenfalls darauf hin, dass Heroinabhängige ein orgasmusähnliches Hochgefühl beim Spritzen von Heroin verspüren. Der Grund ist, dass beim männlichen Orgasmus die gleichen dopaminabhängigen Areale stimuliert werden. Außerdem fand Holstege heraus, dass bei Männern während des Geschlechtsakts und während der Ejakulation das Frontalhirn deaktiviert, also die willentliche Vernunft unterdrückt wird.

Wie sieht es bei den Frauen aus? Der amerikanische Sexualwissenschaftler Barry Komisaruk hat in der fMRT-Röhre Frauen aus New Jersey untersucht, die sich selber klitoral stimulierten.[12] Das Muster der Aktivierung von Hirnarealen einer sexuell erregten Frau ähnelt zwar stark dem männlichen Muster, aber es gab dieser Untersuchung zufolge auch charakteristische Unterschiede. Während des weiblichen Orgasmus waren beispielsweise wesentlich mehr Hirnrindenanteile (zuständig für Planung und Vernunft) aktiviert als beim Mann. Vor allem der präfrontale Cortex, der beim Mann während des Organsmus mehr oder weniger ausgeschaltet ist, leuchtete bei den untersuchten Frauen im Moment des Orgasmus stark auf. Auch der Hypothalamus war während des weiblichen Orgasmus stark aktiv. Hierbei handelt es sich um die Region, die für die Ausschüttung des Hormons Oxytocin zuständig ist, wodurch einerseits Kontraktionen des Uterus ausgelöst werden, andererseits, wie wir bereits wissen, Bindung entsteht.

Beiden Geschlechtern gemeinsam ist, dass im Moment des Höhepunkts der Nucleus accumbens als Glücks- und Belohnungsinstanz aktiviert wird und mit massiver Dopaminausschüttung für ein tiefes Glücksgefühl sorgt. Die VTA jedoch, die beim Mann für den Flush sorgt, wird bei der Frau nicht im gleichen dominierenden Maße angesprochen.

4. SEX IST GESUND

Zumindest bei Männern gilt es als erwiesen, dass regelmäßiger Sex mit mehr als einhundert Orgasmen pro Jahr statistisch signifikant vor einem Herzinfarkt schützt. Dies zeigen die Ergebnisse der Caerphilly-Cohort-Studie, in deren Rahmen zehn Jahre lang die Lebensgewohnheiten inklusive Sexualfrequenz und der Gesundheitszustand von 918 Männern genauestens aufgezeichnet wurden.[12] Die positiven Effekte sexueller Betätigung sind freilich auch schon Martin Luther aufgefallen, als er den berühmten Satz formulierte: »In der Woche zwier, schaden weder ihm noch ihr.« Der Empfehlung des großen Reformators zufolge sollte man also zweimal die Woche Sex haben – was erstaunlich genau jener Zahl an Höhepunkten pro Jahr entspricht, die laut der oben zitierten Caerphilly-Cohort-Studie einen lebensverlängernden Effekt hat.

Keine Frage, Sex ist gesund. Der Orgasmus und die körperliche Nähe des Sexualaktes bewirken die Ausschüttung von Glückshormonen, sie unterdrücken das Stresshormon Cortisol und stimulieren zugleich das Immunsystem zur Infekt- und Krebsabwehr. Dies ist sowohl bei Männern als auch bei Frauen nachgewiesen. Der Orgasmusforscher Barry Komisaruk hat außerdem festgestellt, dass nach dem weiblichen Sexualakt die Zahl der für die Infektabwehr zuständigen weißen Blutkörperchen um 20 Prozent ansteigt.[13]

Sie wissen also, was zu tun ist, um gesund zu bleiben und länger zu leben: Haben Sie mit Ihrer Partnerin beziehungsweise Ihrem Partner regelmäßigen Sex. Es muss nicht immer Hochleistungssex sein, der ultimative Orgasmus ist nicht notwendig, damit Bindungshormone ausgeschüttet und die heilsamen immunologischen Veränderungen wirksam werden. Dies geschieht auch bereits bei sogenanntem *niedrigschwelligen zwischenmenschlichem Beisammensein.* Anders gesagt: durch Kuscheln, Berührungen und Streicheln.

5. HEROIN UND CO.: DIE GLÜCKSFÄLSCHER

In dem Film »Trainspotting« beschreibt die traurige Hauptfigur Mark Renton das Gefühl nach einer Heroininjektion folgendermaßen: »Nimm den besten Orgasmus, den du jemals gehabt hast, multipliziere ihn mit 1000, und du bist nicht mal nah dran.« Könnte die Ratte im Käfig von James Olds, dem Entdecker des Belohnungssystems, sprechen, während sie sich über eine Sonde in ihrem Kopf fortwährend bis zur Erschöpfung stimuliert, würde sie wahrscheinlich ähnliche Worte wählen. Heroin und andere Opioide aktivieren nicht nur das Orgasmuszentrum in der VTA, nein, sie stimulieren das gesamte Glücks- und Belohnungssystem. In einem Chat berichtet ein Heroinsüchtiger: »Es ist ein Gefühl, wie wenn alles in Watte gepackt ist und du eine emotionale Wärme in dir empfindest, dass du es kaum ertragen kannst.«

Heroin wird durch verschiedene chemische Schritte aus Morphin gewonnen, welches ein Abkömmling von Opium ist. Opium wiederum ist der Milchsaft, welcher beim Anritzen aus der Samenkapsel des Schlafmohns herausrinnt und dann eintrocknet. Morphin hat nach dem Bundesbetäubungsmittelgesetz eine Zulassung zur medizinischen Anwendung als stark wirksames Schmerz- und Beruhigungsmittel und wird bei Krebspatienten und Sterbenden zur Schmerzlinderung eingesetzt.

In Hinblick auf die euphorisierenden Effekte wirkt Heroin stärker und schneller als Morphin. Wenn es in die Vene gespritzt wird, gelangt es unmittelbar in das Gehirn, weil es leicht die Blut-Hirn-Schranke passieren kann. Außerdem ist Heroin fettlöslich, das heißt, es verteilt sich rasant schnell im gesamten Gehirn, das aus Fett und Wasser besteht. Abgebaut wird es zu Morphin. Dies erfolgt über eine molekulare Verbindung, die sehr fest an den Opioidrezeptoren des Gehirns andockt – den ultimativen Glücksgaranten.

6. OPIOIDREZEPTOREN: DIE GLÜCKLICHMACHER

Es gibt drei Hauptklassen von Opioidrezeptoren: die μ- (My), die δ- (Delta) und die κ-Rezeptoren (Kappa). Sie haben unterschiedliche Aufgaben; einige sind für die Schmerzunterdrückung, andere für die Euphorie zuständig.

Die Opioidrezeptoren sind über das gesamte Gehirn verteilt. Außerdem finden sie sich im Rückenmark und sogar im Verlauf der peripheren Nerven, die zu den Armen und Beinen ziehen. Sie steuern die Wahrnehmung der Schmerzempfindung und die Verarbeitung von Schmerz im Allgemeinen. Zusätzlich werden Funktionen von Stressbewältigung, des psychischen Wohlbefindens, aber auch immunologische Vorgänge von den Opioidrezeptoren reguliert.

Im Gehirn drängeln sich die Opioidrezeptoren in der

Hirnrinde, vor allem in den vorderen Hirnanteilen, außerdem im Bereich des limbischen Systems, wo das Glücks- und Belohnungssystem lokalisiert ist. Außerdem sind sie besonders dicht im Thalamus angesiedelt – Sie erinnern sich: dem Tor zum Bewusstsein. Dort haben sie bei schweren Verletzungen eine schmerzblockierende Funktion, zum Beispiel nach einem Verkehrsunfall mit Knochenbrüchen und Organverletzungen. Der Thalamus macht dann dicht und lässt keine Signale aus den Verletzungszonen mehr in die Hirnrinde und damit in das Bewusstsein hinein. Unterstützt wird diese Funktion zusätzlich von Opioidrezeptoren, an denen die körpereigenen Opioide andocken, um die Hemmung der Schmerzübertragung perfekt zu machen. Wenn schließlich der Notarzt kommt, besetzt er mit seiner Schmerz- und Morphinspritze übrigens genau dieselben Rezeptoren, die auch von der Natur bereits dazu vorgesehen sind, Schmerzfreiheit zu erreichen.

Der Pharmakologe Gaetano Di Chiara, der lange an der Universität Cagliari lehrte und forschte, fasst zusammen, dass Suchtmittel generell eine Aktivierung des Dopaminsystems im Nucleus accumbens und in Teilen der Mandelkerne auslösen und einen euphorischen Zustand herbeiführen, in dem sich das Gefühl von Glück und Rausch einstellt.[14] Di Chiara nennt diesen Zustand »state hedonia« – was dem sehr nahe kommt, was wir unter »Verzückung« verstehen. Er weist allerdings auch darauf hin, dass sich diese Erfahrung von Glücksgefühlen zwar auch durch Belohnungs- und Motivationserlebnisse erreichen lässt – allerdings nicht in der gleichen Intensität. Genau das ist die Krux.

7. WIE ENTSTEHT SUCHT?

Drogenabhängigkeit, so sind sich viele Suchtforscher einig, entsteht durch Mechanismen der klassischen Konditionierung, wie sie Pawlow beschrieben hat. Nach der Einnahme von Drogen erlebt man den ultimativen Kick, ganz so als hätte man etwas unglaublich Wichtiges erlebt oder geleistet. Was liegt näher, als diese Erfahrung so oft wie möglich zu wiederholen? Allerdings, und das ist die große Gefahr, schleift sich der Mechanismus ab, und es kommt zur Gewöhnung, sodass sowohl Dosis als auch Frequenz des Suchtmittels gesteigert werden müssen – mit allen fatalen Folgen.

Dieter W., ein 36 Jahre alter Geschäftsmann, war immer fit und gesund gewesen, bis er eines Morgens beim Frühstück bemerkte, dass er mit seiner rechten Hand nicht mehr zugreifen konnte. »Ich muss falsch gelegen haben, und es ist ein Nerv eingeklemmt«, dachte er. Zusätzlich fühlte er sich benommen, und ihm war schwindlig. Später bemerkte er, dass er beim Gehen mit dem rechten Bein einknickte. Seine Ehefrau tat genau das Richtige: Sie rief 112 an. Es fiel das Stichwort »Schlaganfall«, und der Patient wurde mit einem Rettungshubschrauber umgehend in unser Klinikum gebracht. Bei Aufnahme auf der Stroke Unit, der Spezialstation für Schlaganfallpatienten, lag zusätzlich rechtsseitig eine Gesichtslähmung vor. Forderte man Dieter W. auf, seine Zähne zu zeigen, gelang es ihm nur auf der linken Gesichtshälfte. Ferner war eine mittelgradige Lähmung der rechten Hand feststellbar, der Faustschluss war rechts deutlich schwächer als links, und das rechte Bein konnte nur mit Mühe von der Unterlage angehoben werden. All dies waren klassische Symptome eines Schlaganfalls – und das bei einem erst 36 Jahre alten Mann!

Bei der Magnetresonanztomographie des Kopfes entdeckten wir die für eine Mikroangiopathie typischen kleinen Herde. Sie waren über das gesamte Hirn verteilt. Eine Mikroangiopathie liegt vor, wenn Hirnarterien in ihren allerfeinsten Verzweigungen verschlossen werden, sodass in vielen kleinen Hirnarealen das Nervengewebe aus Sauerstoffmangel untergeht. Genau das ist bei unserem jungen Patienten mindestens an einem halben Dutzend Stellen passiert. Die häufigsten Ursachen solch einer Mikroangiopathie sind ein sehr hoher und unbehandelter Bluthochdruck, Diabetes mellitus sowie Zigarettenrauchen. Doch Dieter G. war fit wie ein Turnschuh, er trieb regelmäßig Sport, rauchte nicht und trank Alkohol nur in Maßen. Wir standen vor einem Rätsel. Trotz intensiver Suche konnten wir zunächst keine Ursache des Schlaganfalls bei Dieter W. finden.

Nach einer vierzehntägigen Rehabilitationsbehandlung kam er dann zur abschließenden Besprechung der Befunde in meine Sprechstunde. Die Rehabilitation war erfolgreich verlaufen, lediglich eine leichte Ungeschicklichkeit der rechten Hand war noch nachweisbar, die Lähmung des rechten Beines war ganz verschwunden.

»Warum ist es denn so wichtig, dass Sie herausfinden, was die Ursache des Schlaganfalls war?«, fragte er. »Ich fühle mich wieder fit und gesund.« Ich antwortete: »Weil Sie bisher mindestens ein halbes Dutzend kleiner Schlaganfälle gehabt haben. Einer davon hat bei Ihnen die aktuellen Symptome verursacht, die anderen haben Sie gar nicht bemerkt. Es ist die Spitze eines Eisbergs, und wenn das so weitergeht, wird mit der Zeit so viel Gehirn geschädigt, dass Sie nicht mehr richtig denken können und vergesslich werden. Dann entsteht eine Demenz, ähnlich der Alzheimer-Erkrankung.«

Der junge Mann rutschte unruhig auf seinem Stuhl hin und her. »Ich weiß ja nicht, ob es damit zusammenhängt und wichtig ist. Aber mein Beruf als Selbstständiger ist ziemlich stressig, und zur Entspannung nehme ich am Wochenende, manchmal auch unter der Woche, eine Nase voll.«

»Eine Nase voll?«, fragte ich. »Schnupftabak?«

»Ach was, Schnupftabak! Kokain natürlich. Was glauben Sie, wie viele das machen? Anders ist der Stress gar nicht zu bewältigen.«

Das war des Rätsels Lösung! Man vermutet, dass sowohl die großen Adern als auch die kleinen Hirnarterien durch geschnupftes Kokain geschädigt werden. Da die Kokainpartikel durch das Schnupfen nicht komplett aufgelöst werden, zirkulieren sie als relativ große Brocken im Blut und werden von den Abwehrzellen des Blutes, die darauf eingestellt sind, Bakterien und Viren kaltzustellen, unschädlich gemacht und zu größeren Komplexen gebunden. Diese Komplexe können nur schwer wieder abgebaut werden und lagern sich an den Arterienwänden ab.

Ein Jahr später kam Dieter W. zur Kontrolluntersuchung. Stolz berichtete er, dass er völlig mit dem Kokain aufgehört habe – und siehe da: In der Magnetresonanztomographie fanden sich keine neuen Mikroinfarkte mehr.

1993 wurde im Bundestag auf Anfrage[15] bekannt gegeben, dass aktuell von 330 000 Kokainkonsumenten in Deutschland ausgegangen werden müsse. Diese Zahlen basierten auf Schätzungen des Instituts für Therapieforschung in München. 330 000 Kokainkonsumenten – das ist eine ganze Menge. Selbst im Bundestag war das Koksen offensichtlich gang und gäbe, wie eine Untersuchung des Privatsenders SAT.1 im Jahr 2000 ergeben hatte. Die Analyse der Wischproben von 28 Toiletten im nicht frei zugänglichen Bereich des Deutschen Bundestags, die ein pharmazeutisches Institut durchgeführt hatte, ergab in 22 Fällen Spuren von Kokain. Zum Teil waren die Toilettenbecken so stark kontaminiert, dass »ein Drogensuchhund angeschlagen hätte«, so der Kommentar der Studieninitiatoren.

Drogen sind leider sehr verbreitet in unserer Gesellschaft, das künstliche Stimulieren unseres Glücks- und Belohnungssystems durch Alkohol und Drogen ist inzwischen sehr leicht gemacht worden. Dabei darf die wirkliche Funktion dieses komplexen Systems nicht aus dem Auge verloren werden: Lebensfreude, Freude an der eigenen Kreativität, Motivation zu eigenen Leistungen und das Empfinden von Zufriedenheit.

XII.

MÄNNER UND FRAUEN

1. WEIBLICHES GEHIRN – MÄNNLICHES GEHIRN?

Von Loriot stammt das Buch *Männer und Frauen passen einfach nicht zusammen«*. Diese Aussage ist zwar nicht ernst gemeint, denn das Fortbestehen der Menschheit und unser soziales Zusammenleben verlangen nach dem Gegenteil dieser Behauptung, nämlich dass die beiden Geschlechter gut miteinander harmonieren. Männer und Frauen haben das gleiche Gehirn, im Prinzip gibt es kein »weibliches« und kein »männliches« Gehirn. Trotzdem unterscheiden sich beide Geschlechter in Hinblick auf ihre Verhaltensweisen und ihre Reaktionen auf Umwelteinflüsse, und die Neurowissenschaft hat sich sehr ausführlich mit der Frage beschäftigt, ob es nicht doch fassbare Unterschiede sowohl in morphologischer als auch in funktioneller Hinsicht zwischen männlichen und weiblichen Gehirnen gibt. Von dem einen Unterschied haben wir schon im ersten Kapitel dieses Buches gesprochen: Das weibliche Gehirn wiegt durchschnittlich 100 Gramm weniger als das männliche, selbst wenn das geringere Körpergewicht berücksichtigt wird.

Aber was wissen wir sonst noch über Unterschiede zwischen dem männlichen und dem weiblichen Gehirn? Ruben Gur[1], Professor an der University of Pennsylvania in Philadelphia, hat mit einem besonders hoch auflösenden MRT die Gehirne von je 40 gesunden Männern und Frauen mittleren Alters gescannt und die Volumina der grauen und der weißen Substanz vermessen. In der grauen Substanz sind die Neuronen untergebracht, und die weiße Substanz beherbergt die Verbindungsleitungen zwischen den Hirnzentren. Dabei zeigte sich, dass die Frauen einen relativ höheren Anteil an grauer Substanz hatten als die Männer, also mehr Hirnzellen, die Männer hingegen verfügten im Verhältnis über mehr weiße Substanz, also mehr Leitungsbahnen, um die Hirnzentren miteinander zu verknüpfen. Bei den Männern fand sich in der linken Hirnhemisphäre, prozentual gesehen, mehr graue Substanz als in der rechten. Bei den Frauen hingegen wurde keine Asymmetrie festgestellt.

Haben diese sehr geringen Unterschiede Auswirkungen auf die kognitiven Fähigkeiten von Männern und Frauen? Die Forscher aus Philadelphia haben bei den 80 Männern und Frauen nicht nur MRT-Aufnahmen gemacht, sondern die Versuchspersonen auch zusätzlich spezielle psychologische Testaufgaben lösen lassen. Dabei handelte es sich um einen gebräuchlichen IQ-Test – um es vorwegzunehmen: bei der Intelligenz ergaben sich keine Unterschiede zwischen den Geschlechtern –, zusätzlich jedoch auch um Tests, welche die verbalen Fähigkeiten prüften, zum Beispiel den *California Verbal Learning Test* (CVLT), und auch um zwei Tests, bei denen es um räumliches Vorstellungsvermögen ging (*Judgement of Line Orientation Test*). Die Ergebnisse dieser Tests waren eindeutig: Frauen sind hinsichtlich der Verbalisierung Männern überlegen, ihnen fielen in kürzerer Zeit mehr Begriffe ein, um Gegenstände zu benennen. Dafür waren Männer in der räumlichen Orientierung besser – das haben auch zahlreiche andere Untersuchungen anhand des *Mental Rotation Test* ergeben. Dabei handelt es sich um eine Funktion der rechten

Hirnhälfte, also derjenigen Hemisphäre, die für Orientierung im Raum zuständig ist, nicht jedoch für die Sprache.

Wie soll man sich diesen »Mentalen Rotationstest« vorstellen? Es ist die Testung der Fähigkeit, zwei- oder dreidimensionale Strukturen in der Vorstellung zu drehen. Einfaches Experiment zum Einstieg: Schließen Sie die Augen und stellen Sie sich einen Pfeil mit der Spitze nach rechts vor. Jetzt drehen Sie vor Ihrem geistigen Auge den Pfeil so, dass er nach links zeigt. Sie haben nun das Objekt »Pfeil« mental um 180 Grad rotiert. Herzlichen Glückwunsch! Die Aufgaben aus den üblichen Testbatterien, die in wissenschaftlichen Untersuchungen verwendet werden, sind etwas komplizierter. Ich habe folgende Aufgabe (siehe Abbildung 12.1) dem Internet entnommen; darüber hinaus gibt es im Netz jede Menge solcher Tests, sodass Sie sofort damit beginnen können zu üben.

Oben ist die Grundfigur abgebildet, in der zweiten Reihe sind rotierte Varianten dieser Grundfigur zu sehen. Eine dieser Varianten ist mit der Grundfigur identisch – welche ist es: eins, zwei oder drei? Um das herauszufinden, müssen Sie die Grundfigur in Ihrem Kopf drehen und wenden und sie immer wieder mit den Figuren in der zweiten Reihe vergleichen.

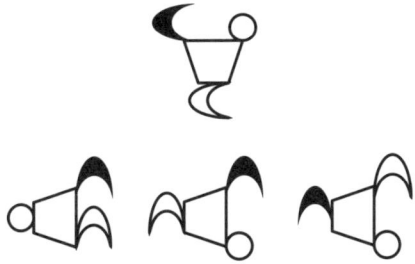

Abb. 12.1: »Mentaler Rotationstest« zur Testung der Fähigkeit, zwei- oder dreidimensionale Strukturen in der Vorstellung zu drehen.

Es gibt eine ganze Menge von Studien zu diesen Rotations-
tests, die ergeben haben, dass Männer normalerweise schneller und präziser bei der Lösung dieser Art von Aufgaben sind.
Beim Rechtshänder ist die linke Hirnhälfte »dominant«. Unter anderem bedeutet dies, dass dort die Zentren für Sprachverständnis und Sprachproduktion lokalisiert sind. Wenn
eine funktionelle MRT gemacht wird, während die Versuchsperson gesprochene Worte hört oder spricht, werden
die Sprachzentren in der dominanten Hemisphäre aktiviert.
Neurowissenschaftler von der Yale University in Connecti-
cut haben bereits 1995 das Sprachsystem im Hinblick auf
mögliche Unterschiede zwischen den Geschlechtern untersucht.[2] Dazu mussten 19 Männer und 19 Frauen im fMRT
Sprachaufgaben lösen, die Buchstabenerkennung, Vorlesen
und Wortverständnis umfassten. Bei den Männern war alles
wie erwartet: In der linken Hirnhälfte blinkten die Sprachzentren auf. Bei den Frauen allerdings ergab sich ein anderes Ergebnis, das immer wieder durch neue Untersuchungen
bestätigt wurde: Bei ihnen waren neben den Sprachzentren
auch andere neuronale Systeme in beiden Hirnhälften aktiviert worden. Sprachproduktion und Sprachverständnis sind
somit bei Frauen durch die Beteiligung der rechten und der
linken Hirnhälfte differenzierter und auf eine breitere Basis
gestellt.

Beide Hirnhälften sind durch den *Corpus callosum*, den
Balken, miteinander verbunden. Über diese Datenautobahn
erfolgt der Austausch zwischen den beiden Hemisphären.
Schon sehr früh wurde von Anatomen festgestellt, dass beim
Balken geschlechterspezifische Unterschiede vorhanden
sind und dieser bei Frauen größer und dicker ist. In einer

exakten Analyse mit neuen Auswertungsmöglichkeiten von MRT-Aufnahmen wurden 316 MRTs von jungen normalen Personen ausgewertet. Auch hier bestätigte das Ergebnis die früheren Annahmen hinsichtlich des größeren Balkens beim weiblichen Geschlecht. Somit kommunizieren bei Frauen die beiden Hirnhälften stärker miteinander als bei Männern.[3]

Erinnern Sie sich noch an die Geschichte von Einsteins Gehirn und an die retrospektive Auswertung der Hirnfotografien durch den chinesischen Wissenschaftler Weiwei Men? Als Vertreter des männlichen Geschlechts wage ich es kaum zu sagen, aber die Schlussfolgerung daraus ist: Das Gehirn des Jahrhundertgenies Albert Einstein war klein und hatte einen voluminösen Balken. Hatte Einstein ein »weibliches« Gehirn? Forscher haben in ganz unterschiedlichen Studien herausgefunden, dass Männer bei motorischen Leistungen besser sind als Frauen, ferner eine bessere räumliche Orientierung haben. Frauen hingegen sind Männern im Hinblick auf das Langzeitgedächtnis und soziale Fähigkeiten überlegen.

Eine spektakuläre neue Methode hat die US-amerikanische Wissenschaftlerin Madhura Ingalhalikar benutzt, um mögliche Unterschiede zwischen den Gehirnen von Männern und Frauen zu erfassen.[4] Sie setzte die diffusionsgewichtete Magnetresonanztomographie (engl. *diffusion-weighted magnetic resonance imaging* – DWI) ein, um das Netzwerk der neuronalen Verbindungen sowohl bei Männern als auch bei Frauen verfolgen und erfassen zu können. Hierbei lassen sich im MRT Diffusionsbewegungen von Wassermolekülen entlang der Nervenbahnen im Gehirn darstellen und so deren Verteilung und Verlauf verbildlichen.[4] Das Verbindungssystem zwischen den unterschiedlichen Hirnzentren als Gesamtheit wird auch als *Connectom* bezeichnet.

428 Männern und 521 Frauen wurden in die Röhre geschoben. Bei jeder und jedem Einzelnen wurde dann das Connectom für die einzelnen Hirnlappen verbildlicht. Und siehe da: Es zeigten sich geschlechtsspezifische Unterschiede in der Verschaltung der Hirnzentren. Die männlichen Gehirne waren tatsächlich anders verkabelt als die weiblichen. Das Connectom bei den Männern ist *intrahemispheriell* angelegt, das heißt: Bei Männern sind die Zentren *innerhalb* der beiden Hirnhälften jeweils stark miteinander verknüpft – eine rege Kommunikation *zwischen* den beiden Hemisphären besteht dagegen nicht.

Bei den Frauen hingegen sind die Verbindungsbahnen vorwiegend *interhemispheriell* eingerichtet. Das bedeutet, dass die rechte und die linke Hirnhälfte in enger Kommunikation miteinander stehen, dafür tauschen sich die Zentren in den jeweiligen Hirnhälften relativ gesehen etwas weniger aus. Diese Befunde deuteten die Forscher dahingehend, dass bei Männern durch die kompakte Verknüpfung in einer Hemisphäre Wahrnehmung besser in koordinierte Handlung umgesetzt werden kann, bei Frauen hingegen bessere Fähigkeiten zur analytischen und intuitiven Erfassung von Informationen bestehen.

Diese Ergebnisse haben eine große Diskussion ausgelöst, da sie mitten in die Gender-Debatte platzten und der Meinung widersprachen, dass geschlechtsspezifische Eigenschaften nicht durch biologische Gegebenheiten, sondern durch kulturelle Sozialisation und Erziehung bedingt sind.[5] Die Er-

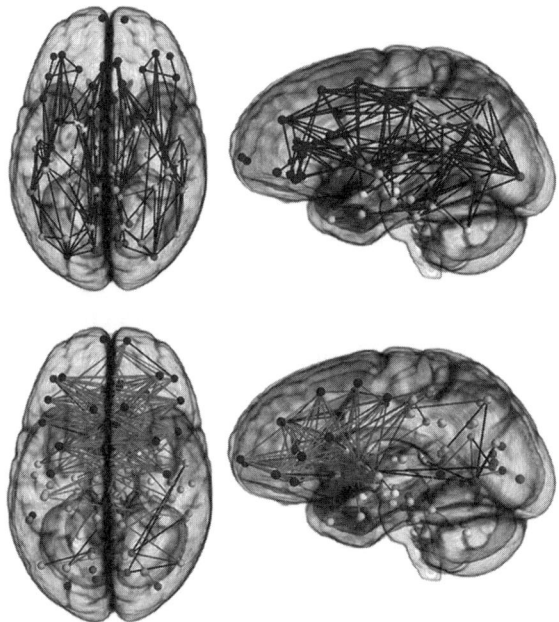

Abb. 12.2: Geschlechtsspezifische Unterschiede der Verbindungen zwischen den Hirnzentren (Connectom): Oben ist das Connectom der Männer abgebildet, dabei handelt es sich überwiegend um intrahemispherielle Verbindungen, die Zentren innerhalb einer Hirnhälfte sind gut verknüpft. Bei den Frauen (unten) hingegen bestehen vorwiegend Verknüpfungen zwischen der rechten und linken Hirnhälfte.

gebnisse wurden außerdem von einer israelischen Arbeitsgruppe infrage gestellt, die im gleichen Jahr die Analyse von 1400 Hirn-MRTs publiziert und keine wesentlichen geschlechtsspezifischen Unterschiede festgestellt hat.[6]

Ich gebe es zu: Ich halte diese Gender-Debatte für unnötig. Fest steht eindeutig, dass geschlechtertypische Unterschiede zwischen männlichen und weiblichen Gehirnen vorhanden sind. Gleichzeitig wird die Fähigkeit des Gehirns, sich plastisch auf Umwelteinflüsse einzustellen, oft unterschätzt.

Motorische Leistungen und räumliches Vorstellungsvermögen zum Beispiel lassen sich auch trainieren. Der kalifornische Psychologe Richard Haier ließ junge Mädchen drei Monate lang das Computerspiel *Tetris* üben, bei dem besonders das räumliche Vorstellungsvermögen gefragt ist, und stellte anschließend eine Zunahme der Dicke der Hirnrinde in motorischen Zentren und in der Sehrinde der Mädchen fest.[7]

Das Gehirn verändert und entwickelt sich also, je nachdem, wie es beansprucht wird. Die Hirnfurchen, welche die motorische Hirnrinde beherbergen, sehen bei einem Schriftsteller nun einmal anders aus als bei einem Profi-Tennisspieler. Was ich damit sagen will: Ein weibliches Gehirn kann die gleichen Leistungen vollbringen wie ein männliches und umgekehrt – wenn es entsprechend trainiert wird. Nichtsdestotrotz sind männliche und weibliche Gehirne neurologisch gesehen von Natur aus verschieden – wenn auch nur ein kleines bisschen.

2. SIND MÄNNER GLÜCKLICHER ALS FRAUEN?

In einem Buch, in dem es um Glück geht, liegt die Frage nahe: Sind Männer und Frauen unterschiedlich glücklich, und falls ja, liegt es vielleicht daran, dass sie unterschiedlich konstruierte Gehirne haben?

Glücksempfinden bei Männer oder Frauen zu untersuchen ist nicht einfach. Das liegt daran, dass der Begriff »Glück« schlecht zu definieren ist. Jeder hat eine eigene Vorstellung von dem, was Glück für einen selbst bedeutet. Noch dazu bestehen große Überlappungen zwischen den Begriffen »Glück« und »Zufriedenheit«. Viele Menschen sind zufrieden mit ihrem Leben, aber sind sie auch glücklich?

An der University of Pennsylvania gibt es einen Zweig, der sich mit Glücksforschung und positiver Psychologie beschäftigt. Von dort stammen die Ergebnisse einer Umfrage, bei der den Teilnehmern die simple Frage gestellt wurde: Wie glücklich sind Sie? Die Befragten konnten sich zwischen den Antworten »sehr glücklich«, »mittelmäßig glücklich« und »unglücklich« entscheiden. Es hat sich gezeigt, dass Glück vor allem vom Alter abzuhängen scheint. Ältere Teilnehmer der Studie haben sich in der Regel glücklicher eingeschätzt als jüngere, der Kipppunkt lag beim 48. Lebensjahr. Überraschend an dieser Untersuchung war außerdem, dass sich die Männer mit Anfang fünfzig glücklicher fühlten als die Frauen. Dagegen fühlten sich junge Frauen wiederum generell glücklicher als junge Männer. Erst mit dem Älterwerden wendet sich das Blatt.

Die US-Psychologin Deborah Carr[8] hat außerdem untersucht, welche Faktoren im Zusammenleben von Paaren für die allgemeine Zufriedenheit ausschlaggebend sind. Sie hat 400 Paare befragt, die 30 Jahre und mehr miteinander verheiratet waren.

Das Ergebnis dieser Untersuchung war ebenfalls überraschend: Ob eine Ehe harmonisch war, hing vor allem davon ab, ob die Frau sich in der Beziehung wohlfühlte oder nicht. Die Männer waren häufig gar nicht so glücklich mit der Beziehung, aber solange die Frau das Ehedasein positiv sah, war auch für sie alles in Ordnung. Deborah Carr interpretierte die befremdlichen Ergebnisse ihrer Untersu-

Abb. 12.3: Lange verheiratetes Paar

chung wie folgt: »Ich denke, es liegt daran, dass eine mit der
Ehe zufriedene Frau dazu tendiert, viel mehr für ihren Mann
zu tun, was sich positiv auf sein Leben auswirkt.«[9] Ferner
seien Männer auch nicht so mitteilsam wie Frauen, sodass
sie ihre Unzufriedenheit seltener an die Frau kommunizieren
würden. Umgekehrt funktionierte diese Relation allerdings
weniger gut: Frauen waren nicht automatisch zufriedener
mit ihrer Beziehung, wenn die Männer mit ihrer Beziehung
glücklich waren.

3. GELD MACHT NICHT GLÜCKLICH

Die beiden australischen Ökonomen Paul Frijters und Tony
Beatton[10] sind der Frage nachgegangen, wie glücklich Menschen in welchem Alter sind. Insbesondere interessierte sie
die Frage, warum die Altersabhängigkeit von Glück und Zufriedenheit eine U-Form zeigt. Was damit gemeint ist? Menschen mittleren Alters zwischen 35 und 50 Jahren sind we-

niger glücklich als jüngere, aber auch als ältere Menschen. Dies zumindest ist das Ergebnis der Analyse groß angelegter Befragungen. Eine davon findet seit 1985 in Deutschland statt:[11] 12000 deutsche Haushalte werden in regelmäßigen Abständen nach den Lebensumständen und der Lebenszufriedenheit gefragt. Ähnliches geschieht im Commonwealth, wo umfangreiche Umfragen in britischen und australischen Haushalten ausgewertet werden. In allen Umfragen ergibt sich die beschriebene U-Form des Glücks. Junge Menschen beantworteten die Frage »Sind Sie, so wie Sie die Dinge sehen, glücklich, nicht so glücklich oder unglücklich?« häufig mit »glücklich«, während es bei den 35- bis 50-Jährigen einen Abfall gab und die Antworten »weniger glücklich« und »unglücklich« überwogen. Dann stieg die Kurve wieder an, um im Alter von 60 Jahren einen Höhepunkt zu erreichen. In diesem Alter war die Mehrzahl der Befragten mit sich und dem Leben zufrieden. Die Autoren weisen darauf hin, dass es sich bei dieser Art von Umfragen – eine Frage und drei mögliche Antworten – um ein recht grobes Instrument handle. Aber das Ergebnis, dass ältere Menschen sich glücklicher fühlen als Menschen mittleren Alters, ist sehr konstant und konnte auch in großen Umfragen in den USA bestätigt werden.

Für den Abfall an Zufriedenheit in den mittleren Jahren gibt es natürlich einen schlagenden Begriff. Er lautet »Midlife Crisis«. Was ist die Ursache dieser Krisenstimmung im mittleren Abschnitt des Lebens? Oftmals wurde von Psychologen und Soziologen vermutet, dass es die Überforderung durch unsere Leistungsgesellschaft ist, die in diesem Lebensabschnitt dem Einzelnen viel Verantwortung und Stress aufbürdet. Stimmt das?

Abbildung 12.4 zeigt die U-Kurve des Glücks: In jungen Jahren ist die Lebensfreude groß, dann nimmt sie in den mittleren Jahren ab, um im Alter wieder zuzunehmen. Diese Kurve ist jedoch nicht aus Untersuchungen oder Umfragen bei Menschen generiert worden, sondern aus Forschungsergebnissen zu: Schimpansen und Orang-Utans.

Sie ist einer Untersuchung von Alexander Weiss entnommen,[12] der die Wärter und Pfleger von 508 Orang-Utans und Schimpansen aufgefordert hat, ihre Beobachtungen an den ihnen anvertrauten Affen in einem standardisierten Fragebogen zu registrieren. Gefragt wurde nach der Stimmung der Tiere, ob der Affe ihrer Meinung nach Freude am sozialen Kontakt zur Gruppe hatte, ob er bei seinen Aktivitäten und der Umsetzung seiner Ziele erfolgreich war und ob sie aus dem Verhalten des Tieres allgemein schließen würden, dass das Tier aktuell glücklich sei. Heraus kam die gleiche U-förmige Kurve wie beim Menschen – übrigens ohne Geschlechtsunterschied: Weibliche und männliche Großaffen hatten gleichermaßen einen Glücksdurchhänger im mittleren Alter. Damit darf man es als erwiesen betrachten, dass es (auch) biologische Ursachen für den Abfall an Lebensfreude im mittleren Lebensalter gibt. Nicht die Verantwortung für Haus und Hof macht uns fertig, auch nicht die Sorge um das Einkommen oder der Druck am Arbeitsplatz, sondern schlicht und ergreifend unsere Biologie.

Und sie macht auch vor unserem Gehirn nicht halt. Im mittleren Lebensabschnitt, so vermuten die Forscher, beginnt das Gehirn sich umzustellen: vom Angriffs- und Kampfmodus der jugendlichen Sturm-und-Drang-Zeit auf den etwas beschaulicheren Funktionsstand des beginnenden

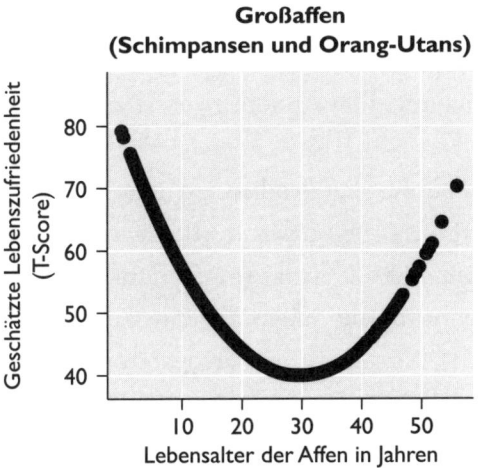

**Großaffen
(Schimpansen und Orang-Utans)**

Abb. 12.4: Die Altersabhängigkeit von Glück und Zufriedenheit zeigt eine U-Form. Menschen mittleren Alters zwischen 35 und 50 Jahren sind weniger glücklich als jüngere, aber auch als ältere. Dies gilt nicht nur für Menschen, sondern, wie die Abbildung zeigt, auch für Orang-Utans und Schimpansen.

Alters. So hat die Londoner Demenzforscherin Rachael Scahill[13] bei gesunden Menschen regelmäßig kernspintomographische Aufnahmen des Gehirns gemacht und dabei festgestellt, dass im Lauf der Jahre das Hirnvolumen insgesamt nach und nach weniger wird und auch die Zahl der Neuronen und Dendriten abnimmt. Vor allem das Temporalgehirn und der Hippocampus sind von der Schrumpfung betroffen – Gehirnteile also, die für das Gedächtnis und die Problemverarbeitung zuständig sind und im Extremfall (zum Beispiel bei der Alzheimer-Demenz) besonders stark schrumpfen. Scahill hat ferner gezeigt, dass mit zunehmendem Alter die Geschwindigkeit der Hirnschrumpfung ansteigt. Wohlgemerkt, die nachweisbare Volumenabnahme des Gehirns lässt sich nicht immer mit klinischen Symptomen wie Altersdemenz korrelieren. Trotzdem muss man davon ausgehen, dass dieses allmähliche Dahinschmelzen von Hirnsubstanz mit einer Änderung im sozialen Verhalten verbunden ist.

Die Umstellung der Produktion männlicher oder weiblicher Sexualhormone in den mittleren Jahren hat ebenfalls Auswirkungen auf die Struktur und Funktionsweise des Gehirns. Sexualhormone haben allgemein einen schützenden Effekt auf das Nervensystem. Progesteron, Testosteron und Estradiol, so haben Tierversuche gezeigt, verhindern den Verlust von Neuronen und schützen das Gehirn vor altersbedingtem Untergang.[14] Beim Mann kommt es beim Älterwerden zu einem Abfall des Testosteron. Dazu gibt es viele Untersuchungen, zum Beispiel die Rancho-Benado-Studie,[15] eine bereits 1972 initiierte epidemiologische Untersuchung, an der 10 000 Rentner aus Südkalifornien teilnahmen und bei der Lebensweise, Erkrankungen und Todesursachen erfasst wurden. Gleichzeitig wurden der Testosteronspiegel und die Spiegel der weiblichen Geschlechtshormone gemessen. Ferner wurde ein Test auf Depression durchgeführt. Was war das Ergebnis? Je höher der Depressions-Score, desto niedriger der Testosteronspiegel, will heißen: Männer mit einer eindeutigen Depression hatten sehr niedrige Testosteronspiegel. Einige sprechen in diesem Zusammenhang auch von der Menopause des Mannes.

Dies ist auch die Erfahrung aus der täglichen ärztlichen Praxis. Männer über sechzig leiden häufig an unerklärlichen Depressionen – häufig aufgrund eines Testosteronmangels. Die gute Nachricht lautet: Dieser lässt sich durch Medikamente behandeln.

Nun könnte man meinen, dass diese Ergebnisse einen Widerspruch zu der U-Kurve des Glücks darstellen. Schließlich soll es im Alter mit dem Glücksempfinden doch wieder bergauf gehen. Dazu muss man sagen, dass es sich bei den Untersuchungen, welche die U-Kurve hervorgebracht haben, um soziologische und psychologische Studien handelte. Biologische Parameter des Alterns und des Nachlassens der Kräfte wurden nur teilweise berücksichtigt. Im mittleren Lebensalter, so interpretieren die Wissenschaftler diese Ergebnisse, realisieren viele Menschen, dass die einst gesteckten Ziele und viele Träume nicht erreichbar sind und dass sie ihre hohen Erwartungen zurückschrauben müssen. Bei älteren Menschen hingegen steigt die Zufriedenheit mit der erreichten Situation. Gleichzeitig kommt es zu einer natürlichen, kontinuierlichen Reduktion der körperlichen Ressourcen, vor allem in Hinblick auf das Gedächtnis und die Geschwindigkeit der gedanklichen Abläufe. Dies muss dem Glücksempfinden jedoch nicht unbedingt im Weg stehen.

Interessant ist in diesem Zusammenhang die Frage, ob das Belohnungssystem bei älteren Menschen noch genauso gut funktioniert wie bei jungen. Freut sich ein junger Mensch über ein Erfolgserlebnis mehr als ein alter Mensch? Ist der ältere Mensch gegenüber Freude und Erfolgserlebnissen womöglich bereits abgestumpft und nicht mehr so ehrgeizig?

Zu diesem Thema hat etwa eine Forschergruppe von der Berliner Charité junge und alte Probanden anhand von MRT untersucht.[16] Sie wurden aufgefordert, in der MRT-Röhre mit einer Art einarmigem Banditen möglichst viel Geld zu gewinnen. Während des Spieles sowie kurze Zeit danach, wenn die Spieler sich über Gewinne freuten oder sich über Verluste ärgerten, wurden funktionelle MRT-Aufnahmen durchgeführt. Untersucht wurden das frontale Striatum und der ventromediale präfrontale Cortex als Kerngebiete des Belohnungssystems, außerdem das vordere Cingulum und die Inselregion als jene Areale, welche unsere Handlungen bewerten. Last but not least der dorsolaterale präfrontale Cortex, der die Informationen in ein Großes und Ganzes integriert.

Tatsächlich zeigte sich während des Glücksspiels ein Unterschied hinsichtlich der Aktivierung des neuronalen Glückssystems zwischen den jungen und den alten Versuchspersonen. Bei den jungen Probanden waren die Kerngebiete des Belohnungssystems während des Spielens und in der Gewinnsituation überaktiv. Dies bedeutet: hohe Motivation durch äußere Reize und große Freude bei Erfolgserlebnissen. Bei den Älteren hingegen löste das Erlebnis des Gewinnens weniger starke Freude aus. Bei ihnen waren eher jene Hirnareale aktiviert, die neue Erfahrungen in ein größeres Netzwerk integrierten. Anders gesagt: Der ultimative Kick des Glücksspiels blieb bei ihnen aus. Sie mussten nicht unbedingt gewinnen, ihnen war die Erfahrung des Spielens als solche wichtiger.

Junge Menschen freuen sich also intensiver als ältere. Wissenschaftliche Untersuchungen zeigen, dass während des Älterwerdens die Produktion des Glückshormons Dopamin abnimmt und auch die Dopaminrezeptoren unempfindlicher werden. Da das Dopamin der Hauptüberträgerstoff des Glücks- und Belohnungssystems ist, lässt sich also leicht verstehen, warum ältere Menschen sich nicht mehr so intensiv wie Kinder freuen können und ein Geschenk nicht mehr mit der gleichen Begeisterung wie in der Jugend auspacken.

Nichtsdestotrotz heißt das nicht, dass Alter und Glück nicht zusammenpassen. Ich habe es bisher vermieden, auf den Unterschied der Begriffe »Glück« und »Zufriedenheit« einzugehen, weil es in diesem Buch vor allem um das Glück geht. Der Nobelpreisträger für Ökonomie und Psychologe Daniel Kahneman spricht in einem Interview[17] diesen Unterschied an, indem er sagt, dass es zwei verschiedene Arten des Glücks gibt: gute Laune in einem bestimmten Moment und grundsätzliche Zufriedenheit mit dem Leben. Vielleicht ist es das, wofür das Gehirn im Alter – trotz des Verlusts an Dopamin – sorgen kann: Zufriedenheit durch kleine Erfolgserlebnisse, schöne Erfahrungen und eine friedliche Umgebung. Wer will es bestreiten: Auch das ist Glück.

4. FAZIT

Das Gehirn des Menschen ist eine Fabrik für Gefühle. Für Freude, Glück und Zufriedenheit, aber auch für Hass, Aggression, Neid und Missgunst. Positive und negative Gefühle entstehen in unserem Gehirn durch das Zusammenspiel unterschiedlicher neuronaler Netzwerke mit Neurotransmittern und Hormonen. Um uns trunken vor Glück zu machen oder vor Zorn rasend, dass wir liebestaumelnd oder eifersüchtig nicht schlafen können, dafür benutzt das Gehirn altbewährte Programme, die auf gewohnte Weise ablaufen, um unsere Stimmung zu beeinflussen. Zwischen himmelhoch jauchzend und zu Tode betrübt sein gibt es ein breites Spektrum von Gefühlen, die unser Verhalten und unsere Einstellung zur Welt beeinflussen.

Ich bin in diesem Buch der Frage nachgegangen, wie das Gehirn es anstellt, dass wir Gefühle wahrnehmen, Emotionen empfinden können. Andere Funktionen des Gehirns, die Motorik zum Beispiel oder das Koordinationsvermögen, sind bisher wesentlich umfassender untersucht als unsere Gefühlswelt. Wir wissen etwa viel mehr darüber, was in unserem Gehirn passiert, wenn wir einen Türknauf drücken, als über die Mechanismen in unserem Gehirn, die uns Freudentränen kommen lassen.

Fest steht, dass in einem entwicklungsgeschichtlich sehr alten Teil des Gehirns die Fähigkeit vorhanden ist, in Reaktion auf die Umgebung und soziale Interaktionen Glück, Erfolg und Zufriedenheit zu empfinden. Wir sind imstande, aufgrund von Erfolgserlebnissen und Leistungen ein intensives Gefühl von Glück und Zufriedenheit zu erleben. Das fängt schon bei scheinbar banalen Dingen an – wenn der Topflappen fertig gehäkelt ist, eine Wand gestrichen wurde oder das Gartentor nicht mehr quietscht. Man muss nicht in die Sphären großer Erfindungen oder bedeutender Kunstwerke aufsteigen – Glück ist für alle da, nicht nur für die Genies unserer Welt!

Das Belohnungssystem in unserem Gehirn lässt es uns gut gehen, es ist auch ein Schutz vor Frustrationen und alltäglichen Enttäuschungen. Die Glückssignale, die von unserem Gehirn ausgesendet werden, motivieren uns dazu, weiterzumachen, auch wenn es schwierig wird, auch wenn uns Steine in den Weg gelegt werden oder wenn wir an unsere Leistungsgrenze kommen.

Die Ratte im Versuchslabor von James Olds hatte es da leichter: Sie drückte auf eine Taste und stimulierte ihr Glücks- und Belohnungszentrum. Einen ähnlichen Weg wählen viele Menschen, wenn sie übermäßig viel Alkohol trinken, Kokain schnupfen oder verheerende Drogen wie Crystal Meth nehmen. »Glück pur, du fühlst dich einfach nur glücklich«, höre ich einen Abhängigen im Radio sagen. Doch dafür zerstören sie ihre Gesundheit.

Glück lässt sich auch anders finden: In meiner Reise durch die Glückssphären des Gehirns bin ich auf mehrere »Glückshormone« gestoßen. Etwa auf das Dopamin, die wichtigste Überträgersubstanz innerhalb des Belohnungssystems. Dopamin macht glücklich, das kann man mit Fug und Recht sagen. Faszinierend auch das Oxytocin, das die wahren menschlichen Eigenschaften, Mitleid und Empathie, vermittelt.

Zur Erhöhung des Oxytocinspiegels im Blut reicht allein die Umarmung eines geliebten Menschen, das Berühren eines Partners und natürlich auch Sex. Oxytocin ist das »Kuschelhormon«; um zufrieden und glücklich zu sein, bedarf es der Liebe, körperlicher Nähe und Zuwendung. Wir sollten von der lebenslang treuen Präriewühlmaus lernen. In meinem Bekanntenkreis gibt es einige »Präriewühlmauspaare«; sie leben seit ihrer Jugend zusammen, schauen sich immer noch verliebt an und haben offensichtlich noch regelmäßigen intimen Kontakt. Bei ihnen steigt der Oxytocinspiegel bereits, wenn sie sich sehen. Stets haben sie das Bedürfnis, sich anzufassen und zu berühren. Ein Kollege von mir geht nach über 30 Jahren Ehe immer noch ins Badezimmer, wenn seine Frau dort ein Bad nimmt, um ihren Anblick in unbekleidetem Zustand zu genießen. Ist das nicht ein wunderbares Beispiel von Nähe und fortwährender Liebe? »Voll das Oxytocin«, würde mein Sohn jetzt sagen. Leider ist das nicht die Regel. Stress, Hektik und Alltagsprobleme lassen die emotionale Nähe immer geringer werden, das Scheitern der Ehe oder der Beziehung ist die Folge.

Warum nörgeln die Deutschen so viel? Warum sind die Dänen laut Umfrage die glücklichsten Menschen? Diese soziologischen Aspekte habe ich in diesem Buch nicht behandelt, denn es sollte vor allem die Frage beantworten: Wie entsteht Glück im Gehirn? Gesellschaftspolitische Ursachen von Glück und Unglück standen dabei nicht so sehr im Fokus. Zwar gibt es Untersuchungen, die zeigen, dass in den Ländern, in denen die Menschen mit ihren Lebensverhältnissen eher unzufrieden sind, die Schere zwischen Arm und Reich besonders stark auseinanderklafft. Jedoch macht nicht so sehr der objektiv vorhandene oder empfundene Mangel unglücklich, sondern vielmehr die Differenz zu denjenigen, die mehr verdienen und denen es besser geht. Und damit sind wir wieder beim Belohnungssystem und den Hirnstrukturen, die uns für künftige Anstrengungen motivieren.

Ein wesentlicher Aspekt im Hinblick auf das Glück ist nicht nur das augenblickliche Erfolgserlebnis, sondern auch der kontinuierliche Zustand von Zufriedenheit. In der Soziologie gibt es den Begriff »Quality of Life« oder »Lebensqualität«. Die Lebensqualität umfasst laut Definition der Weltgesundheitsorganisation WHO das subjektive körperliche, psychische und soziale Wohlbefinden eines Individuums. Es gibt jede Menge von Erhebungen, in denen individuell der Grad der Lebensqualität und damit des täglichen

Glücksempfindens ermittelt werden soll. Auch eine Oberärztin unserer Klinik hat das getan und schwerstbetroffene Schlaganfallpatienten Monate nach der Entlassung zu Hause oder im Heim aufgesucht, um ihnen einen Quality-of-Life-Fragebogen vorzulegen. Das für uns alle überraschende Ergebnis war, dass diese schwerstbehinderten Patienten sich mit ihrem Zustand arrangiert haben und zufrieden waren.

Glück ist also relativ – der Spruch »Geld allein macht nicht glücklich« hat einen wahren Kern. Denn auch ohne viel Geld kann man das Glück fördern. In den neurowissenschaftlichen Arbeiten zum Thema geht es immer wieder um Bewegung und Ernährung. Und tatsächlich, es gibt ein »Brain Food«, welches nicht nur das Gehirn fit hält, sondern auch die Stimmung aufhellt. Auch körperliche Ertüchtigung in jeder Form macht glücklich, dies ist durch viele wissenschaftliche Studien belegt. Und ebenso lassen sich durch Achtsamkeit und Meditation – dies für mich eine neue Erkenntnis – hinsichtlich der individuellen Glücksbilanz erstaunliche Erfolge erzielen. Das sind für unsere westlichen Gesellschaften relativ neue Methoden, unser Motivationssystem abzuschalten, den Augenblick zu genießen und uns selber wahrzunehmen.

Die neurologische Glücksforschung steht noch an ihren Anfängen. Viele Details darüber, wie Glücksempfinden in unserem Gehirn zustande kommt, sind noch ungeklärt. Was wir aber darüber bereits wissen, das sollte uns Hoffnung machen, dass Glück manchmal auch mit relativ einfachen Mitteln zu erreichen ist.

DANK

Ich bedanke mich bei Professor Dr. Alfons Hamm, dem Direktor des Instituts für Klinische und Physiologische Psychologie der Universität Greifswald, für viele Anregungen und Diskussionen, auch für die Überlassung der Abbildung 6.2, welche die Aktivierung der Amygdala bei Spinnenphobikern zeigt. Die MRT-Aufnahmen aus dem Kapitel »Grundlagen: Wie funktioniert das Gehirn?« stammen vom Institut für Diagnostische Radiologie und Neuroradiologie der Universitätsmedizin Greifswald (Direktor Professor Dr. Norbert Hosten), ich bedanke mich für deren Überlassung. Professor Dr. Martin Lotze von der Abteilung Funktionelle Bildgebung der Universitätsmedizin Greifswald danke ich für die Abbildungen 6.1 (Fingertapping) sowie 6.3 und 6.5. zum gemeinsamen Projekt über das kreative Schreiben.

Ferner danke ich der Agentur Petra Eggers und allen beteiligten Mitarbeitern des Verlages C. Bertelsmann für ihr Engagement bei der Fertigstellung dieses Buches.

QUELLENNACHWEIS

I. Glücksaura

[1] Dostojewski, Fjodor M.: *Der Idiot,* Frankfurt am Main 1981.

[2] *Corpus Galenicum, Bibliographie der galenischen und pseudogalenischen Werke,* zusammengestellt von G. Fichtner, Berlin-Brandenburgische Akademie der Wissenschaften, Erweiterte Ausgabe 2015/08.

[3] Stefan, H., Schulze-Bonhage, A., Pauli, E., Platsch, G., Quiske, A., Buchfelder, M. und Romstöck, J.: »Ictal pleasant sensations: cerebral localization and lateralization«, in: *Epilepsia,* 45, S. 35–40, 2004.

[4] Kandel, E.: *Principles of Neural Science* (4. Auflage), New York 2000.

II. Grundlagen: Wie funktioniert das Gehirn?

[1] Wachsmuth, I.: *Gehirn Computer,* https://www.dasgehirn.info/aktuell/frage-an-das-gehirn/funktioniert-das-gehirn-wirklich-wie-ein-computer

[2] Peters, M.: »Sex differences in human brain size and the general meaning of differences in brain size«, in: *Can J Psychol.,* 45, S. 507–522, 1991.

[3] Adams, Fred T.: *Der Weg zum Homo sapiens,* Frankfurt am Main 1971 (Originalausgabe: *The Way to Modern Man,* New York 1968).

[4] Kremer, Wiliam: *The strange afterlife of Einstein's brain*, BBC World Service, 18. 4. 2015.

[5] Paterniti, Michael: *Driving Mr. Albert: A Trip Across America with Einstein's Brain*, New York 2000 (dt.: *Unterwegs mit Mr. Einstein*, Reinbek 2001.)

[6] Abraham, Carolyn: *Possessing Genius: The Bizarre Odyssey of Einstein's Brain*, New York 2002.

[7] Falk, D., Lepore, F. E. und Noe, A.: »The cerebral cortex of Albert Einstein: a description and preliminary analysis of unpublished photographs«, in: *Brain*, 136 (4), S. 1304–1327, 2013.

[8] Men, W., Falk, D., Sun, T., Chen, W., Li, J., Yin, D., Zang, L. und Fan, M.: »The corpus callosum of Albert Einstein's brain: another clue to his high intelligence?«, in: *Brain*, 137, e268, 2014.

[9] Tubbs, R. S. et al.: »Korbinian Brodmann (1868–1918) and his contributions to mapping the cerebral cortex«, in: *Neurosurgery*, 68, S. 6–11, 2011.

[10] Brodmann, Korbinian: *Vergleichende Lokalisationslehre der Grosshirnrinde: in ihren Principien dargestellt auf Grund des Zellenbaues*, Leipzig 1909.

[11] *Gray's Anatomy: The Anatomical Basis of Clinical Practice* (Henry Gray, mit Illustrationen von Henry Vandyke Carter), 39. Auflage, Mosby 2004.

[12] Hartmann, P., Ramseier, A., Gudat, F., Mihatsch, M. J. und Polasek, W.: »Normal weight of the brain in adults in relation to age, sex, body height and weight«, in: *Pathologe*, 15, S. 165–170, 1994.

[13] Fields, R. D.: »White matter in learning, cognition and psychiatric disorders«, in: *Trends in Neurosciences*, 31, S. 361–370, 2008.

[14] Fields, R. D.: »Die unterschätzte weiße Hirnmasse«, in: *Spektrum der Wissenschaft*, Oktober 2008.

[15] Miller, E. M.: »Intelligence and brain myelination: A hypothesis«, in: *Personality and Individual Differences*, 17, S. 803–832, 1994.

[16] Bengtsson, S. L. et al.: »Extensive piano practicing has regionally

specific effects on white matter development«, in: *Nature Neuroscience*, 8 (9), S. 1148–1150, 2005.

17 Gu, Y., Brickman, A. M., Stern, Y., Habeck, C. G. et al.: »Mediterranean diet and brain structure in a multiethnic elderly cohort«, in: *Neurology*, 85 (20), S. 1744–1751, 2015.

18 Freemantle, E.: *Proceedings of the 7th Fatty Acid and Cell*, Workshop 2005.

19 Witte, A. V., Kerti, L., Flöel, A. et al.: »Long-chain omega-3 fatty acids improve brain function and structure in older adults«, in: *Cerebral Cortex*, 24, S. 3059–3068, 2014.

III. Das limbische System: Grundlage von Glück und Motivation

1 Seress, L.: *Hippocampus and seahorse. Preparation of a human hippocampus and fornix alongside a sea horse.* 1980, https://commons.wikimedia.org/wiki/File:Hippocampus_and_seahorse_cropped.jpg

2 Vein, A.: »Sergey Sergeevich Korsakov (1854–1900)«, in: *Journal of neurology*, 256, S. 1782–1783, 2009.

3 Kling, A.: »Effects of amygdalectomy and testosterone on sexual behavior of male juvenile macaques«, in: *J Comp Physiol Psychol*, 65 (3), S. 466–471, 6/1968.

4 Salu, Y.: »The role of the amygdala in the development of sexual arousal« in: *Electronic Journal of Human Sexuality*, 16, 2013.

5 Markowitsch, H. J. et al.: »The amygdala's contribution to memory – a study on two patients with Urbach-Wiethe disease«, in: *Neuroreport*, 5 (11), S. 1349–1352, 1994.

6 Kennerley, S. W., Walton, M. E. et al.: »Optimal decision making and the anterior cingulate cortex«, in: *Nature Neuroscience*, 9 (7), S. 940–947, 2006.

7 Ballmaier, M., Toga, A. W. et al.: »Anterior cingulate, gyrus rectus, and orbitofrontal abnormalities in elderly depressed patients: an

MRI-based parcellation of the prefrontal cortex«, in: *Am J Psychiatry*, 161, S. 99–108, 2004.

[8] Silbernagl, S. und Despopoulos, A.: *Taschenatlas der Physiologie*, Stuttgart 2007.

[9] Al Aïn, S., Goudet, C. et al.: »Newborns prefer the odor of milk and nipples from females matched in lactation age: Comparison of two mouse strains«, in: *Physiology & Behavior*, 147, S. 122–130, 2015.

[10] Hatt, Hanns und Dee, Regine: *Niemand riecht so gut wie Du*, München 2010.

[11] Lundström, J. N., Gonçalves, M. et al.: »Psychological effects of subthreshold exposure to the putative human pheromone 4,16-androstadien-3-one«, in: *Hormones and Behavior*, 44 (5), S. 395–401, 2003.

[12] Verhaeghe, J, Gheysen, R. und Enzlin, P.: »Pheromones and their effect on women's mood and sexuality«, in: *Facts Views Vis Obgyn*, 5 (3), S. 189–195, 2013.

IV. Zwischenhirn und Hirnstamm: Schaltzentralen für Herz und Nieren

[1] Trepel, Martin: *Neuroanatomie – Struktur und Funktion*, 4. Auflage, München 2008.

[2] Lemke, M. R., Brecht, H. M. et al.: »Anhedonia, depression, and motor functioning in Parkinson's disease during treatment with pramipexole«, in: *J Neuropsychiatry Clin Neurosciences*, 17 (2), S. 214–220, 2005.

V. Synapsen und Transmitter

1 Ross, G. W. et al.: »Association of olfactory dysfunction with risk for future Parkinson's disease«, in: *Annals of Neurology,* 63 (2), S. 167–173, 2008.

2 Thümler, R.: *Morbus Parkinson. Ein Leitfaden für Klinik und Praxis,* Berlin, Heidelberg, New York 2002.

3 Williams, W. A., Shoaf, S. E. et al.: »Effects of Acute Tryptophan Depletion on Plasma and Cerebrospinal Fluid Tryptophan and 5-Hydroxyindoleacetic Acid in Normal Volunteers«, in: *Journal of Neurochemistry,* 72 (4), S. 1641–1647, 1999.

4 Moeller, F. G., Dougherty, D. M., Swann, A. C., Collins, D., Davis, C. M. und Cherek, D. R.: »Tryptophan depletion and aggressive responding in healthy males«, in: *Psychopharmacology (Berl),* 126 (2), S. 97–103, 1996.

5 Hibbeln, J. R., Umhau, J. C., Linnoila, M., George, D. T., Ragan, P. W., Shoaf, S. E., Vaughan, M. R., Rawlings, R., Salem, N. Jr.: »A replication study of violent and nonviolent subjects: cerebrospinal fluid metabolites of serotonin and dopamine are predicted by plasma essential fatty acids«, in: *Biological Psychiatry,* 44 (4), S. 243–249, 1998.

6 Coppen, A. J. und Doogan, D. P.: »Serotonin and its place in the pathogenesis of depression«, in: *Journal of Clinical Psychiatry,* 49, S. 4–11, 1988.

7 Sternbach, H.: »The serotonin syndrome«, in: *Am J Psychiatry,* 148 (6), S. 705–713, 1991.

8 Hecker, Justus Friedrich Karl: *Die Tanzwuth, eine Volkskrankheit im Mittelalter. Nach den Quellen für Aerzte und gebildete Nicht-ärzte bearbeitet von Dr. J. F. C. Hecker,* Berlin 1832 (mit Notenbeispielen).

9 Katner, Wilhelm: *Das Rätsel des Tarentismus. Eine Ätiologie der italienischen Tanzkrankheit,* Leipzig 1956.

10 Hofmann, Albert: *LSD – Mein Sorgenkind: Die Entdeckung einer »Wunderdroge«,* 7. Auflage, Freiburg 2017.

[11] Skrundz, M., Bolten, M. et al.: »Plasma oxytocin concentration during pregnancy is associated with development of postpartum depression«, in: *Neuropsychopharmacology*, 36 (9), S. 1886–1893, 2011.

[12] Abraham, E., Hendler, T., Feldman, R. et al.: »Father's brain is sensitive to childcare experiences«, in: *Proc Natl Acad Sci*, 111 (27), S. 9792–9797, 2014.

[13] Scheele, D., Wille, A., Kendrick, K. M. et al.: »Oxytocin enhances brain reward system responses in men viewing the face of their female partner«, in: *Proc Natl Acad Sci*, 110 (50), S. 20308–20313, 2013.

[14] Bakermans-Kranenburg, M. J. und van Jzendoorn M. H.: Sniffing around Oxytocin: Review and Meta-analyses in: *Transl. Psychiatry*, 21, S. 258, 2013.

[15] Kosfeld, M., Heinrichs, M. et al.: »Oxytocin increases trust in humans«, in: *Nature*, 435, S. 673–676, 2005.

[16] Zak, P. J., Kurzban, R. et al.: »The Neurobiology of Trust«, in: *Annals of the New York Academy of Sciences*, 1032, S. 224–227, 2004.

[17] Zak, P. J.: *Trust, morality – and oxytocin*, TED-Konferenz, Juli 2011, https://www.ted.com/talks/paul_zak_trust_morality_and_oxytocin?language=de (Zugriff: 7.11.2012).

[18] Sommer, Boris und Sattler, Gerhard: *Botulinumtoxin in der ästhetischen Medizin*, Stuttgart 2006.

[19] Laurin, D., Verreault, R. et al.: »Physical Activity and Risk of Cognitive Impairment and Dementia in Elderly«, in: *Arch Neurol*, 58 (3), S. 498–504, 2001.

[20] Weuve, J., Kang, J. H. et al.: »Physical Activity, Including Walking, and Cognitive Function in Older Women«, in: *JAMA*, 292 (12), S. 1454–1461, 2004.

[21] Potter, R., Ellard, D. et al.: »A systematic review of the effects of physical activity on physical functioning, quality of life and depression in older people with dementia«, in: *International Journal of Geriatric Psychiatry*, 26 (10), S. 1000–1011, 2011.

[22] Zitiert nach Urner, Maren: »Legal ›high‹ werden: Was bei einem

10-km-Lauf in Deinem Gehirn passiert«, in: *www.dierealeWelt.de* (Zugriff: 26.3.2016).

23 Boecker, H., Sprenger, T. et al.: »The Runner's High: Opioidergic Mechanisms in the Human Brain«, in: *Cerebral Cortex*, 18 (11), S. 2523–2531, 2008.

VI. Funktionelle Magnetresonanztomographie: der Blick in die Seele

1 Serafini, Anthony: *Linus Pauling – A Man and His Science*, New York 1989.

2 Witt, S.T., Laird, A.R. und Meyerand, M.E.: »Functional neuroimaging correlates of finger-tapping task variations: an ALE meta-analysis«, in: *Neuroimage*, 42 (1), S. 343–356, 2008.

3 Wendt, J., Lotze, M., Weike, A.I., Hosten, N., Hamm, A.O.: »Brain activation and defensive response mobilization during sustained exposure to phobia-related and other affective pictures in spider phobia«, in: *Psychophysiology*, 45 (2), S. 205–215, 2008.

4 Miller, Bruce L. und Cummings, Jeffrey L. (Hrsg.): *The Human Frontal Lobes: Functions and Disorders*, New York 2007.

5 Shah, C., Erhard, K., Ortheil, H.J., Kaza, E., Kessler, C. und Lotze, M.: »Neural correlates of creative writing: an fMRI study«, in: *Human Brain Mapping*, 34 (5), S. 1088–1101, 2013.

6 Bekinschtein, T.A., Davis, M.H. et al.: »Why clowns taste funny: the relationship between humor and semantic ambiguity«, in: *J Neuroscience*, 31, S. 9665–9671, 2011.

7 Chan, Y.C. et al.: »Towards a neural circuit model of verbal humor processing: an fMRI study of the neural substrates of incongruity detection and resolution«, in: *Neuroimage*, 66, S. 169–176, 2013.

8 Moran, J.M., Wig, G.S., Adams, R.B. Jr., Janata, P. und Kelley, W.M.: »Neural correlates of humor detection and appreciation«, in: *Neuroimage*, 21 (3), S. 1055–1060, 2004.

9 Bartolo, A., Benuzzi, F., Nocetti, L., Baraldi, P. und Nichelli,

P.: »Humor comprehension and appreciation: an FMRI study«, in: *Journal of Cognitive Neuroscience*, 18 (11), S. 1789–1798, 2006.

10 Shami, P. und Stuss, D.T.: »Humour appreciation: a role of the right frontal lobe«, in: *Brain*, 122, S. 657–666, 1999.

11 Uekermann, J., Channon, S., Winkel, K., Schlebusch, P. und Daum, I.: »Theory of mind, humour processing and executive functioning in alcoholism«, in: *Addiction*, 102 (2), S. 232–240, 2007.

12 Steiner, George: *Warum Denken traurig macht*, Frankfurt am Main 2008.

13 Raichle, M.E. et al.: »A default mode of brain function«, in: *PNAS*, 98 (2), S. 676–682, 2001.

14 Killingsworth, M.A. und Gilbert, D.T.: »A wandering mind is an unhappy mind«, in: *Science*, 330, S. 932, 2010.

15 Scott, G.D.: »Doodling and the default network of the brain«, in: *The Lancet*, 378, S. 1133–1134, 2011.

16 Josipovic, Z.: »Neural correlates of nondual awareness in meditation«, in: *Annals of the New York Academy of Sciences*, 1307, S. 9–18, 2014.

17 Dalai Lama und Cutler, H.C.: *Die Regeln des Glücks*, Freiburg 2012.

18 Williams, M. und Teasdale, J.: *The Mindful Way through Depression: Freeing Yourself from Chronic Unhappiness*, New York 2007.

19 Brewer, J.A., Worhunsky, P.D. et al.: »Meditation experience is associated with differences in default mode network activity and connectivity«, in: *PNAS*, 108, S. 20254–20259, 2011.

20 Taren, A.A., Gianaros, P.J., Creswell, J.D. et al.: »Mindfulness meditation training alters stress-related amygdala resting state functional connectivity: arandomized controlled trial«, in: *Social, Cognitive and Affective Neuroscience*, 10 (12), S. 1758–1768, 2015.

21 Kabat-Zinn, J.: »An outpatient program in behavioral medicine for chronic pain patients based on the practice of mindfulness meditation: theoretical considerations and preliminary results«, in: *General Hospital Psychiatry*, 4 (1), S. 33–47, 1982.

[22] Hölzel, B. K., Carmody, J., Vangel, M. et al.: »Mindfulness practice leads to increases in regional brain gray matter density«, in: *Psychiatry Res*, 191 (1), S. 36–43, 2011.

[23] Farb, N. A., Anderson, A. K., Mayberg, H. et al.: »Minding One's Emotions: Mindfulness Training Alters the Neural Expression of Sadness«, in: *Emotion*, 10 (1), S. 25–33, 2010.

[24] Gross, J. J. und Levenson, R. W.: »Emotion elicitation using films«, in: *Cognition and Emotion*, 9 (1), S. 87–108, 1995.

VII. Das Belohnungssystem

[1] Porter, L. W. und Lawler, E. E.: Managerial Attitudes and Performance. Irwin-Dorsey Series in Behavioral Science in Business. Homewood, R. D. Irwin, 1968.

[2] Milner, Peter: *Lebenserinnerungen*, https://www.sfn.org/~/media/ SfN/Documents/TheHistoryofNeuroscience/Volume 208/Peter-Milner

[3] Solomon, Philip, Kubzansky, Philip E., Leiderman, P. Herbert, Mendelson, Jack H., Trumbull, Richard, Wexler, Donald (Hrsg.): *Sensory Deprivation. A Symposium Held at Harvard Medical School on June 20 and 21*, 1958. Neuausgabe Cambridge, MA, 1971.

[4] Olds, J. und Milner, P.: »Positive reinforcement produced by electrical stimulation of septal area and other regions of rat brain«, in: *J Comp Physiol Psychol*, 47 (6), S. 419–427, 1954.

[5] Olds, J.: »Reward from brain stimulation in the rat«, in: *Science*, 122, S. 878, 1955.

[6] Kringelbach, M. L. und Berridge, K. C.: »The functional neuroanatomy of pleasure and happiness«, in: *Discov Med*, 9 (49), S. 579–587, 2010.

[7] Knutson, B., Adams, C. M., Fong, G. W., und Hommer, D.: »Anticipation of increasing monetary reward selectively recruits nucleus accumbens«, in: *J Neuroscience*, 21 (16), S. 159, 2001.

[8] Haber, S. N. und Knutson, B.: »The reward circuit: linking primate anatomy and human imaging«, in: *Neuropsychopharmacology*, 35 (1), S. 4–26, 2010.

VIII. Die Zerstörung des Glücks

[1] Fortner, Rainer: *Egas Moniz (1874–1955) – Leben und Werk unter besonderer Berücksichtigung der Leukotomie und ihrer ethischen Implikationen*, Dissertation, Julius-Maximilians-Universität zu Würzburg 2004.

[2] Die Presse: »Warum der Kennedy-Patriarch seine Tochter versteckte«, 28. 10. 2015, http://diepresse.com/home/zeitgeschichte/4852668/Warum-der-KennedyPatriarch-seine-Tochter-versteckte (Zugriff: 1. 6. 2016).

[3] Koehler-Pentcoff, Elisabeth: *The Missing Kennedy*, Baltimore 2016.

[4] Kesey, Ken: *Einer flog über das Kuckucksnest*, Reinbek 1982.

[5] Dubiel, Helmut: *Tief im Hirn*, München 2006.

[6] Brown, L. T., Mikell, C. B., Youngerman, B. E. et al.: »Dorsal Anterior Cingulotomy and Anterior Capsulotomy for Severe, Refractory Obsessive-Compulsive Disorder: A Systematic Review of Observational Studies«, in: *Journal of Neurosurgery*, 124 (1), S. 77–89, 2016.

[7] Sheth, S. A., Neal, J., Tangherlini, F. et al.: »Limbic system surgery for treatment-refractory obsessive-compulsive disorder: a prospective long-term follow-up of 64 patients«, in: *Journal of Neurosurgery*, 118 (3), S. 491–497, 2013.

[8] *S3-Leitlinie Zwangsstörungen*, herausgegeben von Fritz Hohagen, Andreas Wahl-Kordon, Winfried Lotz-Rambaldi, Cathleen Muche-Borowski, Berlin 2014.

[9] Ehebald, U.: »Stereotaxie: Forderung der Stunde«, in: *Deutsches Ärzteblatt*, S. 78, 2/2005.

[10] »Neue Gehirnchirurgie: Seele unterm Messer«, in: *Der Spiegel* 33/1975.

[11] Vetter, Christine: »Verbesserte Motorik, verändertes Wesen«, in: *Deutsches Ärzteblatt*, 109 (15), 2012.

[12] Ulla, M., Thobois, S. et al.: »Manic behaviour induced by deep-brain stimulation in Parkinson's disease: evidence of substantia nigra implication?«, in: *J Neurol Neurosurg Psychiatry*, 77 (12), S. 1363–1366, 2006.

[13] Schlaepfer, T. E., Cohen, M. X., Frick, C., Sturm, V. et al.: »Deep Brain Stimulation to Reward Circuitry Alleviates Anhedonia in Refractory Major Depression«, in: *Neuropsychopharmacology*, 33 (2), S. 368–377, 2008.

[14] Mayberg, H. S., Lozano, A. M., Voon, V. et al.: »Deep brain stimulation for treatment-resistant depression«, in: *Neuron*, 45 (5), S. 651–660, 2005.

[15] Fayad, S. M., Guzick, A. G. et al.: »Six-Nine Year Follow-Up of Deep Brain Stimulation for Obsessive-Compulsive Disorder«, in: *PLoS One*, 11 (12), e0167875, 2016.

[16] Voges, J., Müller, U., Bogerts, B., Münte, T. und Heinze, H. J.: »Deep brain stimulation surgery for alcohol addiction«, in: *World Neurosurgery*, 80 (3-4), 2013.

[17] http://www.deutschlandfunk.de/tiefe-hirnstimulation-ein-draht-im-gehirn-koennte.676.de.

[18] Schermer, M: »Ethical issues in deep brain stimulation«, in: *Front Integr Neurosci*, 5, S. 17, 2011.

[19] Delgado, José M.: *Physical Control of Mind: Toward a Psychocivilized Society*, New York, London 1969.

IX. Brain Food oder die Lust am Essen

[1] *Super Size Me* (Film), Regie und Drehbuch: Morgan Spurlock, 2003.

[2] Gangwisch, G. E., Hale, L. et al.: »High glycemic index diet as a risk factor for depression: analyses from the Women's Health Initiative«, in: *Am J Clin Nutr*, 102 (2), S. 454–463, 2015.

[3] Lustig, R. H., Schmidt, L. A. und Brindis, C. G.: »Public health: The toxic truth about sugar«, in: *Nature*, 482, S. 27–29, 2012.

[4] Wurtman, R. J., Wurtman, J. J., Regan, M. M. et al.: »Effects of normal meals rich in carbohydrates or proteins on plasma tryptophan and tyrosine ratios«, in: *Am J Clin Nutr*, 77 (1), S. 128–132, 2003.

[5] Wittchen, H.-U., Müller, N., Schmidtkunz, B. et al.: »Erscheinungsformen, Häufigkeit und Versorgung von Depressionen. Ergebnisse des bundesweiten Gesundheitssurveys »Psychische Störungen««, in: *Fortschritte der Medizin*, 118, S. 4–10, 2000.

[6] Sánchez-Villegas, A., Henríquez-Sánchez, P., Ruiz-Canela, M. et al.: »A longitudinal analysis of diet quality scores and the risk of incident depression in the SUN Project«, in: *BMC Medicine*, 13, S. 197, 2015.

[7] Bremmer, M. A., Beekman, A. T., Deeg, D. J., Penninx, B. W., Dik, M. G. et al.: »Inflammatory markers in late-life depression: results from a population based study«, in: *J Affect Disord*, 106, S. 249–255, 2008.

[8] Ford, D. E. und Erlinger, T. P.: »Depression and C-Reactive Protein in US Adults Data from the Third National Health and Nutrition Examination Survey«, in: *Arch Intern Med*, 164 (9), S. 1010–1014, 2004.

[9] Tayefi, M., Shafiee, M., Kazemi-Bajestani, S. M. R. et al.: »Depression and anxiety both associate with serum level of hs-CRP: A gender-stratified analysis in a population-based study«, in: *Psychoneuroendocrinology*, 81, S. 63–69, 2017.

[10] Kastorini, C. M., Milionis H. J. et al.: The Effect of Mediterranean Diet on Metabolic Syndrome and its Components. A Meta-Analysis of 50 Studies and 534,906 Indivuduals. Journal of the American College of Cardiology. 2011: 21.

[11] »Wo finden wir Omega-3-Fettsäuren?«, http://www.eufic.org/article/de/artid/omega-3-fettsauren/(Zugriff: 12.11.2016).

[12] Gómez-Pinilla, F.: »Brain foods: the effects of nutrients on brain function«, in: *Nat Rev Neurosci*, 9 (7), S. 568–578, 2008.

[13] Crawford, M. A., Bloom, M., Broadhurst, C. L. et al.: »Evidence for the unique function of docosahexaenoic acid during the evolution of the modern hominid brain«, in: *Lipids*, 34, S. 39–47, 1999.

[14] Hibbeln, J. R.: »Fish consumption and major depression«, in: *Lancet*, 351, S. 1213, 1998.

[15] Rothemund, Y., Preuschhof, C., Bohner, G. et al.: »Differential activation of the dorsal striatum by high-calorie visual food stimuli in obese individuals«, in: *Neuroimage*, 37 (2), S. 410–421, 2007.

[16] Ng, J., Stice, E., Yokum, S. und Bohon, C.: »An fMRI study of obesity, food reward, and perceived caloric density. Does a low-fat label make food less appealing?«, in: *Appetite*, 57 (1), S. 65–72, 2011.

[17] Drew Sayer, R., Tamer, G. G., Chen, N. et al.: »Reproducibility assessment of brain responses to visual food stimuli in adults with overweight and obesity«, in: *Obesity*, 24 (10), S. 2057–2063, 2016.

[18] Banks, W. A., DiPalma, C. R. und Farrell, C. L.: »Impaired transport of leptin across the blood-brain barrier in obesity«, in: *Peptides*, 20 (11), 1341–1345, 1999.

[19] Friedman, J. F.: »A tale of two hormones«, in: *Nature Medicine*, 16 (10), S. 1100–1106, 2010.

[20] Jerlhag, E., Egecioglu, E., Landgren, S. et al.: »Requirement of central ghrelin signaling for alcohol reward«, in: *PNAS*, 106, S. 11318–11323, 2009.

[21] Leggio, L., Zywiak, W. H., Fricchione, S. R. et al.: »Intravenous ghrelin administration increases alcohol craving in alcohol-dependent heavy drinkers: a preliminary investigation«, in: *Biol Psychiatry*, 76 (9), S. 734–741, 2014.

[22] Mitchell, J. M., O'Neil, J. P., Janabi, M. et al.: »Alcohol Consumption Induces Endogenous Opioid Release in the Human Orbitofrontal Cortex and Nucleus Accumbens«, in: *Science Translational Medicine*, 4 (116), 2012.

[23] Addolorato, G., Leggio, L., Abenavoli, L. et al.: »Neurobio-

chemical and clinical aspects of craving in alcohol addiction: a review«, in: *Addictive Behaviors*, 30 (6), S. 1209–1224, 2005.

24 Chick, J., Anton, R., Checinsky, K. et al.: »A multicentre, randomizes, double-blind, placebo-controlled trial of naltrexone in the treatment of alcohol dependence or abuse«, in: *Alcohol and Alcoholism*, 35 (6), S. 587–593, 2000.

25 Ameisen, O.: »Complete and prolonged suppression of symptoms and consequences of alcohol-dependence using high-dose baclofen: a self-case report of a physician«, in: *Alcohol and Alcoholism*, 40 (2), S. 147–150, 2005.

26 de Beaurepaire, R.: »Suppression of Alcohol Dependence Using Baclofen: A 2-Year Observational Study of 100 Patients«, in: *Front Psychiatry*, 3, S. 103, 2012.

X. Reward Deficiency Syndrome: Wenn das Belohnungszentrum nicht funktioniert

1 Blum, K., Braverman, E. R., Holder, J. M. et al.: »The Reward Deficiency Syndrome: A Biogenetic Model for the Diagnosis and Treatment of Impulsive, Addictive and Compulsive Behaviors«, in: *Journal of Psychoactive Drugs*, 32, S. 1–112, 2000.

2 Geldwert, D. et al.: »Dopamine presynaptically and heterogeneously modulates nucleus accumbens medium-spiny neuron GABA synapses in vitro«, in: *BMC Neuroscience*, 7, S. 53, 2006.

3 Knutson, B., Westdorp, E., Kaiser, E. et al.: »fMRI visualization of brain activity during a monetary incentive delay task«, in: *Neuroimage*, 12 (1), S. 20–27, 2000.

4 Balodis, I. M., Kober, H., Worhunsky, P. D., Potenza, M. N. et al.: »Diminished fronto-striatal activity during processing of monetary rewards and losses in pathological gambling«, in: *Biological Psychiatry*, 71 (8), S. 749–757, 2012.

XI. All you need is love

1 Carter, C. S. und Porges, S. W.: »The biochemistry of love: an oxytocin hypothesis«, in: *EMBO Reports*, 14 (1), S. 12–16, 2013.

2 Kenkel, W. M. und Carter, C. S.: »Voluntary exercise facilitates pair-bonding in male prairie voles«, in: *Behavioral Brain Research*, 296, S. 326–330, 2016.

3 Wang, H., Duclot, F., Liu, Y., Wang, Z. und Kabbaj, M.: »Histone deacetylase inhibitors facilitate partner preference formation in female prairie voles«, in: *Nature Neuroscience*, 16, S. 919–924, 2013.

4 Young, L. H. und Wang, Z.: »The neurobiology of pair bonding«, in: *Nature Neuroscience*, 7 (10), S. 1048–1054, 2004.

5 Carter, C. S. und Getz, L. L.: »Monogamie bei der Präriewühlmaus«, in: *Spektrum der Wissenschaft*, 1. 8. 1993.

6 Walum, H., Westberg, L., Henningsson, S.: »Genetic variation in the vasopressin receptor 1a gene (AVPR1A) associates with pair-bonding behavior in humans«, in: *PNAS*, 105, S. 14153–14156, 2008.

7 Bartels, A. und Zeki, S.: »The neural basis of romantic love«, in: *Neuroreport*, 11: S. 3829–3834, 2000.

8 Kringelbach, M. L.: *The Pleasure Center*, Oxford, 2008.

9 Bartels, A. und Zeki, S.: »The neural correlates of maternal and romantic love«, in: *Neuroimage*, 21 (3), S. 1155–1166, 2004.

10 Song, H., Zou, Z., Kou, J. et al.: »Love-related changes in the brain: a resting-state functional magnetic resonance imaging study«, in: *Frontiers in Human Neuroscience*, 9, S. 71, 2015.

11 Holstege, G., Georgiadis, J. R., Paans, A. M. et al.: »Brain activation during human male ejaculation«, in: *Journal of Neuroscience*, 23, S. 9185–9193, 2003.

12 Davey Smith, G., Frankel, S. und Yarnell, J.: »Sex and death: are they related? Findings from the Caerphilly Cohort Study«, in: *BMJ*, 315, S. 1641–1644, 1997.

13 Komisaruk, B. R. und Whipple, B.: »Functional MRI of the brain during orgasm in women«, in: *Annu Rev Sex Res*, 16, S. 62–86, 2005.

14 Di Chiara, G. und Imperato, A.: »Drugs abused by humans preferentially increase synaptic dopamine concentrations in the mesolimbic system of freely moving rats«, in: *PNAS*, 85, S. 5274–5278, 1988.

15 Deutscher Bundestag, Kleine Anfrage, von der Abgeordneten Barbara Höll und der Gruppe der Linken, 6.12.1993.

XII. Männer und Frauen

1 Gur, R. C., Alsop, D., Glahn, D. et al.: »An fMRI study of sex differences in regional activation to a verbal and a spatial task«, in: *Brain and Language*, 74 (2), S. 157–170, 2000.

2 Shaywitz, B. A., Shaywitz, S. E., Pugh, K. R. et al.: »Sex differences in the functional organization of the brain for language«, in: *Nature*, 373, S. 607–609, 1995.

3 Ardekan, B. A., Figarsky, K. und Sidtis, J. J.: »Sexual Dimorphism in the Human Corpus Callosum: An MRI Study Using the OASIS Brain Database«, in: *Cerebral Cortex*, 23 (10), 2514–2520, 2013.

4 Ingalhalikar, M., Smith, A., Parker, D. et al.: »Sex differences in the structural connectome of the human brain«, in: *PNAS*, 111 (2), S. 823–828, 2014.

5 »Männer-Hirne und Frauen-Hirne. Ein Neuro-Mythos wird widerlegt«, SWR2 Campus, Anja Braun im Gespräch mit Martin Hubert, 4.12.2015.

6 Joel, D., Berman, Z., Tavor, I. et al.: »Sex beyond the genitalia: The human brain mosaic«, in: *PNAS*, 112, S. 15468–15473, 2015.

7 Haier, R. J., Karama, S., Leyba, L. und Jung, R. E.: »MRI assessment of cortical thickness and functional activity changes in adolescent girls following three months of practice on a visual-spatial task«, in: *BMC Research Notes*, 2, S. 174, 2009.

8 Carr, D., Freedman, V. A., Cornman, J. C. et al.: »Happy Marriage, Happy Life? Marital Quality and Subjective Well-Being in Later Life«, in: *J Marriage Fam*, 76 (5), S. 930–948, 2014.

[9] zitiert nach http://m.spiegel.de/wissenschaft/mensch/a-991512.html

[10] Frijters, P. und Beatton, T.: »The mystery of the U-shaped relationship between happiness and age«, in: *Journal of Economic Behavior and Organization*, 82, S. 525–542, 2012.

[11] Das Sozio-oekonomische Panel, DIW Berlin, http://www.diw.de/de/soep

[12] Weiss, A., King, J. E., Inoue-Murayama, M.: »Evidence for a midlife crisis in great apes consistent with the U-shape in human wellbeing«, in: *PNAS*, 109, S. 19949–19952, 2012.

[13] Scahill, R. I., Frost, C., Jenkins, R. et al.: »A longitudinal study of brain volume changes in normal ageing using serial registered magnetic resonance imaging«, in: *Arch Neurol*, 60 (7), S. 989–994, 2003.

[14] Hiemke, C., Banger, M., Kohsik, R., Hundt, M. et al.: »Actions of sex hormones on the brain«, in: *Prog Neuropsychopharmacol Biol Psychiatry*, 16 (3), S. 377–388, 1992.

[15] Barrett-Connor, E., von Mühlen, D. G. und Kritz-Silverstein, D.: »Bioavailable testosterone and depressed mood in older men: the Rancho Bernardo Study«, in: *J Clin Endocrinol Metab*, 84 (2), S. 573–577, 1999.

[16] Lorenz, R. C., Gleich, T., Gallinat, J. et al.: »Video game training and the reward system«, in: *Frontiers in Human Neuroscience*, 9, S. 40, 2015.

[17] Kahneman, Daniel: »Glück durch Geld ist eine Illusion«, Interview in: *Wissen, Süddeutsche.de*, 17. 5. 2010.

PERSONENREGISTER

SACHREGISTER

BILDNACHWEIS

S. 29/Abb. 2.1 Foto: © AKG/Science Photo Library

S. 30/Abb. 2.2 Foto: © AKG/Science Photo Library

S. 32/Abb. 2.3 Illustration: © Getty Images/lvcandy

S. 34/Abb. 2.4 Foto: © Mauritius Images/Paul Fearn/Alamy

S. 36/Abb. 2.5 Illustration: © Henry Vandyke Carter [Public domain], via Wikimedia Commons_credit: Henry Gray (1918) Anatomy of the Human Body_
Illustration: Henry Vandyke Carter

S. 37/Abb. 2.6 © Korbinian Brodmann [Public domain], via Wikimedia Commons

S. 39/Abb. 2.7 Foto/MRT: Prof. N. Hosten/Universität Greifswald

S. 42/Abb. 2.8 Foto/MRT: Prof. N. Hosten/Universität Greifswald

S. 46/Abb. 2.9 Foto: © Science Photo Library/DENNIS KUNKEL MICROSCOPY

S. 50/Abb. 2.10 Illustration: Sabine Timmann nach einer Vorlage von netdoktor.de

S. 54/Abb. 2.11 Foto/MRT: Prof. N. Hosten/Universität Greifswald

S. 67/Abb. 3.1 Illustration: © Getty Images/Dorling Kindersley

S. 68/Abb. 3.2 Foto: Laszlo Seress/Aok/PTE/HU

S. 77/Abb. 3.3 Illustration: Stefan Dangl

S. 79/Abb. 3.4 Foto: © Getty Images/Lew Robertson

S. 81/Abb. 3.5 Illustration: © By Sobotta. colour changed by was_a_bee. (File:Sobo_1909_670-671.png) [Public domain], via Wikimedia Commons

S. 85/Abb. 3.6 Illustration: © Henry Vandyke Carter [Public domain], via Wikimedia Commons_credit: Henry Gray (1918) Anatomy of the Human Body_Illustration: Henry Vandyke Carter

aus Rainer Fortner: Egas Moniz (1874–1955) – Leben und Werk unter besonderer Berücksichtigung der Leukotomie und ihrer ethischen Implikationen. Dissertation, Julius-Maximilians-Universität zu Würzburg, 2004

S. 206/Abb. 8.3 Foto: Prof. N. Hosten/Universität Greifswald

S. 208/Abb. 8.4 Zeichnung: Edgaz Moniz, © Deutsches Röntgen-Museum, aus Rainer Fortner: Egas Moniz (1874–1955) – Leben und Werk unter besonderer Berücksichtigung der Leukotomie und ihrer ethischen Implikationen. Dissertation, Julius-Maximilians-Universität zu Würzburg, 2004

S. 212/Abb. 8.5 Foto: © Larry Gordon [Public domain], via Wikimedia Commons

S. 214/Abb. 8.6 Foto: Corbis Historical/Getty Images

S. 216/Abb. 8.7 Foto: MOHAI, Seattle Post-Intelligencer Collection, 1986.5.25616

S. 223/Abb. 8.8 Spiegel Cover 33/1975/Spiegel Verlag Hamburg

S. 228/Abb. 8.9 Illustration: © von Brodmann. Coloured by was_a_bee. (File:Brodmann_Cytoarchitectonics.PNG) [Public domain], via Wikimedia Commons

S. 233/Abb. 8.10 Foto: Jose_Delgado_Physical Control of mind_bizzarrobazar.com/en/2010/11/03/controllo-della-mente_Yale.edu

S. 239/Abb. 9.1 Foto: dla4/istockphoto

S. 254/Abb. 9.2 Foto: Science Photo Library/Degginger, E.R. (Ausschnitt)

S. 257 Tabelle nach einer Vorlage von European Food Council, Wo finden wir Omega-3-Fettsäuren? Food Today, 06/2003

S. 258/Abb. 9.3 Tabelle: Stefan Dangl nach einer Vorlage aus Gómez-Pinilla F: Brain foods: the effects of nutrients on brain function Nat Rev Neurosci. 2008 Jul; 9(7): 568–578

S. 259 Tabelle: Stefan Dangl

S. 266 Abb. 9.4 Foto: Bigplankton http://www.csm.ornl.gov/ www.labradorice.com/fatmouse (Doctor Rock) at en.wikipedia. [Public domain], via Wikimedia Commons

S. 267 Abb. 9.5 Foto: © iStockphoto/Troy Kennedy

S. 276 Abb. 9.6 Foto: Granger/NYC/Interfoto

S. 292 Tabelle: Stefan Dangl

S. 292 Abb. 10.1 Foto: IMAGEMORE Co, Ltd./Getty Images

S. 294 Abb. 10.2 Foto: Atlantide Phototravel/Getty Images
S. 298 Abb. 10.3 Tabelle: Inka Hagen nach einer Vorlage von
Knutson B, Westdorp E, Kaiser E et al: FMRI Visualization of Brain
Activity during a Monetary Incentive Delay Task. NeuroImage 12,
2000, 20–27
S. 304 Abb. 11.1 Foto: Picture Alliance/Minden Pictures
S. 317 Abb. 11.2 Foto/MRT: Gert Holstege, Janniko R. Georgiadis,
Anne M. J. Paans, Linda C. Meiners, Ferdinand H. C. E. van der
Graaf and A. A. T. Simone Reinders_Journal of Neuroscience
8 October 2003, 23 (27) 9185-9193
S. 331 Abb. 12.1 Illustration: Stefan Dangl nach einer Vorlage von
© 2017 SharpBrains.com
S. 335 Abb. 12.2: Foto: Ingalhalikara M, Smitha A, Parkera P: Sex
differences in the structural connectome of the human brain. PNAS,
2013, 23: 823 – 828; Edited by Charles Gross, Princeton University,
Princeton, NJ
S. 338 Abb. 12.3 Foto: © Getty Images/Samir Hussein
S. 341 Abb. 12.4 Zeichnung Stefan Dangl nach einer Vorlage von
Weiss A, King JE, Inoue-Murayama M: Evidence for a midlife crisis
in great apes consistent with the U-shape in human well-being.
Proc Natl Acad Sci U S A, 109 :19949-52